Mette
Religionspädagogik

W0075779

Leitfaden Theologie 24

Norbert Mette

Religionspädagogik

Patmos Verlag
Düsseldorf

Die Deutsche Bibliothek – CIP-Einheitsaufnahme

Mette, Norbert:
Religionspädagogik / Norbert Mette. – 1. Aufl. –
Düsseldorf: Patmos-Verl., 1994
(Leitfaden Theologie; 24)
ISBN 3-491-77963-4
NE: GT

© 1994 Patmos Verlag Düsseldorf
Alle Rechte vorbehalten. 1. Auflage 1994
Umschlaggestaltung: Ralf Rudolph
Gesamtherstellung: Clausen & Bosse, Leck
ISBN 3-491-77963-4

Inhalt

Vorwort

In ihrem Überblicksartikel über das, was sich gegenwärtig in der Religionspädagogik tut, hat M. Blasberg-Kuhnke einen Katalog von relevanten Fragen zusammengestellt, die die einschlägige Diskussion dieses Faches derzeit bestimmten bzw. bestimmen müßten:

»– Was heißt ›Tradierung‹ angesichts der Offenheit der Zukunft, mehr noch, angesichts der Frage, ob ›die Zukunft überhaupt eine Zukunft habe‹?

– Was heißt Bildung im Horizont gesellschaftlicher und mehr noch globaler Krisen? Was gilt es eigentlich ›zu lernen‹, wenn denn das Bestehende immer weniger das Zukunftsträchtige ist?

– Wo zeigen sich Ansätze religiösen Lernens, oft erst als Suchbewegung, in denen Subjekte ihre Handlungsfähigkeit aus Glauben im Horizont globaler Krisen wiedergewinnen?

– Welchen Stellenwert und welche Chancen haben die traditionellen Lernorte des Glaubens, gerade auch der religionspädagogisch lange bevorzugte schulische Religionsunterricht, angesichts dieser fundamentalen Herausforderung?

– Wie steht es um die Kinder und Jugendlichen, deretwegen über Erziehung und Bildung, die Leben auf Zukunft hin ermöglichen und zu einer humanen Praxis befähigen wollen, nachgedacht wird?

– Und schließlich: Wo zeigen sich neue Orte zukunftsträchtiger religiöser Praxis, denen die Religionspädagogik genauso verpflichtet wäre wie den vertrauten von Familie, Schule und Gemeinde?«[1]

Genau dies sind die Fragen, die sich die hier vorliegende Religionspädagogik vorrangig zu erörtern vorgenommen hat. Ob und inwie-

---

1 M. *Blasberg-Kuhnke*, Nachdenken über religiöse Erziehung, in: HK 48 (1994) 252–257, hier: 254.

fern es dabei gelungen ist, weiterführende Perspektiven zu erkunden und zu vermitteln, wird sich in der religionspädagogischen Diskussion, innerhalb derer sie mit ihrem Ansatz Position zu beziehen versucht, zu erweisen haben, mehr noch allerdings in der Praxis.

Diese Praxis ist es auch in erster Hinsicht, der die hier zusammengestellten Überlegungen vielerlei Anregungen zu verdanken haben und der sie durchgängig verpflichtet sind. Auf welche theoretischen Ansätze und Konzepte Bezug genommen wurde, ist den Anmerkungen zu entnehmen. Es versteht sich, daß der Autor häufiger auch auf eigene Vorarbeiten zurückgegriffen hat. Der Anmerkungsapparat ist an einigen Stellen bewußt ausführlicher gestaltet worden, da manches nur kurz angerissen werden konnte und wenigstens mittels der aufgeführten Literatur Hinweise zur weiteren Lektüre gegeben werden sollen.

Wenn auch konfessionelle Besonderheiten nicht gänzlich ausgeklammert werden können, so steht im Vordergrund das Bemühen um eine grundlegend ökumenische Orientierung der Religionspädagogik, sowohl konzeptionell als auch praktisch.

Da – wie vor allem im 3. Kapitel ersichtlich – diese Religionspädagogik dem pädagogischen und theologischen Ansatz Helmut Peukerts viel zu verdanken hat, liegt es nahe, ihm das vorliegende Buch anläßlich seines 60. Geburtstages zu widmen.

Norbert Mette

1   Herausforderungen

1.1   »Pünktlichkeit« als religionspädagogisches Erfordernis

Die Frage nach der Recht-Zeitigkeit religionspädagogischen Handelns zu stellen, verrät bereits etwas über die Neuartigkeit der Situation, mit der religiöse Erziehung und Bildung seit einiger Zeit konfrontiert sind. Sie brauchte nämlich so lange nicht ausdrücklich thematisiert zu werden und wurde es in der Regel auch nicht, wie die Glaubensinhalte und -praktiken von einer Generation zur nächsten weitgehend problemlos »weitergegeben« wurden, solange also die Gesellschaft mehr oder weniger christentümlich geprägt war und darum auch Sozialisation und Erziehung wie selbstverständlich unter diesem Vorzeichen erfolgten. Welche Traditionsbestände es zu vermitteln galt, war unter diesen Voraussetzungen ebenfalls klar.

In solcher Hinsicht haben sich, wie noch genauer zu zeigen sein wird, die soziokulturellen Voraussetzungen religionspädagogischen Handelns drastisch verändert – ein Prozeß, der schon seit längerem in Gang ist, der jedoch in den letzten Jahren eine dramatische Beschleunigung erfahren hat. Religiöse Erziehung und Bildung haben nicht nur erheblich an allgemeiner Relevanz eingebüßt. Was ihre eigentlichen Ziele und Aufgaben sind, ist für viele Zeitgenossen ebenso fraglich geworden. Selbst unter denen, die an religiöser Erziehung festhalten möchten, macht sich Unsicherheit breit, wie diese in angemessener Weise zu erfolgen hat.

Spätestens angesichts einer solchen tiefgreifenden Identitäts-Relevanz-Krise religionspädagogischen Handelns muß ausdrücklich nach ihren Ursachen gefragt werden, und zwar in einer doppelten Richtung: Zum einen ist zu erheben und zu analysieren, in welcher Hinsicht sich die soziokulturellen und anthropogenen Voraussetzungen für eine religiöse Erziehung und Bildung gewandelt haben.

Zum anderen muß der Frage nachgegangen werden, ob und inwiefern es möglicherweise an der Art, wie diese Erziehung und Bildung vorgenommen worden sind, liegt, daß ihre vormalige Selbstverständlichkeit dermaßen in eine Krise geraten ist. Solche internen und externen Faktoren der gegenwärtigen »Tradierungskrise« zu erheben und zu analysieren, ist ein erster unverzichtbarer Schritt religionspädagogischer Theoriebildung, dem dann das Bemühen um eine (Neu-)Vergewisserung religionspädagogischen Handelns zu folgen hat, um schließlich praktisch belangvolle Orientierungen und Konzepte an die Hand geben zu können. Es ist dieser in der Praxis der christlichen Arbeiterjugend entwickelte und mittlerweile vorab von nachidealistischen theologischen Ansätzen übernommene Dreischritt »Sehen – Urteilen – Handeln«, der sich auch für die methodologische Vorgehensweise der Religionspädagogik nahelegt und dem hier gefolgt werden soll.

Von daher setzen die folgenden Überlegungen mit einer Situationsanalyse ein. Sie richtet ihr Augenmerk nicht nur auf die vorliegenden empirischen Daten, die sich unmittelbar auf das Feld der religiösen Sozialisation beziehen. Sondern sie ist darüber hinaus bestrebt, diese Befunde in einen umfassenderen religionssoziologischen bzw. gesellschaftstheoretischen Bezugsrahmen hineinzustellen, der es erst erlaubt, die Gründe und Hintergründe der in Gang befindlichen Entwicklung mitsamt den damit verbundenen oder sich abzeichnenden Folgen zu erfassen und zu interpretieren. Dabei ist eine solche Analyse der soziokulturellen Voraussetzungen religionspädagogischen Handelns – die später noch um eine Analyse der anthropogenen Voraussetzungen zu erweitern ist – von Anfang an interessegeleitet: Es geht darum, der Religionspädagogik in Theorie und Praxis zur »Pünktlichkeit« (R. Englert), zur Recht-Zeitigkeit zu verhelfen, indem die »Zeichen der Zeit« zu erkunden und zu deuten versucht werden, die sie momentan in besonderer Weise herausfordern.[1] Bei allen Verlusten und Abbrüchen, die dabei im Vergleich zu früheren Epochen religiöser Erzie-

---

1 Vgl. *R. Englert*, Plädoyer für »religionspädagogische Pünktlichkeit«, in: KatBl 113 (1988) 159–169; vgl. auch *ders.*, Glaubensgeschichte und Bildungsprozeß. Versuch

hung und Bildung nüchtern zu konstatieren sind, gilt es zugleich, dafür wachsam zu sein und ein Gespür zu entwickeln, wo sich zukunftsträchtige soziale und religiöse Neuaufbrüche abzeichnen, die auch für die Frage nach einem zukunftsfähigen religionspädagogischen Handeln von Belang sind.

1.2 Auf dem Weg in eine nachchristliche Gesellschaft – empirische Befunde zur kirchlich-christlichen (De-)Sozialisation

»Wir müssen«, so hat der Soziologe F.-X. Kaufmann schon vor Jahren bilanziert, »davon ausgehen, daß alles Bedenken der Probleme der Glaubensvermittlung heute im Horizont einer Situation ihrer manifesten Erfolglosigkeit geschieht.«[2] Es hat noch einige Zeit gedauert, bis diese für religionspädagogisches Handeln nicht gerade ermutigende Situationseinschätzung auch von den unmittelbar mit der Glaubensvermittlung Befaßten und für sie Verantwortlichen als zutreffend anerkannt wurde. Vorher hatte man noch abzuwiegeln versucht, es handle sich lediglich um eine »Durststrecke«, die schon bald durch eine Neubewegung zur Religion und zu den Kirchen hin abgelöst würde.[3] Richtig ist zwar, daß die von den Verfechtern der Säkularisierungsthese aufgestellte Prognose vom definitiven Ende der Religion als Folge fortschreitender Modernisierung sich so nicht bewahrheitet hat. Aber von den zu verzeichnenden neoreligiösen Aufbrüchen und Bewegungen haben die Kirchen ihrerseits so gut wie nicht »profitieren« können.

Das Ausmaß der – wie sie vielfach bezeichnet wird – kirchlichen »Tradierungskrise« ist inzwischen zu manifest, als daß es länger verdrängt werden könnte, und steht auf den innerkirchlichen Tagesordnungen obenan. So hat z. B. im November 1988 eine gemeinsame Studientagung der deutschen Bischofskonferenz und des Zentralkomitees der deutschen Katholiken stattgefunden, die

einer religionspädagogischen Kairologie, München 1985; ders., Religionspädagogik im christentumsgeschichtlichen Wandel, in: StdZ 209 (1991) 750–758.
2 F.-X. Kaufmann, Kirche begreifen, Freiburg/Br. 1979, 156.
3 Vgl. z. B. J. Kardinal Höffner, Pastoral der Kirchenfremden, Bonn o. J. (1979), 39 ff.

unter dem Thema stand:»Die Zukunft des Glaubens in unserem Land – Zur Lage und Weitergabe des Glaubens.«[4] Der langjährige Präsident des Zentralkomitees der deutschen Katholiken, H. Maier, hatte in seinem Eröffnungsreferat die von ihm als »bedrückend genug« charakterisierten »äußeren Fakten« aufgelistet und sie in die Feststellung münden lassen:»Es zeigt sich, daß der christliche Glaube für viele Menschen kein existentielles Problem mehr ist. Gott ist für viele keine Frage mehr. Immer mehr Menschen befinden sich ... auf dem Rückzug in die reine Endlichkeit. Sie geben sich zufrieden mit dem, was sie umgibt, mit dem Greifbaren, Meßbaren, Machbaren.«[5] Eine»Haltung einer bewußt nachchristlichen Gesellschaft« breite sich aus.[6] Ähnlich kam der Vorsitzende der deutschen Bischofskonferenz, Bischof K. Lehmann, angesichts der allenthalben zu registrierenden»Stationen des Niedergangs« zu dem Schluß:»Die Krise ist so tief und umfassend, daß es nicht ausreichend wäre, nur nach wirksameren Methoden sowie verbesserten Strukturen der Glaubensweitergabe zu suchen. Wenn man nur in dieser Perspektive die Weitergabe des Glaubens angeht, packt man die Aufgabe zu oberflächlich an. Es kann nicht bloß um das Wie der Vermittlung gehen.«[7]

In den folgenden Jahren sind die von H. Maier aufgelisteten Zahlen kontinuierlich weiter gesunken.[8] Einen zusätzlichen enormen Schub bewirkte mit Blick auf die Gesamtstatistik Deutschlands die

4 Dokumentiert in der Broschüre: Die Zukunft des Glaubens (Arbeitshilfe 65), Bonn o. J. (1989) – Exemplarisch wird im folgenden auf den katholischen Bereich zurückgegriffen; für die evangelische Kirche in Deutschland stellt sich die Entwicklung (und auch die Diskussion darüber) weitgehend ähnlich dar; vgl. die Überblicke in VuF 32 (1987) Heft 2: Volkskirche heute.

5 *H. Maier*, Vergegenwärtigung des Glaubens, in: Die Zukunft des Glaubens, a. a. O., 7–21, hier: 9.

6 Vgl. ebd. 10.

7 *K. Lehmann*, Erzählt euren Kindern davon..., in: Die Zukunft des Glaubens, a. a. O., 22–38, hier: 23; vgl. auch *ders.*, Glauben lernen, wo der Glaube lebt, in: KatBl 112 (1987) 681–692.

8 Zu den folgenden Angaben vgl. u. a. *K. Gabriel*, Christentum zwischen Tradition und Postmoderne, Freiburg/Br. 1992; *E. Noelle-Neumann/R. Köcher*, Die verletzte Nation, Stuttgart 1987, bes. 164–281; *P. Thinnes*, Sozialstatistik zum kirchlichen und religiösen Leben in der Bundesrepublik Deutschland, in: Gegenwartskunde 37 (1988), Sonderheft 5, 203–217; *P. M. Zulehner/H. Denz*, Wie Europa lebt und glaubt, Düsseldorf 1993.

Wiedervereinigung: Beträgt in den alten Bundesländern der Anteil der Kirchenangehörigen in der Bevölkerung rund 85%, so bewegt sich diese Quote in den neuen Bundesländern bei 30%. Für das vereinigte Deutschland ergibt sich ein Anteil von 73% Kirchenmitgliedschaft in der Gesamtbevölkerung. Die Gruppe der keiner Konfession oder Religion Angehörigen rangiert hinter den Katholiken und Protestanten auf Platz 3, gefolgt von rund zwei Millionen Muslimen.

Von den noch relativ hohen Zahlen bezüglich der formellen Kirchenzugehörigkeit weichen die Indikatoren, die für die Intensität der Kirchenbindung aussagekräftig sind, signifikant ab, angefangen von dem Prozentsatz der Sonntagsgottesdienstbesucher, der unter den Katholiken Deutschlands von 55% im Jahr 1963 mittlerweile auf 20% gesunken ist. Umgekehrt sind die Zahlen der Kirchenaustritte aus der katholischen Kirche erheblich gestiegen und überschritten im Jahr 1992 die Zahl 200000; die Kirchenaustrittsbereitschaft beläuft sich unter Katholiken auf über 20%.

Bei allen diesen Daten, die um viele weitere ergänzt werden könnten, ist zusätzlich zu berücksichtigen, daß sich die Werte nochmals erheblich zuungunsten der Kirchen verändern, wenn man sie altersstufenmäßig ausdifferenziert. Dann zeigt sich nämlich, daß Kirchlichkeit, wie es R. Köcher einmal treffend bemerkt hat, »zunehmend zum Merkmal einer Alterskultur, scharf getrennt von einer weitgehend kirchenfernen Jugendkultur«[9] wird. Das hat erhebliche Auswirkungen für die religiöse Sozialisation im herkömmlichen Sinn. In den meisten Elternhäusern kommt bestenfalls zu besonderen Anlässen im Jahres- und Lebenszyklus ein Kontakt zu der Kirche zustande und rangiert ansonsten Religiosität an der Skala der anzustrebenden Erziehungsziele im unteren Bereich.[10] R. Köcher kommentiert dazu: »Die Schwächung des

---

9 *R. Köcher*, Tradierungsprobleme in der modernen Gesellschaft, in: E. Feifel/W. Kasper (Hg.), Tradierungskrise des Glaubens, München 1987, 162–182, hier: 169.
10 Die entsprechenden Befunde sind angegeben und kommentiert in *N. Mette*, Voraussetzungen christlicher Elementarerziehung, Düsseldorf 1983, 32–35. Sehr instruktiv sind die vom Schweizerischen Pastoralsoziologischen Institut durchgeführten und herausgegebenen Studien: Eltern sprechen über Religion und Kirche, Zürich 1986; Religiöse Lebenswelt junger Eltern, Zürich 1989.

Kontakts zur Kirche und der Rückzug der meisten Elternhäuser aus der religiösen Erziehung haben gravierende Folgen: Die Chancen von Kindern und Jugendlichen, gelebte Religiosität zu erfahren, sind stark gesunken; für viele ist der Glaube wahrhaft ›unsichtbar‹ geworden. Von der ungünstigen, völlig überalterten Zusammensetzung der Gottesdienstbesucher und demonstrativ Gläubigen gehen – unbeabsichtigt und unvermeidlich – negative Signale aus, die Botschaft: Religion ist etwas für Ältere. Mit dem Bedeutungsverlust der Religion in der jüngeren Generation und den geringer werdenden Anstrengungen der Eltern in der religiösen Erziehung schwindet auch religiöses Wissen und – wichtiger noch – das Vokabular, die Fähigkeit, religiöse Bedürfnisse und Gedanken äußern zu können; der Glaube wird hier teilweise nicht nur unsichtbar, sondern auch sprachlos.«[11]

Exkurs: Jugend und Religion

Aus naheliegenden Gründen läßt die Frage, ob und wie es mit Religion und Kirche auf Zukunft hin weitergehen wird, den Blick besonders auf die junge Generation richten. Denn während die Kinder bis in ihre religiöse Orientierung und Praxis hinein noch weitgehend von ihren Eltern bestimmt und geleitet werden, beginnen Jugendliche über ihre Religiosität selbst zu befinden. In den früheren Generationen kam das nicht selten darin zum Ausdruck, daß Jugendliche sich eine Zeit lang ausdrücklich von der Religion ihrer Vorfahren abwendeten, eine – wie man es nannte –»atheistische Phase« durchliefen, um als Erwachsene wieder zu den traditionellen Gewohnheiten auch in religiöser Hinsicht zurückzukehren. Ist dies heute ähnlich noch der Fall?

Lange Zeit hatte man in der Jugendforschung Religion von vornherein als bedeutungslos abgeschrieben, so daß dieser Bereich kaum eigens behandelt wurde. In den letzten Jahren hat sich die Forschungslage zwar verbessert. Allerdings sind die Befunde nicht eindeutig; zumindest werden sie unterschiedlich interpretiert.[12]

---

11 *R. Köcher*, Tradierungsprobleme in der modernen Gesellschaft, a. a. O., 179.
12 Vgl. zusammenfassend *A. Feige*, Jugend und Religion, in: H.-H. Krüger (Hg.),

Das hängt u. a. damit zusammen, daß unter den Jugendlichen beides antreffbar ist, Signale der Distanz und Ablehnung dem gegenüber, was für sie als religiös gilt, aber auch Signale der Zustimmung. Je nachdem was als überwiegend wahrgenommen wird, fallen die Deutungen unterschiedlich aus. Inwieweit bestimmte Erscheinungsformen unter Jugendlichen als Indizien dafür zu werten sind, daß sich eine gänzliche Transformation des Religiösen anbahnt, ist eine interessante Fragestellung, die hier allerdings vorläufig ausgeklammert bleiben soll.[13]

Den Kirchen gegenüber tun sich die Jugendlichen jedenfalls generell schwer, und zwar vor allem dann, wenn die Kirchen ihnen fest vorgeben wollen, was sie zu glauben und zu tun haben. Besonders problematisch wird das, wenn die Kirchen in der Sichtweise der jungen Leute den Anspruch erheben, gänzlich den Bereich des Religiösen abzudecken. Dann kommt es leicht dazu, daß mit den Kirchen zugleich Religion schlechthin abgelehnt wird. Oder man wendet sich aus Protest der offiziellen Religion gegenüber »illegitimen«, großkirchlich ungebundenen und nicht kontrollierten Religionspraktiken zu. Gefördert wird eine solche verbreitete indifferente bis ablehnende Einstellung den Kirchen gegenüber durch das Erscheinungsbild, das diese Institutionen in den Augen vieler Jugendlicher an den Tag legen und das für sie populärwissenschaftliche Meinungen, es handle sich um Einrichtungen, die total veraltet sind und es im nächsten Jahrhundert sowieso nicht mehr gibt, voll und ganz bestätigt. Anders kann zumindest unter Teilen Jugendlicher die Einstellung den Kirchen gegenüber ausfallen, wenn sie stärker als Angebote wahrgenommen werden, die nicht verpflichtend sind, mit denen sich auseinanderzusetzen jedoch durchaus interessant sein und sich für die eigene Orientierungssuche und Iden-

Handbuch der Jugendforschung, Opladen [2]1993, 543–558; *M. Wedding*, Literaturbericht: Jugend und Religion, in: engagement 2–3/1993, 321–329; *J. Zinnekker*, Jugend, Kirche und Religion. Aktuelle empirische Ergebnisse und Entwicklungstendenzen, in: G. Hilger/G. Reilly (Hg.), Religionsunterricht im Abseits?, München 1993, 112–146. – Vgl. auch *U. Nembach* (Hg.), Jugend und Religion in Europa, Frankfurt/M. 1987.

13 Vgl. dazu *D. Baacke*, Die stillen Ekstasen der Jugend. Zur Wandlung des religiösen Bezugs, in: JRP 6 (1989), Neukirchen-Vluyn 1990, 3–25.

titätsbildung als weiterführend erweisen kann. So gewonnene »Steinchen« können dann mit anderswo gefundenen »Steinchen« allmählich zu einem bunten »Mosaik« zusammengefügt werden, das dem individuellen Leben Sinn gibt.

In dieser kurz zusammengefaßten Charakteristik, die noch nach verschiedenen Jugendkulturen hin ausdifferenziert werden müßte[14], zeigt sich ein bedeutsames Grundmuster, das die Einstellung und das Verhalten vieler Jugendlicher insgesamt prägt: ihr ausgesprochener Souveränitätswille und Autonomieanspruch, dem sich »von außen« angesonnene Erwartungen grundsätzlich zunächst einmal unterwerfen müssen. Vielfach wird beklagt, daß damit eine dermaßen starke Zentrierung um das eigene Ich einhergeht und eine hedonistisch ausgelebte Selbstverwirklichung so ausschließlich zur Lebensmaxime erhoben wird, daß die Verpflichtung anderen gegenüber, Solidarität, die Bereitschaft, sich auf etwas anderes als das eigene Selbst verbindlich einzulassen, in Hintertreffen geraten würden. Das kann durchaus der Fall sein. Daneben gibt es aber auch ein beachtliches Maß an Verantwortungsbewußtsein unter Jugendlichen, Sehnsucht nach Verbindlichkeit und Treue, Bereitschaft, zueinander zu halten und füreinander einzustehen. Insgesamt legen Jugendliche eine beachtliche Wertschätzung persönlichen und sozialen Werten gegenüber, die mit christlichen Werten durchaus übereinstimmen, an den Tag.[15]

Bei all dem muß berücksichtigt werden, mit welchen Schwierigkeiten die Jugendlichen in der gegenwärtigen Gesellschaft konfrontiert sind, eine eigene Identität auszubilden. Damit werden spezifische gesellschaftliche Voraussetzungen angesprochen, die die enormen Veränderungen gerade in der religiösen Sozialisation bedingen und die darum über die empirischen Befunde hinaus im folgenden einer fundierteren theoretischen Analyse zugeführt werden müssen.

---

14 Vgl. *K. E. Nipkow*, Jugendliche und junge Erwachsene vor der religiösen Frage, in: G. Klosinski (Hg.), Religion als Chance oder Risiko, Bern 1994, 111–136, sowie die Beiträge zum Schwerpunkt »Religion der Jugend wahrnehmen«, in: JRP 10 (1993), Neukirchen-Vluyn 1994.

15 Vgl. *S. Sardei-Biermann*, Lebens- und Sinnvorstellungen von Jugendlichen, in: Christliche Orientierung in einer vieldeutigen Welt, Donauwörth 1993, 21–28.

1.3 »Jede(r) ein Sonderfall?«[16] Individuum und Religion im gesellschaftlichen Umbruch

Als Heuristik für die folgenden Überlegungen seien drei Thesen vorangestellt, in denen F.-X. Kaufmann die Bedingungen des Christseins und -werdens in der gegenwärtigen Gesellschaft prägnant umrissen hat:

»1. Es ist schwierig, in dieser modernen Kultur zum Christen zu werden.«

»2. Es ist schwierig, unter den Prämissen dieser Kultur als Christ zu leben und zu handeln.«

»3. Wenn denn einer versucht, sein Christ-sein tatsächlich zur Geltung zu bringen, wird er selbst schwierig für seine Umwelt.«[17]

Diesen Thesen liegt eine Gesellschaftsdiagnose zugrunde, die hier nicht umfassend, sondern nur in einigen Punkten, die sich insbesondere auf den Zusammenhang von Gesellschaft, Religion und Individuum konzentrieren, nachgezeichnet werden kann.[18]

1.3.1 Der gesellschaftliche Umbruch zur entfalteten Moderne

Wenn als Kennzeichen der heutigen Gesellschaft in der sozialwissenschaftlichen Literatur von einer »radikalisierten Modernität« die Rede ist, so ist damit gemeint, daß sich die Modernisierungsprozesse noch einmal beschleunigt haben und nunmehr sich nicht mehr nur auf Wirtschaft, Politik und Wissenschaft beziehen, sondern sich auf so gut wie alle gesellschaftlichen Bereiche erstrecken. Die Nischen, in denen sich lange Zeit noch traditionelle Lebensorientierungen und -formen erhalten konnten, sind weitgehend aufgelöst worden (Enttraditionalisierung). Eine, wie noch näher zu erläutern sein wird, Individualisierung von Lebensstilen und –

---

16 So der Titel folgenden Buches: *A. Dubach/R. J. Campiche* (Hg.), Jede(r) ein Sonderfall? Religion in der Schweiz, Zürich-Basel 1993.

17 *F.-X. Kaufmann*, Über die Schwierigkeit des Christen in der modernen Kultur, in: N. Klein u. a. (Hg.), Biotope der Hoffnung, Olten 1988, 112–131, hier: 114f.

18 Vgl. zum folgenden ausführlicher: *U. Beck*, Risikogesellschaft, Frankfurt/M. 1986; *K. Gabriel*, Christentum zwischen Tradition und Postmoderne, a. a. O.

damit verbunden – eine Pluralisierung von Lebenskonzepten haben sich allgemein durchgesetzt.

Die zentralen Merkmale der Modernisierungsprozesse sind:[19]

– die Universalisierung ökonomischer Rationalität. Der rationalen Organisation des Wirtschaftslebens sind Errungenschaften zu verdanken, auf die kaum jemand mehr verzichten möchte (Fortschritt, Wohlstand etc.). Nur tendiert dieses Rationalitätskonzept zu einer grenzenlosen Ausweitung – mit erheblichen Folgelasten sowohl in sozialer (Desolidarisierung) als auch in ökologischer (Ausbeutung der Natur) Hinsicht.

– die Rationalisierung handlungsleitender Orientierungsmuster: Nicht mehr ein gemeinsam geteilter Sinn, sondern formale Prin-/zipien wie Organisation und Recht regulieren die Ordnung der ausdifferenzierten und damit höchst komplex gewordenen Gesellschaft. Damit sind Vorteile verbunden, insofern ein Nebeneinander unterschiedlicher weltanschaulicher Überzeugungen möglich ist; eine Sinngebung des Ganzen ist zur Privatsache geworden. Verhängnisvoll wird es jedoch, wenn das strategische Handeln und die es leitende instrumentelle Vernunft übermächtig werden und die Räume kommunikativer Alltagspraxis zunehmend verdrängen. Alles wird dann nur noch nach seinem Tauschwert bemessen; selbst die zwischenmenschlichen Beziehungen werden tendenziell der Vorherrschaft der Monetarisierung unterworfen.

– die Rationalisierung der Arbeitstätigkeit: Rationalisierung und Automatisierung haben die Arbeit vielfach ent»last«et. Doch werden zugleich die alten Entfremdungen durch neue Entfremdungen (durch die Vorherrschaft der künstlichen Intelligenz für die einen, durch Arbeitslosigkeit für die anderen, aber auch durch die »Freizeit-Industrie«) abgelöst.

– die Rationalisierung politischer Herrschaft: Zweifelsohne hat die Demokratie ein hohes Maß an Einfluß- und Kontrollmöglichkeiten für die gesellschaftliche Öffentlichkeit mit sich gebracht und damit der Willkür von seiten bestimmter gesellschaftlicher Kräfte ein Ende gesetzt. Verbunden damit ist aber auch die Entwicklung

---

19 Vgl. ausführlicher R. *Englert*, Religiöse Erwachsenenbildung, Stuttgart 1992, bes. 268–275.

zu einer »Allzuständigkeit« des Staates und insbesondere seiner Administration (Bürokratisierung), deren Abläufe für die einzelnen immer undurchschaubarer und von denen sie damit um so nachhaltiger abhängig werden. Die Modernisierungsprozesse erweisen sich somit als ambivalent. Es ist noch nicht entschieden, ob dem ihnen innewohnenden Gefährdungspotential wirksam begegnet werden kann. Das Erleben einer solchen risikoreichen Situation führt zu Reaktionen von Angst, Unsicherheit und Orientierungslosigkeit, die teilweise irrationale Formen annehmen. Wenigstens »die eigenen vier Wände« sollen soweit wie möglich vor unkontrollierten Überraschungen ge- bzw. versichert werden. Das vertraute Eigene soll durch unbekanntes Fremdes nicht gestört werden.

Zudem wird der Anteil in der Bevölkerung größer, der nicht am wachsenden Wohlstand partizipiert. Nicht nur weltweit, sondern auch im eigenen Land nehmen Armut und soziale Ungleichheit zu; die Schere zwischen arm und reich wird immer größer. Während eine (wachsende) Minderheit sich alles leisten kann und entsprechend »hofiert« wird, erfährt sich ein ebenfalls wachsender Teil von Menschen als von der Gesellschaft ausgestoßen.

1.3.2 Individuelle Lebensführung zwischen Freiheit und Zwängen

Der Prozeß der gesellschaftlichen Differenzierung und der kulturellen Pluralisierung hat für die persönliche Lebensführung zur Folge, daß sie in einmalig hohem Maße nicht länger durch überkommene Bindungen determiniert, sondern von ihnen freigesetzt ist. Zugleich ist diese Individualisierung jedoch strukturell erzwungen. Die eigene Identität kann nicht nur, sondern muß selbst gefunden und verantwortet werden. »Orientierung wird zur Aufgabe der individuellen Person, die mit eigenen Integrationsleistungen die mangelnde Integration des Institutionenzusammenhangs kompensieren muß. Konnte sich der Aufbau einer sinnvollen Biographie, einer persönlichen Identität, in der vormodernen Gesellschaft auf vorgegebene, institutionell verankerte Identitätsmuster stützen, so wird dies heute zu einer lebenslangen persönlichen Aufgabe. Einen persönlich-biographischen Lebenssinn zu erwerben wird zu einer vornehmlich selektiven Leistung, die dem einzelnen institutionell nur partiell abgenommen werden kann.«[20] Dabei haben, wie angedeutet, die Grundlagen für Identitätsbildungsprozesse eine tiefgreifende Veränderung insofern erfahren, als sie nur noch begrenzt auf Gegebenheiten wie Kontinuität, Verläßlichkeit und Vertrauen zurückgreifen können, sondern es mit (weiter) wachsenden Mobilitätsprozessen zu tun haben. Nicht nur in geographischer Hinsicht haben sich die »Spielräume« ausgeweitet, sondern auch in sozialer, familiärer und politischer Hinsicht. Aus einer (Über-)Fülle von Möglichkeiten und Alternativen kann gewählt, muß aber auch gewählt werden. »Bastelbiographien« sind dafür der typische Ausdruck.

Nach P. M. Zulehner u. a. schätzen die Menschen es und verstehen es auch, als »Freiheitskünstler« zu leben.[21] Sich selbst verwirklichen zu können, ist zur verbreiteten Lebensdevise geworden. Die eigene Freiheit duldet wenig Einschränkung und kennt auch kaum gemeinsame Verbindlichkeiten (»Jeder soll nach seiner Façon selig werden«); sie ist auf eine Erfüllung im Hier und Heute gerichtet. Zugleich sucht sie aber auch ihre Sicherheit und Geborgenheit in der Konstruktion kleiner Lebenswelten, wobei dies leicht – insbesondere in den zunehmenden Fällen eines »narzißtischen Sozialcharakters« – zu einer Art von Sucht (nach emotionaler Zuwendung, nach symbiotischer Verschmelzung etc.) werden kann.[22]
Die These vom individuellen Freiheitsgewinn darf nicht übersehen lassen, daß es auch gegenläufige Tendenzen gibt. Insbesondere in der Arbeitswelt herrscht ein Rationalitätsdruck vor, der kaum mehr individuelle »Spiel«-räume zuläßt. Es spricht viel dafür, daß genau diese Rationalisierung und die daraus resultierende affektive Versagung am Arbeitsplatz in der Freizeitwelt durch um so heftiger ausagierte Emotionalisierung zu kompensieren versucht wird (»Erlebnisgesellschaft«). Dem kommt eine wiederum ge-

20 K. Gabriel, Christentum und Industriegesellschaft, in: Person – Gruppe – Gesellschaft, Hildesheim 1980, 31–43, hier: 38.
21 Vgl. P. M. Zulehner u. a., Vom Untertan zum Freiheitskünstler, Wien 1991.
22 Vgl. H. Steinkamp, Sozialpastoral, Freiburg/Br. 1991, 43–48. 54–58.

schickt gesteuerte »Warenästhetik« entgegen, die über triebent-
hemmenden Konsum höchste Sinnerfüllungen verspricht (Hedo-
nismus). Zusätzlich steht für die direkte Befriedigung der narzißtischen Bedürfnisse ein bunter Psycho-Markt zur Verfügung. Wer
allerdings vom Druck der Arbeitswelt ausgeschlossen ist, kommt
auch nur schwerlich in den Genuß der »Freiheiten« der Waren-
welt.

1.3.3 Religion und Kirche in der Spannung zwischen Individuum und Institution

Auch wenn man wohl kaum behaupten kann, und zwar vor allem
für die katholische Kirche nicht, die Kirchen hätten sich das Programm der Moderne zu eigen gemacht und es ihrerseits vorangetrieben, ist nüchtern festzustellen, daß sie in den Modernisierungsprozeß und in die mit ihm gegebenen Problemlagen eingespannt
sind. Beispielhaft sei das (und dessen Auswirkungen) anhand der
Veränderungen verdeutlicht, den der gesellschaftliche Ort des
Christentums erfahren hat. Kaufmann hat in diesem Zusammenhang seine These von der »Verkirchlichung des Christentums«
entwickelt.[23] Der damit gemeinte Vorgang der zunehmenden
Konzentration der christlichen Sinnelemente auf den Handlungs-
zusammenhang der Kirche und vorab ihrer Organisation zeigt
problematische Folgen: Zum einen nehmen mehr und mehr Menschen eine konsumierende Haltung gegenüber der »Amtskirche«
ein, von der sie die Erfüllung bestimmter Dienstleistungen erwar-
ten. Das wirkt sich etwa mit Blick auf die religiöse Erziehung so
aus, daß sie zwar von den Eltern nicht unbedingt grundsätzlich
abgelehnt wird, daß man sich jedoch für sie nicht kompetent fühlt
und sie deswegen an »Experten« (Pfarrer, Kindergärtnerinnen,
Religionslehrer etc.) delegiert. Zum anderen ist die Kirche auf organisatorischer Ebene strukturell dermaßen mit dem modernen
Gesellschaftssystem verwoben, daß sie sich mit den ohne Zweifel
damit verbundenen Vorteilen nicht unbeträchtliche Nachteile ein-
handelt, insofern sie sich den Gesetzmäßigkeiten einer Dienstlei-

23 Vgl. *F.-X. Kaufmann*, Kirche begreifen, a. a. O., passim.

stungsorganisation nicht mehr entziehen kann und damit tendenziell in Widerspruch zu ihrem eigenen Auftrag gerät. Man denke nur an die Ambivalenz, die mit der Partizipation der Kirchen am Wohlstand der modernen Gesellschaft verbunden ist. Daß eine solche strukturelle Verflechtung Auswirkungen bis hin zum inhaltlichen Selbstverständnis zeitigen kann, dafür sei hier nur auf die unter dem Stichwort »bürgerliche Religion« geführte Debatte verwiesen.[24]

Insbesondere für die katholische Kirche war eine solche »Verkirchlichung« über eine ganze Epoche hinweg kennzeichnend. In ihrem Gefolge bildete sich im vergangenen Jahrhundert ein katholisch geprägtes Milieu aus, dessen Existenz bis weit in dieses Jahrhundert hinein andauerte und innerhalb dessen es gelang, die Wucht des Modernisierungsprozesses mit seinen anomischen Wirkungen insbesondere auf Individuum und Religion abzufangen. »Von der Wiege bis zur Bahre«[25] blieb das individuelle und kollektive Leben in diesem Milieu von einem gemeinsam geteilten weltanschaulichen Rahmen umfangen und wurde davon tiefgehend geprägt. Zugegebenermaßen ist es der katholischen Kirche auf die Weise erfolgreich gelungen, sich unter den Bedingungen der Moderne relativ stabil zu behaupten. Und auch für viele Kirchenangehörige bildete dieses Milieu einen für sie wichtigen Raum der Geborgenheit, aus dem sie Kraft für ihre alltägliche Existenz bezogen.

Mit der Radikalisierung des Modernisierungsprozesses, wie sie die hiesige gesellschaftliche Entwicklung seit den sechziger Jahren des Jahrhunderts prägt, ist es jedoch zu einer raschen und so gut wie vollständigen Auflösung der sozialen Voraussetzungen für eine erfolgreiche Weiterführung der Verkirchlichungs-Strategie gekommen. Die Kirchen haben, wie angedeutet, darauf ihrerseits mit einem Schub der Organisierung und Bürokratisierung reagiert, womit sie ihre Existenz unter den Bedingungen der Organisationsgesellschaft zweifelsohne gefestigt haben. Gleichzeitig bekommen sie jedoch in ihren eigenen Reihen die Auswirkungen des Indivi-

24 Vgl. z. B. *J. B. Metz*, Jenseits bürgerlicher Religion, München-Mainz 1980.
25 Vgl. *M. Klöcker*, Katholisch – von der Wiege bis zur Bahre, München 1991.

dualisierungs- und Pluralisierungsprozesses nachhaltig zu spüren. Spätestens mit der Auflösung der traditionellen konfessionell geprägten Milieus ist eine Freisetzung des Individuums aus den vormaligen religiös angereicherten und legitimierten sozialen Beziehungen einhergegangen; es findet sich gewissermaßen in einem Markt an Angeboten auch in weltanschaulicher Hinsicht vor, aus denen es auswählen kann und muß. Daß es dabei zu einer Totalidentifikation mit einem dieser Angebote kommt, wird immer unwahrscheinlicher – es sei denn, daß angesichts der allgemeinen Orientierungslosigkeit und des Sinnvakuums das vermeintliche Heil in einem fundamentalistischen Rückzug auf für unveränderbar gehaltene Wahrheiten und Werte gesucht wird. In der Regel wird jedoch die Wahl aus den Sinnangeboten subjektiv, von der eigenen Lebensgeschichte her geleitet und an sie rückgebunden vorgenommen; und das Individuum legt – wie bereits im Abschnitt über die Jugendlichen ausgeführt – Wert darauf, daß auch seitens der Institutionen sein Anspruch auf Autonomie respektiert wird.

Für die Kirchen bedeutet das, daß sie kaum mehr über Kontroll- und Sanktionsmöglichkeiten über ihre Mitglieder verfügen. Sie stehen vor der Frage, ob sie mit der Legitimations- und Motivationskrise, der das institutionalisierte Christentum ausgesetzt ist, defensiv oder offensiv umgehen wollen. In dem einen Fall ginge das mit einem Bemühen um eine rigide Absicherung des Bestehenden einher – eine Tendenz, wie sie offensichtlich von maßgeblichen Kräften innerhalb der katholischen Kirche seit einiger Zeit verfolgt wird. In dem anderen Fall bedeutete das die Anerkennung und Förderung der religiösen Subjektivierung und die Eröffnung einer entsprechenden Pluriformität christlich motivierter Praxis innerhalb der Kirchen selbst. Es spricht einiges dafür, daß erst unter den Bedingungen eines entkrampften Verhältnisses des Christentums auch in seiner katholischen Ausprägung zur neuzeitlichen Freiheitsgeschichte es möglich ist, durchaus das zu bestimmten Begleiterscheinungen der Modernisierung im Widerspruch stehende Potential des christlichen Glaubens so zur Geltung zu bringen, daß es nicht lediglich als ein überholtes Relikt aus einer vergangenen Epoche oder als eine feierliche Überhöhung des Bestehenden erscheint.

1.3.4 Von der Anpassung zum Widerspruch? Veränderte Rahmenbedingungen religiös-kirchlicher Sozialisation

Auch wenn die Kirchen in verschiedenen gesellschaftlichen Bereichen (Bildungsbereich, Sozial- und Gesundheitswesen etc.) über einen beachtlichen Einfluß verfügen – eine Folge ihrer monopolartigen Stellung im Bereich des Religiösen bis in die jüngste Vergangenheit hinein –, geht der gesellschaftliche Entwicklungstrend unverkennbar in Richtung einer »nachchristlichen« Epoche. Mit dieser Bestimmung »nachchristlich« sollen mehrere Kennzeichen der gegenwärtigen Gesellschaft und ihrer sich abzeichnenden Zukunft umrissen werden: Auch wenn es nominell noch die Mehrheit der Bevölkerung umfaßt, hat das Christentum augenscheinlich seine religiöse Monopolstellung verloren; die Kirchen finden sich als Religionsgemeinschaften neben vielen anderen religiösen und weltanschaulichen Gruppierungen vor. »Mit dem Monopolverlust verschwimmen die etablierten Grenzen des Religiösen. Frei flottierende Religion taucht an Orten auf, aus denen sie bisher ausgegrenzt war. Phänomene des Okkulten kehren in den Alltag hochmodernisierter Gesellschaften zurück, Subjektivität, Liebesbeziehungen und Gruppenbezüge erhalten sakralen Charakter und finden ihren Ausdruck in neuen Ritualisierungen.«[26] Die individuelle Religiosität ist – wenn sie denn überhaupt mehr oder weniger bewußt gestaltet wird – weitgehend eigengewirkt und mit »synkretistischen« Anteilen durchsetzt. Insbesondere unter den Heranwachsenden verlieren die Kirchen offensichtlich immer mehr an Terrain. Im übrigen lassen verschiedenste Mechanismen der gegenwärtigen Gesellschaft es zu, die Frage nach dem Sinn des Ganzen erfolgreich zu kompensieren oder gänzlich zu absorbieren; die »Sinnerfüllung durch Konsum« ist dafür das am deutlichsten ersichtliche Beispiel.[27]

---

26 K. *Gabriel*, Gegenwärtige Herausforderungen für Planen und Handeln der Kirche, in: PthI 14 (1994) Heft 1.

27 Vgl. *R. Döbert*, Sinnstiftung ohne Sinnsysteme?, in: W. Fischer/W. Marhold (Hg.), Religionssoziologie als Wissenssoziologie, Stuttgart 1978, 52–72; *N. Mette*,

Damit ist bereits ein weiterer Punkt angesprochen, die Tatsache nämlich, daß die dominierenden Bereiche der Gesellschaft (insbesondere Wirtschaft und Politik) sich auf »Sachgesetzlichkeiten« berufen und nach ihnen funktionieren, die nur schwerlich mit christlichen Vorstellungen in Einklang zu bringen sind. Aufgrund der – wie skizziert – Vorherrschaft der ökonomischen Rationalität und dem damit verbundenen Leistungsdenken wird eine Mentalität gefördert, die in erster Linie auf die eigenen Vorteile bedacht ist und gegen die anderen darum konkurriert; Geschwisterlichkeit und Solidarität, insbesondere mit den Notleidenden und Benachteiligten, bleiben auf der Strecke. Ein eindimensionaler Fortschrittsoptimismus und lineares Evolutionsdenken lassen die Geschichte verabschieden und das Gedächtnis an Vergangenes als überflüssig abtun. Selbst wo ausdrücklich überlieferte Normen und Werte beschworen werden und Religion neu gewürdigt wird, geschieht das unter dem Vorzeichen ihrer Instrumentalisierung oder wenigstens des Versuchs dazu. Religion interessiert um ihrer Funktionalität willen.

Nur wenn diese gesamtgesellschaftlichen Entwicklungstendenzen mit ihren Folgen für Individuum und Religion in den Blick genommen werden, wird das Ausmaß der »Tradierungskrise« ersichtlich, von der die Kirchen derzeit keineswegs allein betroffen sind. Damit ergeben sich aber auch andere Konsequenzen für religionspädagogische Handlungsorientierungen, als das bei einer bloß institutionsbezogenen Sichtweise, die sich vorrangig vom Interesse an einer »Reproduktion« der Kirchen leiten läßt, der Fall ist. Daß diese komplizierter ausfallen und nicht unmittelbar in erfolgversprechende »Lösungsstrategien« zur Überwindung der »Tradierungskrise« umgesetzt werden können, hängt mit den aus den skizzierten Entwicklungstendenzen resultierenden Schwierigkeiten des Christ-Seins und -Werdens in der modernen Gesellschaft, wie sie zu Beginn des Abschnitts im Anschluß an F.-X. Kaufmann namhaft gemacht worden sind, zusammen. Was solches Christ-Sein überhaupt ausmacht, steht dabei neu zur Debatte. Mit Blick

Jugend ohne Sinn?, in: H.-U. v. Brachel/N. Mette (Hg.), Kommunikation und Solidarität, Freiburg/Schw. – Münster 1985, 214–230, bes. 221 ff.

auf die religiöse Sozialisation seien dazu in Art eines vorläufigen Resümees folgende Hinweise gegeben:

1. Angesichts des »strukturellen Zwangs zum Individualismus« (F.-X. Kaufmann) sind alle bisherigen Ansätze der religiösen Erziehung und Bildung zum Scheitern verurteilt, die auf die Integration in ein vorgegebenes konfessionelles Milieu abzielen. Vielmehr sind die Individualisierung der Lebenslagen sowie die Tatsache, daß der bzw. die einzelne zum Subjekt von Entscheidungen über die eigene Lebensführung geworden ist, nicht nur zu respektieren, sondern die damit gegebene Möglichkeit zur Subjektwerdung – auch in religiösen Fragen – ist gebührend zu fördern. »Die Schnittpunktexistenz des Menschen, das Auseinandertreten der Lebenslagen und Lebenswege, die Einzigartigkeit der Biographien und die Differenzierung der Erfahrungsräume verlangen einen entsprechend individuell und persönlich geprägten Glauben. Er muß fähig sein, in der dünneren Luft der kleinen Lebenswelten sich einwurzeln und überleben zu können. Auf die großen, einheitlich geprägten Lebenswelten, in denen der Glaube als ein fester Bestandteil der geteilten Wirklichkeit erscheint, wird er verzichten müssen.«[28]

2. Damit hängt die weitere Notwendigkeit zusammen, daß die Kirchen eine der Individualisierung des Glaubensverständnisses und der Kirchenbindung angemessene Sozialgestalt ausbilden – eine Sozialgestalt, deren Strukturen weniger auf Kontrolle als vielmehr auf Begleitung und Unterstützung der individuellen »Glaubensstile« ausgerichtet sind. Daß »Angebote«, die verdächtigt werden, fremdbestimmt zu sein, und dem Anspruch auf aktive Teilhabe nicht Rechnung tragen, immer weniger Resonanz finden, ist eine Erfahrung, die insbesondere im Umgang mit Jugendlichen besonders drastisch zu machen ist. Solange die im vergangenen Jahrhundert ausgebildete »verkirchlichte« Form des Christentums als dessen einzig legitime Sozialgestalt ausgegeben wird, werden die

---

28 K. *Gabriel*, Lebenswelten unter den Bedingungen entfalteter Modernität, in: PthI 8 (1988) 93–106, hier: 99; vgl. auch A. *Feige*, Vom Schicksal zur Wahl. Postmoderne Individualisierungsprozesse als Problem für eine institutionalisierte Religionspraxis, in: Pastoraltheologie 83 (1994) 93–109.

distanzierte Einstellung und ein entsprechendes Teilnahmeverhalten ihr gegenüber weiter zunehmen. Konturen einer zukunftsbezogenen Sozialform des Christentums sind demgegenüber am ehesten dort auszumachen, wo sich Menschen – seien es Gläubige oder Zweifler – aus eigener Betroffenheit heraus zusammenfinden und sich von seinen Traditionen her zu »Suchbewegungen« für neue solidarische Lebensformen inspirieren lassen.[29] Viel hängt deshalb davon ab, ob es den institutionellen Kirchen gelingt, Anschluß an solche »selbst-aktiven Felder« des Christlichen in der Gesellschaft zu gewinnen und zu einem – nicht vereinnahmenden, sondern spannungsvoll-polaren – Miteinander zu ihnen zu gelangen.

3. Es wäre ein Fehlschluß zu meinen, die sogenannte »Tradierungskrise des Glaubens« ließe sich allein mit solchen strukturellen Angleichungen (nicht Anpassungen!) der Kirchen an den Modernisierungsprozeß überwinden. Weil sich Strukturen und Inhalte gegenseitig bedingen, ist es unerläßlich, auch die tradierten Inhalte einer kritischen Revision zu unterziehen. Solange seitens der Kirchen etwa ein Wertesystem inhaltlich repräsentiert und für maßgeblich erklärt wird, das lediglich traditionell bewährte Handlungsmuster festschreibt und sich dem Bemühen um eine persönlich verantwortete Daseinsgestaltung sowie dem Suchen nach neuen solidarischen Lebensformen in den Weg stellt, lassen sich auch die angedeuteten strukturellen Veränderungen nicht realisieren. Auch kann es nicht bloß darum gehen, das bislang Tradierte mithilfe eines »modernen Outfits« absatzfreundlicher zu gestalten. Sondern es muß angesichts der neuen Problemlagen und Herausforderungen einer ständigen Bewährung unterzogen werden, was auch Korrekturen und Neuakzentuierungen erforderlich werden lassen kann, um die Tradition in ihrer ursprünglichen Kraft wieder zur Geltung kommen zu lassen.[30]

Aus diesen sozialisationstheoretischen Überlegungen ergibt sich eine doppelte Heraus- und Aufforderung für die religionspädago-

29 Vgl. ebd., 104f; *F.-X. Kaufmann*, Kirche für die Gesellschaft von morgen, in: ders./J. B. Metz, Zukunftsfähigkeit. Suchbewegungen im Christentum, Freiburg/Br. 1987, 11–54, bes. 50ff.
30 Vgl. ausführlicher *D. Mieth*, Tradierungsprobleme christlicher Ethik, in: E. Feifel/W. Kasper (Hg.), Tradierungskrise des Glaubens, München 1987, 101–138.

gische Theorie und Praxis: Zum einen machen sie deutlich, daß sich der Relevanzverlust der religiösen Erziehung nur überwinden läßt, wenn die Kirchen sich auf eine produktive Auseinandersetzung mit dem Modernisierungsprozeß und seinen Folgen einlassen. Zum anderen zeigen sie aber auch, daß diese Auseinandersetzung sich nicht bloß von der Sorge um den status quo und die Reproduktion christlicher und kirchlicher Bestände auf Zukunft hin leiten lassen darf, sondern die Widersprüchlichkeit der Sozialisationsbedingungen in einer modernen Gesellschaft insgesamt in den Blick nehmen muß, soll von der religiösen Erziehung und Bildung weiterhin ein genuiner Beitrag zur Menschwerdung und zur Humanisierung der Gesellschaft ausgehen. Das macht es erforderlich, wenigstens kursorisch noch die Ambivalenz des Modernisierungsprozesses mit Blick auf die Sozialisationsbedingungen insgesamt eigens zu thematisieren.

1.4 »Aufwachsen mit Widersprüchen«[31] – Sozialisation unter den Bedingungen der entfalteten Moderne

Welch tiefgreifende Veränderungen der Sozialisationsbedingungen insgesamt mit dem Modernisierungsprozeß einhergehen, haben die bisherigen Ausführungen bereits deutlich werden lassen. Vor allem die Tendenzen zur »Individualisierung«, »Pluralisierung« und »Enttraditionalisierung« schlagen hier nachhaltig durch. Das wirkt sich u. a. in dem paradox erscheinenden Sachverhalt aus, daß die moderne Gesellschaft einen unbestreitbaren Freiheitszuwachs im Hinblick auf die Entscheidung und Gestaltung einer individuellen Lebensführung eingebracht hat, daß zugleich aber die strukturellen Anpassungszwänge enorm gestiegen sind. Welche Chancen, aber auch welche Risiken damit für das Aufwachsen-Können und die Identitätsfindung verbunden sind, sei exemplarisch anhand einiger Kennzeichen von Kindsein heute aufgewiesen.

---

31 Vgl. W. *Hornstein*, Aufwachsen mit Widersprüchen – Jugendsituation und Schule heute, Stuttgart 1980.

1.4.1 Kindheit in der »Risikogesellschaft« (U. Beck)[32]

Im Anschluß an H. J. Geppert könnte man die Situation der Kinder in der gegenwärtigen Gesellschaft schlagwortartig mit der Formel umreißen: »Sie bekommen alles und haben nichts.«[33] Das soll heißen, daß einerseits die Mehrheit der Kinder und Jugendlichen in den hiesigen Breiten materiell gesehen so günstige Lebensbedingungen wie nie zuvor in der Geschichte vorfindet (wenngleich die Zahl der von Armut betroffenen und bedrohten Heranwachsenden auch bei uns nicht unterschätzt werden sollte), daß andererseits im Vergleich dazu ihr Wohlbefinden in sozialer, psychischer und körperlicher Hinsicht sträflich vernachlässigt wird. K. Hurrelmann stellt dazu fest: »Wir zahlen einen hohen Preis für die fortgeschrittene Industrialisierung und Urbanisierung, die sich in neuartigen körperlichen, psychischen und sozialen Belastungen ausdrückt. Die hohen Quoten von Delinquenz, Kriminalität und Aggressivität bei Kindern und Jugendlichen sprechen hier eine ebenso deutliche Sprache wie die Zunahme des Alkohol- und Drogenkonsums, des Medikamentenmißbrauchs, der Fehlernährung, des Unfallverhaltens, die hohen Werte der Verbreitung von psychischen Auffälligkeiten und Störungen, die steigende Quote von versuchten und vollzogenen Selbstmorden sowie der hohe und wachsende Anteil von psychosomatischen Beschwerden und chronischen Krankheiten bei jungen Menschen.«[34] Die selbstdestruktiven Kräfte »nach innen« und die Bereitschaft der Aggression und Zerstörung »nach außen« sind also gewissermaßen nur die beiden Seiten derselben Medaille.

Es soll nicht behauptet werden, das so gezeichnete Bild ließe sich für die Situation der Kindheit heute generalisieren; glücklicherweise sind vielfältige Differenzierungen anzubringen. Gleichwohl

---

32 Vgl. zum folgenden ausführlicher *N. Mette*, Macht Sozialisation Sinn? – Kindheit in der Risikogesellschaft, in: EE 44 (1992) 199–210; vgl. auch *A. Flitner*, Kindheit heute – Herausforderung der Schule, in: ebd., 228–242.

33 Vgl. *H. J. Geppert*, Sie bekommen alles und haben nichts, in: Unterwegs zum Ich (Publik-Forum extra), Oberursel o. J. (1991), 24.

34 *K. Hurrelmann*, Anspruch auf die »Lebensphase Kindheit«, in: Deutsche Jugend 38 (1990) 13–24, hier: 13.

sind gerade symptomatische Auffälligkeiten immer auch als Indizien dafür zu werten, daß bereits Kinder von früh an mit verschiedensten Problemen konfrontiert sind, die in förderlicher Weise zu bewältigen für sie alles andere als leicht ist. Einige Beispiele sollen das veranschaulichen:

– Kinder erfahren sich in der Regel als erwünscht, aber nicht selten zugleich damit auch als belastet. Als »Wunschkindern« wird ihnen sicherlich mehr emotionale Aufmerksamkeit als früher zuteil. Ihre Eltern sind bemüht, sich liebevoll um sie zu kümmern und für sie in bestmöglicher Weise zu sorgen, sie so gut wie möglich zu fördern. Genau dieses, »Wunschkind« zu sein, kann für die Kinder aber auch zu einer emotionalen und psychischen Belastung und Überforderung werden. Die um ihrer Entwicklung willen erforderlichen Lösungs- und Verselbständigungsprozesse werden aufgrund der Emotionalisierung der Beziehungen komplizierter.

– An die Stelle eines autoritären Erziehungsstils ist weitgehend ein partnerschaftlicher Umgang mit den Heranwachsenden getreten. »Diskussion, Appell an die Einsicht und eigene Verantwortung werden bevorzugt, Befehle und feste Regeln vermieden.«[35] An die Stelle einseitiger normativer Vorgaben von den Erwachsenen an die junge Generation ist eine Aufgeschlossenheit für ein wechselseitiges Von-einander-Lernen getreten. Viele Eltern zeigen sich allerdings mit Blick auf das, was sie der kommenden Generation an Werten, Regeln etc. vermitteln sollten, ihrerseits selbst dermaßen verunsichert, daß sie nicht in der Lage sind, den Heranwachsenden jene Widerstände entgegenzusetzen, auf die diese für die Ausbildung einer eigenständigen Identität unbedingt angewiesen sind.

– Sicher ist man bemüht, den Kindern Lebensräume zur Verfügung zu stellen, die ihren Bedürfnissen in gebührender Weise Rechnung tragen. Das beginnt damit, daß ihnen nach Möglichkeit eigene Zimmer zur Verfügung gestellt und diese mehr oder weniger aufwendig ausgestattet werden, über die Gestaltung von Kindergärten und Schulen bis hin zu speziellen Freizeiteinrichtungen. Es darf jedoch nicht übersehen werden, daß es sich in der Regel hierbei um künstlich geschaffene pädagogische Sonderwelten han-

---

35 A. *Flitner*, Kindheit heute – Herausforderung der Schule, a. a. O., 234.

delt, außerhalb derer gerade für die Kinder eine Welt voller Gefahren lauert. Wo die Regelungsprinzipien der modernen Gesellschaft ungehindert zum Tragen kommen, gelten Kinder meist als Störenfriede. Entsprechend eingeschränkt, weil von wichtigen gesellschaftlichen Bereichen ausgeschlossen und in anderen Bereichen behindert, erfahren sie ihre räumliche Umwelt.

– Solche von den Erfordernissen der modernen Gesellschaft her diktierten Einschränkungen machen sich sehr stark auch im Umgang der Kinder mit der Zeit bemerkbar. Nur selten werden ihnen die ihnen entsprechenden Zeitrhythmen zugestanden: »Die gedehnte, die geschrumpfte, die erfüllte Zeit, auch mal die Langeweile; im ganzen eine in hohem Grade erlebte und damit frei ausschwingende Zeit. Sie werden ... nicht nur durch die Eltern, sondern die zahlreichen eigenen Termine – Kinderturnen, Malkurs, Zahnregulierung, Verabredung mit Freunden, Flöteüben, Mitnahme durch das nachbarliche Auto – heute schon früh eingehängt in das Zeitraster des hochorganisierten Tageslaufs, ein Raster, das sich über die Arbeitszeit, die Schulzeit, aber auch die Freizeit spannt.«[36]

– Auf eine drastische Veränderung hinsichtlich der Zeiterfahrung von Heranwachsenden muß noch ergänzend hingewiesen werden, die Unsicherheit nämlich mit Blick auf den Fortgang der Zeit, weniger mit Blick auf die eigene Zukunft als vielmehr mit Blick auf die Zukunft überhaupt. Damit geht, wie sich besonders für das Jugendalter beobachten läßt, eine Umkehrung des Sinns dieser Lebensphasen des Aufwachsens einher. Haben sie früher doch ihren Sinn aus der Vorbereitung auf ein Morgen bezogen, so sind sie angesichts der Ungewißheit, ob es dieses Morgen überhaupt noch geben wird, und angesichts des Zweifels, ob es sich lohnt, um dieses Morgens willen heute Verzicht zu üben, zu Lebensphasen mit einem ausgeprägten Gegenwartsbezug geworden, die ihren Sinn gerade im Hier und Jetzt besitzen.[37]

36 Ebd.
37 Formuliert im Anschluß an die 2. These von *K. Gabriel*, Die Schülerinnen und Schüler von heute, in: KatBl 116 (1991) 755–763, hier: 757; im Anhang ist die einschlägige Literatur zur aktuellen Jugendforschung aufgeführt.

– Für den Großteil der heranwachsenden Kinder und Jugendlichen gilt darüber hinaus, daß sie in einer Umgebung der »spirituellen Verarmung bzw. Leere« groß werden und sie so immer weniger eine elementare Empfänglichkeit für die Erfahrung und Sprache der Transzendenz überhaupt auszubilden vermögen. Nipkow bemerkt dazu: »Wir präsentieren den Kindern eine Welt, die schnell und laut, technifiziert und geschichtslos, anscheinend selbstsicher und doch unterschwellig angstbesetzt ist. Wir tauchen die Kinder von früh an so in die Umgebung ein, daß sie von den herrschenden oberflächlichen Überzeugungen ganz ›durchtränkt‹ werden, denen zufolge prinzipiell fast alles relativierbar und im Fluß ist sowie aufklärbar und machbar. In dieser Umgebung fällt es den Kindern schwer, zu innerer Ruhe zu kommen und Stille zu finden, Ehrfurcht zu lernen und das Staunen einzuüben, die Symbole der Religion zu verstehen und aufzuhorchen, wenn von Gott die Rede ist.«[38]

– An die Stelle der – früher nicht immer unbedingt von den Kindern als positiv erlebten – Allgegenwart Gottes ist für sie heute weitgehend die Allgegenwart der Medien getreten. Was diese »für die Kultur der Erwachsenen bedeutet und was Kinder dadurch gewinnen und verlieren, ist .. erst ansatzweise bekannt. Es betrifft ja nicht nur den Informationsstand, die Verarbeitung von Nachrichten und Bildern aus aller Welt und die Einbindung und Filterung aller berichteten Geschehnisse. Sondern es betrifft die ganze Art des Aufnehmens, der Spannung und Unterhaltung, den raschen Wechsel der Bilder, meist schon nach wenigen Sekunden, und die Möglichkeit, jederzeit aus einem Programm, das im Moment nicht spannend ist, in ein anderes hinüberzuspringen. Das ›hopping‹, mit dem Anspruch, in jeder Minute gut unterhalten zu sein, ist gewiß das blanke Gegenprogramm zu aller kontinuierlichen und geduldigen Lern- und Bildungsarbeit.«[39]

Nimmt man diese Aspekte zusammen, ist es keineswegs gänzlich übertrieben, wenn manche besorgt die Frage aufwerfen, wie es mit

38 K. E. Nipkow, Bildung als Lebensbegleitung und Erneuerung, Gütersloh 1990, 305.
39 A. Flitner, Kindheit heute – Herausforderung der Schule, a. a. O., 234f.

der Sozialisationskapazität der modernen Gesellschaft bestellt ist. Diese Anfrage kommt nicht zuletzt von denen, die einige Bemühungen in eine gediegene Erziehung der ihnen anvertrauten Kinder und Jugendlichen investieren. Gerade sie müssen dann nicht selten erleben, daß genau diese ihre Anstrengungen hinterrücks unterlaufen werden, daß sie gegen den »heimlichen Lehrplan« der Gesellschaft nur bedingt etwas auszurichten vermögen.

1.4.2 Das Aufkommen eines »neuen Sozialisationstyps« (Th. Ziehe)?

Die Frage, die sich von einem solchen »heimlichen Lehrplan« her stellt, ist, ob dieser nur die »äußeren« Sozialisationsbedingungen betrifft oder ob und inwiefern er Einfluß auch auf die eigentliche Sozialisationsbasis selbst, die »innere« Verfassung also der Individuen, nimmt. Sind nicht bereits unübersehbare Änderungen im Sozialcharakter bzw. in der Persönlichkeitsstruktur der Heranwachsenden und auch der Erwachsenen zu verzeichnen? In der Tat lassen gerade psychoanalytische Befunde dafür sprechen, daß sich etwa seit der Jahrhundertwende nicht unbeträchtliche Wandlungen in den biographischen Entwicklungsverläufen und den damit einhergehenden Krisenphänomenen vollzogen haben. Als markanteste ist etwa die weitgehende Ablösung des autoritären, über-ich-geprägten Sozialcharakters durch eine narzißtische Persönlichkeitsformung zu nennen. Gerade in diesem Zusammenhang wird denn auch die These von einem »neuen Sozialisationstyp« vertreten, einem theoretischen Konstrukt, mit dessen Hilfe bestimmte neuartige Erscheinungsformen in der heutigen Generation der Heranwachsenden zu erklären versucht werden.[40]

Es läßt sich kaum von der Hand weisen, daß die rasanten Veränderungen der objektiven Lebensbedingungen wenn auch lautlos, so

---

40 Vgl. dazu insbesondere die verschiedenen Veröffentlichungen von *Th. Ziehe*, angefangen mit seinem Buch: Pubertät und Narzißmus, Frankfurt/M.-Köln 1975; zur Diskussion darüber vgl. *N. Mette*, Voraussetzungen christlicher Elementarerziehung, a.a.O., bes. 406ff. Als neueren Diskussionsbeitrag vgl. auch *G. Eisenberg/R. Gronemeyer*, Jugend und Gewalt, Reinbek 1993. – Zum folgenden vgl. auch *H. Steinkamp*, Sozialpastoral, a.a.O.

doch einschneidend Auswirkungen auch auf die subjektiven Erlebnisformen und Motivationsstrukturen zeitigen, ein Wandel, der in seiner vollen Bedeutung noch gar nicht eingeschätzt werden kann. Jedenfalls gibt es deutliche Anzeichen für eine veränderte Bedürfnisstruktur,»die sich in weit höherem Maße durch das Interesse, aber auch das Leiden an eigener Subjektivität auszeichnet, als dies bei den heute Älteren sozialisatorisch je hatte der Fall sein können«[41]. Dies schlägt sich bis in das Eltern-Kind-Verhältnis nieder, das – wie angedeutet – gerade von der Seite der Erwachsenen her stark emotional aufgeladen ist und nicht selten als Kompensation zu dem durch den herrschenden Rationalitätsdruck diktierten Zwängen und von ihm verursachten Versagen herhalten muß.[42] Es kann hier nicht darum gehen, diese neue psychische Grundstruktur abzuqualifizieren. Mit ihr eröffnen sich neue Chancen im Verhältnis der Individuen zu sich selbst und zu den anderen.[43] Die Sensibilität für das»Andere der Vernunft« wird ausgeprägter. Das gewachsene psychisch-emotionale Anspruchsniveau dokumentiert sich in dem starken Drang nach Selbstverwirklichung und der Bereitschaft, dafür nicht unbeträchtliche Kosten zu investieren. Auch für die Art religiösen Erlebens hat das Folgen, wie in einem späteren Kapitel noch darzustellen sein wird.

Die entscheidende Frage ist nur, ob gesellschaftliche Interaktionsformen, Handlungsräume und Institutionen vorhanden sind, die dieser veränderten Bedürfnisstruktur entsprechen und sie nicht ausnutzen und enteignen. Manches deutet darauf hin, daß in dieser Hinsicht die Entwicklung momentan scherenförmig verläuft, daß also die gesellschaftlich produzierten Verhaltensanforderungen und die in der Tiefenstruktur der Psyche verankerten Bedürfnisse und Sehnsüchte immer weniger vermittelbar sind. Das sei mithilfe einiger – eng an die Ausführungen zur ökonomischen Rationalität anknüpfenden[44] – Hinweise auf zwei mit der Logik

---

41 *Th. Ziehe*, Bemerkungen zu einer neuen Motivationskrise Jugendlicher, in: I. Fetscher u. a., Jugend und Terrorismus, München 1979, 85–114, hier: 85.
42 Vgl. *H. Steinkamp*, Sozialpastoral, a. a. O., 56ff.
43 Vgl. hierzu ausführlich *Th. Ziehe/H. Stubenrauch*, Plädoyer für ungewöhnliches Lernen, Reinbek 1982.
44 Siehe oben, Abschn. 1.3.1.

des Modernisierungsprozesses verbundenen Entwicklungstrends knapp erläutert.

1.4.3 Die Logik der Expansion und ihre destruktiven Folgen

Nach Hegel besteht das grundlegende Merkmal der modernen Gesellschaft darin, daß sie nach dem Prinzip der »persönlichen Selbstzwecklichkeit des einzelnen in seinen Bedürfnissen«[45] gestaltet ist. Sie bildet somit ein »System von Bedürfnissen, in dem tendenziell jeder sich selbst bestimmen und verwirklichen können soll, in dem aber faktisch doch jeder gegen jeden sich behaupten muß«[46]. Zum Kriterium der »gerechten« Verteilung der zur Verfügung stehenden Güter werden somit die Bedürfnisse des einzelnen; Ort deren Regulation ist der freie Markt. Zur Erfüllung der progressiv sich entwickelnden individuellen Bedürfnisse und zur Kompensation des ihr innewohnenden Konkurrenz- und Aggressionspotentials ist die Gesellschaft auf eine ständige Expansion ihres Marktes und ein Erschließen immer neuer Ressourcen angewiesen. Wird dabei eine bestimmte Schwelle überschritten, beginnt dieser Prozeß sich zu verselbständigen. Das bedeutet, daß ab dann ständig neu die Bedürfnisse selbst produziert werden müssen und das Bedürfnissubjekt seinerseits mehr und mehr durch die Bedürfnisproduktion und die sie steuernden und immer undurchschaubarer werdenden Systemmechanismen fremdbestimmt wird. Seinen Niederschlag findet das mittlerweile in einem weit verbreiteten Gefühl der Ohnmacht und der Wehrlosigkeit gegenüber den anonym gesteuerten und globale Ausmaße umfassenden Entwicklungen, auf die der einzelne keinen Einfluß mehr zu nehmen vermag.

---

45 Grundlinien der Philosophie des Rechts, 3. T., 2. Abschn., § 182ff; hier zitiert nach: *H. P. Siller*, Wo und wie die Theologie mehr Nähe zur Praktischen Theologie und zur kirchlichen Praxis finden könnte, hekt. Manuskr., 1988, 1; vgl. zum folgenden ebd., 1f.

46 *G. Fuchs*, Neue Gnosis – alte Kirche, in: A. Biesinger/P. Braun (Hg.), Jugend verändert Kirche, München 1989, 49–79, hier: 62f. Vgl. zum Ganzen ausführlicher *P. Eicher*, Die Anerkennung der Anderen und die Option für die Armen, in: ders./N. Mette (Hg.), Auf der Seite der Unterdrückten?, Düsseldorf 1989, 10–53, bes. 27ff.

Immer weniger läßt sich allerdings übersehen, daß die Logik der Expansion nicht beliebig fortsetzbar ist, wenn sie nicht in einer Logik der Destruktion enden soll. Schon immer haben die das leidvoll zu spüren bekommen, die im Kalkül, das auf die eigene Bedürfnisbefriedigung gerichtet ist, als beliebig verfügbare Objekte behandelt worden sind: die schamlos ausgebeuteten und ihrer Lebensgrundlage beraubten Menschen in der sogenannten Dritten und Vierten Welt einerseits und die dem beherrschenden menschlichen Zugriff wehrlos ausgelieferte Natur andererseits. Doch die psychosozialen und ökologischen Katastrophen haben inzwischen auch die eingeholt, die sie in Gang gesetzt haben. Die Bedrohung des Überlebens ist universal geworden.

1.4.4 Die »Kolonialisierung der Lebenswelten« (J. Habermas)

Ein häufig gesuchter Ausweg aus diesen verschärften Krisenerfahrungen besteht in dem Versuch, sich in überschaubare Lebenswelten hinein zurückzuziehen. Daß damit vielfach – nämlich im Fall eines unkritischen Sich-zurück-Ziehens – eine Realitätsverweigerung eingehandelt wird, macht die eine problematische Seite dieses Auswegs aus. Gravierender ist die andere Seite, nämlich daß sich die Ansicht, auf solchen gesellschaftlichen Inseln könne man sich des destruktiven systemischen Gesamtzusammenhangs entziehen, als Illusion erweist. Im Gegenteil, die aufgeführten Formen der ökonomischen und administrativen Rationalität mit ihren abstrakten Steuerungsmechanismen nehmen immer stärker Einfluß auf die lebensweltlich strukturierten Gesellschaftsbereiche und deformieren sie, weil ihnen damit ihre für sie charakteristische kommunikative Struktur, die Möglichkeiten eines verständigungsorientierten Handelns eröffnet und gewährleistet, auf Dauer entzogen wird.[47]

---

47 Vgl. *J. Habermas*, Dialektik der Rationalisierung, in: ders., Die neue Unübersichtlichkeit, Frankfurt/M. 1985, 167–208; vgl. auch *N. Mette*, Voraussetzungen christlicher Elementarerziehung, a. a. O., 3. Kap., und *H. Steinkamp*, Sozialpastoral, a. a. O., 48–53.

Besonders nachhaltig sind davon die Aufgabenbereiche der kulturellen Reproduktion und Sozialisation betroffen. Denn je weniger sich Heranwachsende auf in der sozialen Wirklichkeit vorfindliche Normen und Geltungsansprüche beziehen und sich mit ihnen kritisch auseinandersetzen können, sich des Sinnes menschlichen Handelns und gesellschaftlicher Realität nicht mehr versichern und auf seine Gestaltung keinen Einfluß nehmen können, desto mehr sind sie wehrlos dem Zwang zur »Gleichschaltung« an die systemischen Erfordernisse ausgesetzt. Ungehindert können sich diese der so sozialisierten Menschen bemächtigen. Und um so stärker kommt es darauf an, für die Schaffung von »Soziotopen« Sorge zu tragen, die nicht bloß als Rückzugsorte fungieren, sondern von denen aus aufgrund der in ihnen gemachten Erfahrungen eines alternativen Lebens- und Umgangstils kritische und innovatorische Impulse in die übrige Gesellschaft ausgehen.[48]

1.4.5 Funktionalisierung von Religion und Kirche

Von der hier skizzierten Logik des Modernisierungsprozesses her ergeben sich nochmals weiterführende und vertiefende Erklärungszugänge zu der aufgewiesenen Entwicklung von Religion und Kirche in der modernen Gesellschaft. Auf der einen Seite wird nämlich verständlich, daß gerade sie wegen ihrer traditionellen Verankerung im lebensweltlichen Bereich als »Auffangbecken« für alle möglichen gesellschaftlichen Fluchtbewegungen herhalten müssen, angefangen von dem fundamentalistischen Bedürfnis nach absoluten Gewißheiten bis hin zu der neoreligiösen Wendung nach innen. Auf der anderen Seite muß nüchtern gesehen werden, daß die Kirchen eine Bestandsgarantie innerhalb der modernen ausdifferenzierten Gesellschaft in dem Maße erlangen, wie sie sich als Teilsystem etablieren, daß sich der ihnen von den Erfordernissen dieser Gesellschaft her zugeschriebenen Aufgabe annimmt, für die Beschaffung und Legitimation der anderswoher nicht zu gewin-

---

48 Vgl. *H. Steinkamp*, Gleich-geschaltet oder Gleiche vor Gott?, in: H. Kramer/U. Thien (Hg.), Gemeinde und Soziale Brennpunktarbeit, Freiburg/Br. 1989, 201–210.

41

nenden Moral, auf die die Gesellschaft angewiesen ist, zu sorgen und für die anfallenden, den vorherrschenden Verhaltensstandards nicht gewachsenen Opfer karitativ tätig zu werden.[49] Beide Male vermögen die Kirchen dem sich rasant beschleunigenden Prozeß der Expansion der Systemmechanismen und ihren (selbstdestruktiven) Folgen nichts Wirkungsvolles entgegenzusetzen. Sie drohen vielmehr, auf höchst sublime Weise sogar ein Einverständnis der Opfer mit ihrer eigenen Vernichtung zu bewerkstelligen.

Will sich die religiöse Erziehung nicht dafür in Anspruch nehmen lassen, solchen Prozessen der Entmächtigung und Auflösung der Menschen und ihrer Lebenswelten ihrerseits noch Vorschub zu leisten, kann sie sich nicht damit abfinden, bloß gesellschaftlich angesonnene Funktionen erbringen zu sollen. Die sich in der gegenwärtigen Krisensituation stellende Herausforderung ist allerdings so grundsätzlicher Art, daß eine grundlegende pädagogische und theologische Rückbesinnung auf Ziele und Aufgaben der Erziehung und Bildung überhaupt notwendig ist, um darin den Beitrag religiöser Erziehung und Bildung verorten und näher bestimmen zu können.

1.5 Sensibilität für soziale und religiöse Neuaufbrüche – Dimensionen einer zukunftsfähigen Religionspädagogik

Es kann nur nochmals wiederholt werden: Die gegenwärtige Situation ist zu komplex und unübersichtlich, als daß bereits probate Lösungsvorschläge für die religionspädagogische Praxis an die Hand gegeben werden könnten. Eine zusätzliche Dramatik kommt dadurch ins Spiel, daß die Zukunft aufgrund des beschleunigten Modernisierungsprozesses und der damit verbundenen Risiken so ungewiß wie kaum zuvor geworden ist. Über welche Kompetenzen – so lautet ja gerade die für Erziehung und Bildung relevante Frage – müssen diejenigen verfügen können, die im Jahr 2020 oder 2030 erwachsen sein werden und verantwortliche Entscheidungen für

49 Vgl. *G. Fuchs*, Neue Gnosis – alte Kirche, a. a. O., 62 ff.

ihr eigenes Leben und das anderer zu treffen haben? Übersteigt das nicht unweigerlich die Vorstellungskraft heute Erziehender?

Daß sich genau an diesem Punkt sowohl in der Gesellschaft als auch in den Kirchen Kontroversen entzünden, in denen sich unterschiedliche Gegenwarts- und Zukunftseinschätzungen gegenüberstehen, kann nicht verwundern. So lassen sich beispielsweise mit Blick auf die Beurteilungen der künftigen gesamtgesellschaftlichen Entwicklung zwei deutlich unterscheidbare Bewußtseinslagen ausmachen, die zu einer Verständigung untereinander letztlich kaum fähig sein dürften:[50] Während die einen hinter den risikohaften Tendenzen der Gegenwart eine gesellschaftliche Zielkrise erblicken, sehen die anderen darin eine Steuerungskrise. Das heißt: Für die letztere Position bedeuten die Krisenphänomene eine Herausforderung, die durch möglichst perfekten und effektiven Einsatz von verfügbaren und technologisch noch zu gewinnenden Mitteln sowie durch eine darauf abgestimmte Effektivierung und Disziplinierung des menschlichen Potentials zu meistern ist. Ihr gegenüber steht die Überzeugung, daß es mit einer bloßen – wenn auch technologisch perfektionierteren – Fortschreibung der herkömmlichen Lösungsstrategien nicht getan ist, sondern daß eine grundlegende Neuvergewisserung aller Betroffenen hinsichtlich der Ziele der gesellschaftlichen Entwicklung vonnöten ist, sollen die von den Menschen in Gang gesetzten Prozesse, die sie immer weniger zu steuern vermögen, nicht in einer großen Katastrophe enden. Nicht wenige halten sich allerdings aus solchen Kontroversen gänzlich zurück oder kommentieren sie sogar eher sarkastisch oder zynisch, weil sie gar keine Möglichkeiten mehr zu irgendwelchen zweck- oder sinnvollen Eingriffen seitens von Menschen sehen.

Auch in den Kirchen sind derzeit, wie angedeutet, ähnlich unterschiedliche und kontrovers sich gegenüberstehende Positionen über ihren auf Zukunft hin einzuschlagenden Weg anzutreffen. Während die einen hartnäckig einen Kurs der Restauration auf ehedem Bewährtes verfolgen, plädieren andere entschieden für eine noch stärkere Öffnung der Kirchen auf die gegenwärtige Gesellschaft hin und für eine maßvolle Anpassung an die in ihr an-

---

50 Vgl. *W. Huber*, Protestantismus und Protest, Reinbek 1987.

treffbaren Denk- und Verhaltensmuster. Darüber hinaus gibt es eine – in sich nochmals höchst vielfältige – dritte Gruppe derer, die zwar nicht hinter die Errungenschaften der modernen Gesellschaft zurückfallen wollen, die aber ihr Augenmerk nicht nur auf die positiven Aspekte des Fortschritts richten, sondern auch seine andere Seite in den Blick nehmen, also fragen, welche Opfer er kostet. Nebenbei sei vermerkt, daß sich die hier aufgeführten »Lager« derzeit konfessionsübergreifend sowohl im katholischen als auch im evangelischen Raum finden.

Mit Blick auf die eingangs geforderte »Pünktlichkeit« von religiöser Erziehung und Bildung sind insbesondere jene Ansätze im Kontext des Christentums von Interesse, die sich einerseits bewußt unter den Bedingungen der entfalteten Moderne verorten, aber andererseits sich in Widerspruch zu ihnen setzen und auf die notwendigen strukturellen und bewußtseinsmäßigen Veränderungen hinarbeiten, wo diese Bedingungen nicht in förderlicher Weise sowohl allen Menschen – auch den kommenden Generationen – als auch der Erhaltung unserer Umwelt zugute kommen. Solche Ansätze, die, wie es naheliegt, zu der gesellschaftlichen Bewußtseinslage der »Zielkrise« eine hohe Affinität aufweisen, kristallisieren sich erfahrungsgemäß am ehesten an den Rändern des »offiziellen« Christentums heraus und verkörpern sich in einer Reihe von Gruppen und Bewegungen, die mit ihrer alternativen Praxis auf das in den Kirchen und in der Gesellschaft vorherrschende Bewußtsein aufklärend und verändernd Einfluß zu nehmen versuchen. Dabei sind sie selbst in hohem Maße Lern- und Bildungsbewegungen, weil auch sie erst und gerade im Prozeß ihres Engagements immer neue Einsichten gewinnen, die sie dann wiederum praktisch umzusetzen versuchen. Welche allgemeine Bedeutung solchen sozialen und religiösen Neuaufbrüchen für die Suche nach einer zukunftsfähigen christlichen Praxis und für deren motivträchtige Vermittlung an die nächste Generation innewohnt, hat V. Elizondo vor Jahren bereits aufgrund entsprechender Erfahrungen in Nordamerika wie folgt umrissen: »Die Vermittlung eines tiefen Glaubens an die nächste Generation ... geschieht weitaus häufiger durch unvermutete Bewegungen und Ereignisse als durch institutionalisierte und gut organisierte Programme der Kirche. Während dies für jene alarmierend sein mag, die gern weiterhin mit der Verantwortung und Kontrolle der Tätigkeit des Geistes Gottes betraut wären, ist es für mich ganz faszinierend und erfrischend, dies zu beobachten. Denn wenn ich die Vermittlung des Glaubens durch die Bibel und ihre reichhaltige Geschichte hindurch verfolge, dann scheint mir Gott immer durch ganz unvermutete Personen, Begegnungen und Situationen hindurch und an völlig unerwarteten Stellen zu handeln... Es werden in den kommenden Jahren sicher neue Ausdrucksweisen für den einen wahren Glauben entstehen. Und ich sehe nicht, daß die Kirchen verschwinden werden. Es scheint jedoch so gut wie sicher zu sein, daß sich die Christen der nächsten Generation in ganz anderer Weise auf die kirchliche Institution beziehen werden, als dies in der Vergangenheit geschah. Der Glaube wird weiterhin überliefert werden. Welche konkrete Form und Gestalt eine zukünftige Glaubensgemeinschaft aber haben wird, muß sich erst in den kommenden Jahren erweisen.«[51]

Die Tatsache, daß es sich gerade bei Gruppen und Bewegungen um eher »informelle Sozialisationsinstanzen« handelt, wirkt sich zwar dahingehend aus, daß die von ihnen eingebrachten Impulse und Ansätze auch innerhalb der etablierten Religionspädagogik nur schwer und, wenn überhaupt, dann mit erheblicher Verzögerung zur Geltung kommen. Aber umgekehrt könnte sich eine übereilte Rezeption auch als verhängnisvoll erweisen. Denn diese stünde schnell unter dem Diktat des Modischen und liefe damit Gefahr, sich auf eine kurzlebige Garnierung der ansonsten unangetastet bleibenden religionspädagogischen Theorie und Praxis mit einigen aktuellen Beigaben zu beschränken. Daß die Herausforderung der ins Auge zu fassenden Neuaufbrüche jedoch viel grundsätzlicherer Art ist und die Religionspädagogik in ihrer herkömmlichen Verfassung massiv tangiert, soll im folgenden aufzuzeigen versucht werden. Damit werden zugleich – vorläufig noch im Sinn einer Problemanzeige – einige der zentralen Dimensionen einer zukunftsfähigen Religionspädagogik umrissen, die sich wie ein roter Faden durch die weiteren Überlegungen hindurchziehen

---

51 *V. Elizondo*, Glaubensvermittlung in den Vereinigten Staaten von Amerika, in: Concilium 20 (1984) 352–358, hier: 357f.

sollen und in deren Fortgang näherhin begründet und entfaltet werden müssen.

1.5.1 Religiöse Erziehung und Bildung nach Auschwitz

»Die Forderung, daß Auschwitz nicht noch einmal sei, ist die allererste an Erziehung.«[52] Diese Forderung Th.W. Adornos aus dem Jahr 1966 hat – leider – an Aktualität nicht verloren. Mit »Auschwitz« – als epochales Mahnwort an eine unvorstellbare, gleichwohl bewußt inszenierte Barbarei, zu der sich die Menschheit als fähig erwiesen hat – ist nicht zuletzt die Erziehung in den Prüfstand gerufen. Hat sie nicht ihrerseits mit dazu beigetragen, »die Menschen so (zu) machen, daß sie solcher Taten fähig werden«[53]? Oder hat sie nicht zumindest zu wenig dazu getan, daß Menschen fähig und willens wurden, sich solchen Grausamkeiten entgegenzustellen, ihnen nicht gleichgültig zuzuschauen oder gar sich an ihnen zu beteiligen?

Diese Fragen richten sich auch und gerade an die religiöse Erziehung. Es ist bekannt, daß nicht wenige Täter in Auschwitz und anderswo ausdrücklich religiös, näherhin christlich erzogen worden waren, ähnlich wie die Mehrheit ihrer Landsleute, die geschwiegen hat. Und ebenso bekannt ist, in welchem Maße durch eine solche Erziehung zumindest massive Vorurteile gegenüber den Juden und ihrer Religion vermittelt worden sind. Von einer Beteiligung wenigstens im Vorfeld der barbarischen Judenverfolgung können sich Katechetik und Religionspädagogik nicht freisprechen; allerdings ist es auch den Kirchen und ihren Angehörigen sehr schwer gefallen und ist es erst relativ spät dazu gekommen, daß sie diese ihre schuldhafte Verstrickung eingestanden haben.[54]

52 *Th. W. Adorno*, Erziehung nach Auschwitz, in: ders., Erziehung zur Mündigkeit, Frankfurt/M. 1970, 92–109, hier: 92.
53 Ebd., 94. Vgl. auch *H. Peukert*, »Erziehung nach Auschwitz« – eine überholte Situationsdefinition?, in: Neue Sammlung 30 (1990) 345–354.
54 Vgl. *J. B. Metz*, Auschwitz. II. Theologisch, in: LThK3 I, 1260f (Lit.!); zur (katholischen) Religionspädagogik in dieser – noch nicht hinreichend aufgearbeiteten – Epoche und dem von ihr vermittelten Bild vom Judentum vgl. *G. Biemer*, Lern-

Im Zusammenhang seiner Rückbesinnung auf das gemeinsame geistliche Erbe von Juden und Christen hat das Zweite Vatikanische Konzil einen »Lernprozeß Christen – Juden« in der katholischen Kirche in Gang gesetzt, der wegen der damit verbundenen tiefgreifenden Revisionen des belastenden Erbes in Katechetik und Religionspädagogik in seiner Bedeutung und in seinen Auswirkungen nicht hoch genug veranschlagt werden kann.[55] Nicht nur das christliche Verhältnis zum Judentum ist von einer solchen Revision tangiert; sondern es zeigt sich, daß dieses auch das Verständnis vermeintlich genuin christlicher Glaubensinhalte nicht unberührt läßt.[56] Und nicht zuletzt – so heißt es im Synodenbeschluß »Unsere Hoffnung« (1975) – hängt »die praktische Redlichkeit unseres Erneuerungswillens... an der Bereitschaft, aus dieser Schuldgeschichte unseres Landes und auch unserer Kirche zu *lernen*: Indem gerade unsere deutsche Kirche wach sein muß gegenüber allen Tendenzen, Menschenrechte abzubauen, und indem sie allen, die heute aus rassistischen oder anderen ideologischen Motiven verfolgt werden, ihre besondere Hilfsbereitschaft schenkt, vor allem aber, indem sie besondere Verpflichtungen für das so belastete Verhältnis der Gesamtkirche zum jüdischen Volk und seiner Religion übernimmt«[57].

prozeß Christen – Juden, in: KatBl 112 (1987) 458–460; *H. Halbfas*, Wurzelwerk, Düsseldorf 1989, 191–238.

55 Vgl. vor allem Nostra Aetate 4.

56 Vgl. zusammenfassend (auch unter Berücksichtigung des bereits früher in Gang gekommenen Lernprozesses auf evangelischer Seite) *P. Fiedler*, Lernprozeß Christen – Juden, in: A. Biesinger/W. Tzscheetzsch (Hg.), Das Geheimnis erspüren – zum Glauben anstiften, Freiburg/Br. 1989, 135–163; *H. Halbfas*, Wurzelwerk, a. a. O., 77–137; *St. Leimgruber*, Von der Verketzerung zum Dialog. Darstellung und Behandlung der Juden im christlichen Religionsunterricht, in: ZKTh 112 (1990) 288–303; *A. Mußner*, Katechese nach Auschwitz, in: H.-F. Angel/U. Hemel (Hg.), Basiskurse im Christsein, Fankfurt/M. u. a. 1992, 434–439; *G. Niekamp*, Christologie nach Auschwitz. Kritische Bilanz für die Religionsdidaktik aus dem christlich-jüdischen Dialog, Freiburg/Br. 1994.

57 Beschluß: Unsere Hoffnung, in: L. Bertsch u. a. (Hg.), Gemeinsame Synode der Bistümer in der Bundesrepublik Deutschland. Bd. I, Freiburg 1976, 84–111, hier: 108f. – Vgl. auch die verschiedenen Stellungnahmen aus dem evangelischen Raum zum Verhältnis Christentum – Judentum, wie z. B. als eine der jüngsten die EKD-Studie »Christen und Juden II« (Gütersloh 1991).

1.5.2 Ökumenisches Lernen

Daß das Christentum von früh an eine Tendenz durchzieht, seine Identität in Abgrenzung von anderen zu behaupten, erwies sich nicht nur für sein Verhältnis zu anderen Weltreligionen, vorab dem Judentum, als verhängnisvoll, sondern zeitigte auch immer wieder Prozesse der Abspaltung und gegenseitigen Verleumdung und Verurteilung in den eigenen Reihen, die die Glaubwürdigkeit der Kirche, »Sakrament, das heißt Zeichen und Werkzeug für die innigste Vereinigung mit Gott wie für die Einheit der Menschheit« (Lumen Gentium 1) zu sein, erheblich schmälern ließen. Um so bedeutsamer sind die zwischen den christlichen Konfessionen vor allem seit Beginn dieses Jahrhunderts vorangetriebenen Bestrebungen, auch wenn sie zwischendurch immer wieder ins Stocken geraten sind, aus der historisch gewordenen Zerrissenheit der Christenheit heraus zu einem versöhnten Miteinander zu finden. An einer solchen ökumenischen Perspektive hat sich darum grundlegend auch eine auf Zukunft hin orientierte religiöse Erziehung im christlichen Kontext auszurichten. Um es pointiert zu sagen: Es geht nicht vorrangig um die Ausbildung irgendwelcher konfessioneller Identitäten, sondern um die Einladung zu einer konfessorischen Existenz, die sich durchaus in besonderer Weise einer bestimmten christentümlichen Tradition verbunden weiß, zugleich aber die Begegnung und das Zusammengehen mit anderen Traditionen als bereichernd empfindet.[58]

»Ökumenisches Lernen« hat noch weiterreichende Akzentuierungen und Perspektiven: Indem es nämlich nicht nur die bislang getrennte Christenheit vor Ort in den Blick nehmen läßt, sondern auf die Zusammenführung und das Zusammenleben aller getrennten Kirchen weltweit drängt, läßt es unweigerlich mit Christen und ihren Gemeinden in aller Welt in Berührung kommen. Das ist mit tiefreichenden Herausforderungen verbunden, angefangen von

---

58 Vgl. *R. Schlüter*, Ökumenisches Lernen in den Kirchen. Schritte in die gemeinsame Zukunft, Essen 1992; *ders.* (Hg.), Ökumenisches und interkulturelles Lernen – eine theologische und religionspädagogische Herausforderung, Frankfurt/M.-Paderborn 1994.

der Frage, wie der christliche Glaube in den verschiedenen Kulturen authentisch Fuß fassen kann, ohne daß dabei seine Einheit verloren geht, bis hin zu der Entdeckung, wie sie am unmittelbarsten wohl von der Begegnung mit der Armut und dem Elend ausgeht, in dem ein Großteil der Menschheit weiterhin zu leben verurteilt ist, daß über die Getrenntheit der Christenheit hinaus die Zerrissenheit der Welt eine genuine Anfrage und Herausforderung für die ökumenische Bewegung darstellt – Anfrage deswegen, weil Christen und Kirchen an der Entstehung und dem Fortdauern dieser Zerrissenheit ein beträchtliches Maß an Mitschuld tragen, Herausforderung in dem Sinn, daß Ökumene nicht nur vom Wortsinn her, sondern auch in theologischer Hinsicht grundlegend etwas mit der Vision einer bewohnbaren Erde und dem praktischen Einsatz dafür zu tun hat.[59] Ein solches Bewußtsein hat seinen theoretischen und praktischen Niederschlag am konsequentesten seit einiger Zeit in dem sogenannten »konziliaren Prozeß« gefunden. Gerade er ist auch für die Religionspädagogik höchst bedeutsam:[60] In ihm wird nämlich aus den Reihen der Kirchen heraus auf den verschiedensten Ebenen, vor allem von engagierten Gruppen und Bewegungen, der derzeit wohl wichtigste Beitrag zu einer angesichts der gegenwärtigen Herausforderungen aufgetragenen verantwortungsbewußten und wegweisenden Bildung nicht nur in den eigenen Reihen, sondern darüber hinaus geleistet. Das gilt nicht nur angesichts der in diesem Prozeß im Vordergrund stehenden materialen Probleme (Gerechtigkeit, Frieden und Bewahrung der

59 Vgl. dazu *G. Orth* (Red.), Im Horizont der einen Erde. Kommentierte Literaturdokumentation zu Ökumene und ökumenischem Lernen, Münster 1989; *F. Johannsen/H. Noormann* (Hg.), Lernen für eine bewohnbare Erde. Bildung und Erneuerung im ökumenischen Horizont, Gütersloh 1990; *G. Orth* (Hg.), Dem bewohnten Erdkreis Schalom. Beiträge zu einer Zwischenbilanz ökumenischen Lernens, Münster o. J. (1991). – Auf katholischer Seite vgl. neben den genannten Beiträgen von R. Schlüter vor allem *K. Piepel*, Lerngemeinschaft Weltkirche, Aachen 1993.
60 Vgl. *M. Blasberg-Kuhnke*, Erwachsene glauben, St. Ottilien 1992, bes. 245–364; *H. Schmidt*, Gerechtigkeit, Friede und Bewahrung der Schöpfung. Der konziliare Prozeß als Modell religiösen, ethischen und ökumenischen Lernens, in: JRP 9 (1992), Neukirchen-Vluyn 1993, 31–50, sowie die Beiträge in: Religionspädagogische Beiträge 27/1991 (Konziliarer Prozeß) und Diakonia 20 (1989) Heft 5 (Konziliarer Prozeß als ökumenisches Lernen).

Schöpfung), was auch, wie bereits angesprochen, eine wichtige Erweiterung des Verständnisses von Ökumene erbracht hat, insofern damit sowohl das Bemühen um eine gesamtkirchliche und interkonfessionelle, ja interreligiöse Verständigung als Aufgabe in den Blick genommen wird, als auch die Sorge um die Erhaltung und Gestaltung einer bewohnbaren Erde. Sondern von Bedeutung sind darüber hinaus die Kriterien, die den konziliaren Prozeß kennzeichnen: Wahrheitsbezug und Verbindlichkeit, Dialog und Partizipation aller sowie die besondere Option für die, die am meisten unter den bestehenden Verhältnissen der Ungerechtigkeit, der Gewalt und der Naturausbeutung zu leiden haben. So ist für viele beteiligte Christinnen und Christen ein Lern- und Bildungsprozeß in Gang gekommen, der konkret einlöst, worum es um der gemeinsamen Zukunft willen zu tun sein muß: eine Identität in universaler Solidarität zu erwerben und zu praktizieren.[61] Davon bleibt dann auch, so zeigt sich, die kollektive Identität der Kirchen nicht unbetroffen; ihre interkonfessionellen Streitpunkte werden, ohne damit nun auf einmal vordergründig überspielt zu werden, doch auf eine heilsame Weise relativiert.[62]

Neben der interkonfessionellen Begegnung und Verständigung stellt sich für die Religionspädagogik immer dringlicher eine noch weiter dimensionierte Aufgabe, die sich aufgrund der Tatsache ergibt, daß die verschiedenen Weltreligionen immer unmittelbarer miteinander in Berührung kommen. Gerade der Erfahrungsraum von Kindern und Jugendlichen ist stark davon geprägt; kommen sie doch spätestens in der Schule mit Gleichaltrigen zusammen, die aus einer anderen Kultur kommen und damit häufig auch einer nichtchristlichen Religion angehören. Soll es nicht bei einem bloßen Miteinander bleiben und sollen die – teilweise sehr tief internalisierten – Vorurteile und Ängste gegenüber dem und den Fremden, die sich leicht in Konflikte und Gewalt entladen können, abgebaut werden, ist es unerläßlich, auch hier zu Formen eines

---

61 Siehe dazu ausführlicher unten, Kap. 3.
62 Vgl. *U. Kuhnke/N. Mette*, Kirche in ökumenischer Bewegung. Der »Konziliare Prozeß für Gerechtigkeit, Frieden und Bewahrung der Schöpfung«, in: E. Mechels/M. Weinrich (Hg.), Die Kirche im Wort, Neukirchen-Vluyn 1992, 247–262.

versöhnten Miteinander zu finden. Das beginnt mit einem Kennen-Lernen in persönlicher Hinsicht, aber auch mit einem Mehr-voneinander-Wissen, was etwa die unterschiedlichen Bräuche auf kulturellem und religiösem Gebiet angeht. So kommt eine Verständigung in Gang, die das Fremde nicht länger als Bedrohung erleben läßt, die ausgegrenzt oder strikt vereinnahmt werden muß, sondern als eine Bereicherung, die Anderes als anderes akzeptieren und zugleich die eigene – kulturelle und religiöse – Identität neu entdecken läßt.[63]

1.5.3 Pädagogik und Theologie der Befreiung

Innerhalb der Theologie und innerhalb der Kirchen sind wichtige Impulse zu einer solchen Anerkennungskultur nicht zuletzt bis in die eigenen Reihen hinein insbesondere von der Theologie und den Kirchen in der sogenannten »Dritten Welt« ausgegangen. In dem Maße, wie sie nicht nur strukturell eigenständig zu werden begannen, sondern auch allererst um ein authentisches Verständnis des christlichen Glaubens von ihren eigenen Kulturen her bemüht waren, ließen sie bewußt werden, wie sehr Prozesse der abendländisch-eurozentrisch fixierten Bemächtigung auch innerhalb des Christentums vorherrschend waren und zum Teil noch sind.

Dabei liegt einem solchen Lernprozeß noch eine andere Erfahrung zugrunde, wie sie für viele Teile der Kirchen gerade in der südlichen Hemisphäre maßgeblich geworden ist, nämlich daß der christliche Glaube verfälscht wird, wenn man meint, ihn ohne Beachtung der Situation, in der die Menschen leben, verkündigen zu können. Wie soll für Menschen, die in ihrem Leben nie etwas von Liebe haben erfahren können, die statt dessen vielmehr strukturelle Ungerechtigkeit zu spüren bekommen, nachvollziehbar werden, daß Gott sie liebt, wenn ein solcher Satz für sie nicht bloß eine billige Vertröstung sein soll? Es waren konkrete Begegnun-

---

63 Vgl. *J. A. van der Ven*/*H.-G. Ziebertz* (Hg.), Religiöser Pluralismus und Interreligiöses Lernen, Weinheim-Kampen 1994; *N. Mette*, Begegnung mit dem Fremden – Herausforderung für den Religionsunterricht, in: KatBl 118 (1993) 815–823.

gen mit dem Leiden unschuldiger Menschen, die Christen und Christinnen ihren Glauben neu durchbuchstabieren ließen – nicht länger als eine abstrakte Wahrheit, sondern als eine Wahrheit, die zu tun gibt, die in der Praxis zu verifizieren ist, und zwar in einer Praxis, die allen Menschen die Würde wirklich erfahrbar werden läßt, die Gott jedem einzelnen verliehen hat. Die, denen in einer Gesellschaft ihre grundlegenden Rechte vorenthalten, die ihrer Würde beraubt werden, rücken damit vorrangig ins Blickfeld von Kirche und Theologie – und zwar nicht als Objekte caritativer Betreuung, sondern als Subjekte ihrer eigenen Geschichte. Sie sind es, die den Weg solidarisch befreiender Praxis weisen – ein Weg, der Christen, wenn sie sich auf ihn einlassen, konkret in die Nachfolge Jesu führt und sie dabei das Evangelium als befreiende Botschaft anders als über Jahrhunderte in der Kirche gewohnt lesen läßt.[64]

Die Theologie – oder genauer: Theologien – der Befreiung läßt sich nicht einfach in einem anderen gesellschaftlichen Kontext kopieren oder dorthin transferieren. Sie und die sie inspirierende pastorale und katechetische Praxis halten vielmehr dazu an, über den eigenen gesellschaftlichen Ort sowohl von theologischer Reflexion als auch von Verkündigung und Katechese, Gemeinde und Diakonie nachzudenken, und zwar auf eine Weise, die die globalen Zusammenhänge in den Blick nehmen läßt. Gerade so wird nämlich erst bewußt, wie sehr die sogenannte »Erste Welt« ursächlich an der wachsenden Verelendung der »Dritten Welt« mitwirkt, wie sehr genau das aber bis in die Kirchen hinein zu verdrängen versucht wird – allerdings mit den verschiedensten pathologischen Folgen, wie sie mit dem Modernisierungsprozeß einhergehen.[65] Auch die religiöse Erziehung ist immer schon in solche Mechanismen verstrickt – bis hin zur idolatrischen Affirmation und feierlichen Überhöhung jener zwar diffusen, aber um so sublimer wirkenden »Katechese«, mit der die herrschende (Wirtschafts-)

---

64 Zur Befreiungstheologie vgl. prägnant – mitsamt weiterführender Literaturhinweise – den entsprechenden von *G. Collet* u. a. verfaßten Artikel in: LThK3 II.
65 Vgl. *H. Steinkamp*, Sozialpastoral, a. a. O.

Ideologie die Köpfe und Herzen der Leute zu manipulieren versucht.[66] Um so entschiedener muß deshalb die Religionspädagogik darum bemüht sein, zu deren Aufklärung beizutragen und aus ihrem eigenen Verstricktsein darin sich zu lösen, um in ihrer Erziehungs- und Bildungsarbeit zu einer Praxis des Evangeliums anzustiften und zu befähigen, die in einer solidarisch befreienden Praxis ihren Ausdruck findet. Welche tiefreichenden konzeptionellen Veränderungen damit für sie selbst verbunden sind, kann am besten – wie im weiteren näher zu entfalten sein wird – von der Pädagogik und Katechese der Befreiung gelernt werden.[67]

1.5.4 Feministische Religionspädagogik

Wenn man nach Ansätzen Ausschau hält, in denen am ehesten im hiesigen Kontext etwas vom befreienden Charakter des Christentums zu spüren ist, sind wohl vor allem die christlich inspirierte Frauenbewegung und die ihre Praxis kritisch reflektierende feministische Theologie zu nennen. Ihnen ist zu verdanken, daß die Frauen nicht länger die unsichtbaren und vergessenen Partnerinnen in Kirche und Theologie sind und daß zumindest in weiten Teilen mittlerweile bewußt geworden ist, in welch verhängnisvoller Weise die traditionellen Glaubensvorstellungen beinahe durchweg männlich-sexistisch, also frauendiskriminierend geprägt waren. Das ging soweit, daß Männer in den Kirchen wie selbstverständlich und unangefochten bestimmen zu können meinten, und es auch taten, wie das ideale Frauenbild aussieht. Indem Christinnen begonnen haben, eine solche Verachtung nicht länger hinzunehmen oder zu verdrängen, indem sie sich nicht mehr von den

---

66 Vgl. H. Assmann/F. J. Hinkelammert, Götze Markt, Düsseldorf 1992, bes. 13 ff.
67 Siehe auch unten, Kap. 3.1.4. – Vgl. E. Meyer, Zur Pädagogik des konziliaren Prozesses. Anstöße von Paulo Freire, in: KatBl 115 (1990) 845–854; N. Mette, Von der Freiheit zur »Befreiung zur Freiheit«, in: KatBl 114 (1989) 702–710; ders., 1492 – eine Herausforderung für die Religionspädagogik, in: RpB 29/1992, 3–11. – Vergleichbare (päd)agogische Ansätze finden sich übrigens in der Tradition der Arbeiterbildung; vgl. dazu M. Grönefeld, Arbeiterbildung als politische Praxis, Köln 1989; dies. (Hg.), Arbeiterbildung als Praxis der Parteilichkeit, Köln 1989; W. Krämer, Konzepte kirchlicher Arbeiterbildung, Mainz 1985; E. Leuninger, Bildungsarbeit und Arbeiterbildung, München 1985.

»anderen« diktieren lassen, wer sie in Kirche und Gesellschaft sein sollen, sondern selbst ihre Identität und ihren Ort bestimmen, sind sie zum einen zu neuen Gotteserfahrungen vorgestoßen und haben dabei auch verschüttete Traditionen in der Bibel, die heute noch für männlich dominierte Strukturen »gefährlich« sind, wiederentdeckt, und haben sie zum anderen Impulse zu einer Glaubenspraxis gegeben, die viel stärker als bisher bis in ihre Ausdrucksformen hinein alle Dimensionen des Menschseins zum Zuge kommen läßt und damit zugleich sensibel werden läßt für jede Art von Repression, der Menschen – nicht nur Frauen – ausgesetzt werden und sind.[68]

Es liegt nahe, daß Theorie und Praxis der feministischen Theologie große Relevanz gerade auch für die Religionspädagogik haben. Denn es gibt kaum ein anderes kirchliches Handlungsfeld, in dem im Verlauf der ganzen Kirchengeschichte Frauen so engagiert waren wie im Bereich der religiösen Erziehung und Bildung, in dem gleichwohl bis in die Gegenwart hinein die männlich geprägten Glaubensvorstellungen und kirchlichen Strukturen tonangebend geblieben sind. Auch wenn es noch keineswegs zum gänzlichen Bruch mit dieser unseligen Tradition gekommen ist, so ist es doch der feministischen Religionspädagogik zu verdanken, daß sie zumindest in ihrer Selbstverständlichkeit erheblich erschüttert worden ist und daß sich die not-wendigen Veränderungen in Richtung einer religiösen Erziehung und Bildung abzeichnen, die Frauen nicht länger einfach unter männlich geprägten Vorstellungen und Strukturen vereinnahmt und diese – sogar noch als religiös sanktioniert – internalisieren läßt.

Als »erstes Fazit« meint A. Wuckelt das so in Gang Gekommene auf folgende Weise charakterisieren und würdigen zu können: »Feministische Religionspädagoginnen sind bemüht, damit Ernst zu machen, daß (vergangene, gegenwärtige und zukünftige) Erfahrungen von Mädchen/Frauen – auch in ihrer jeweiligen lebens- und zeitgeschichtlich bedingten Einmalig- und Einzigartigkeit – einen

---

68 Statt zahlreiche Einzelbelege aufzuführen, sei auf die Broschüre »Feministische Theologie« (Münster 1989) verwiesen; sie enthält eine Bibliographie sowie eine Auswahl von repräsentativen Texten zum Thema.

wichtigen Platz einnehmen und sich nicht generalisieren und/oder verabsolutieren lassen. Anleitungen für den Umgang mit diesen Erfahrungen finden sich nicht in geschlossenen Denksystemen; Frauenerfahrungen sprengen deren Rahmen und verlangen... nach phantasievoller und kreativer Bearbeitung... Eben in solcher Eigenart feministisch-religionspädagogischer Ansätze liegt jedoch auch ihre Problematik: Sie fordert Frauen (sc. und Männer, NM) heraus, Gewohntes und oftmals (unbewußt) Verinnerlichtes zu verlassen oder zumindest dazu in Distanz zu gehen. Sie fordert Selbst-Reflexion und Auseinander-Setzung mit der eigenen Person und Rolle, Kraft und Mut, sich Freiräume zu erkämpfen, und die Notwendigkeit, über Motive und Ziele Rechenschaft zu geben. Sie fordert die Fähigkeit zu ›herr‹-schaftsfreier Kommunikation, zu Solidarität und Gerechtigkeit... Was Frauen in dieser Situation trägt, ist die – oftmals überraschende – Erfahrung der Schwesterlichkeit von Frauen, sind Begegnungen mit Frauen in der Bibel, aus Theologie- und Kirchengeschichte. Und: Der Glaube an den befreienden Charakter des Christentums – unbeschadet seiner geschichtlich bedingten institutionellen, hierarchischen und patriarchalischen Ausprägung – bleibt Motivation für religionspädagogisches Handeln, das, der Parteilichkeit des Gottes Jesu aus Nazareth für Randexistenzen in Gesellschaft und Religion folgend, Partei ergreift...«[69]

69 A. Wuckelt, Partei ergreifen, parteilich sein. Feministische Herausforderungen an die Religionspädagogik – ein Überblick, in: EE 45 (1993) 390–400, hier: 397. Vgl. auch die übrigen Beiträge dieses Schwerpunktheftes (Heft 4) zum Thema: »Frauen: Religion und Sozialisation« sowie die umfassenden Literaturhinweise und ausgewählten Texte in: Feministische Perspektiven in der Religionspädagogik, Münster 1991.

2 Vermächtnis

2.1 Zwischen Kontinuität und Brüchen

Bei aller Neuartigkeit, die im vorigen Kapitel für die gegenwärtige Situation geltend gemacht wurde, wäre es kurzschlüssig zu meinen, daß die »Tradierungskrise« allein mit einem entschlossenen Blick »nach vorn« angegangen werden könne. Es soll nicht abgestritten werden, daß religiöse Erziehung und Bildung einer tiefgreifenden konzeptionellen Revision unterzogen werden müssen, sollen sie den gegenwärtigen und zukünftigen Herausforderungen entsprechen, und daß sie dabei noch manches an ihrer tradierten Gestalt, das sich in der Vergangenheit bewährt haben mag, aber inzwischen zum unnötigen »Ballast« geworden ist, aufgeben müssen. Aber allein schon um entscheiden zu können, was unnötig und was unaufgebbar ist, ist eine differenziertere Kenntnis des Vergangenen notwendig. Darüber hinaus ergibt ein genauerer Blick in die Geschichte, daß auch in früheren Epochen die Tradierung des Christentums keineswegs so kontinuierlich und krisenlos verlaufen ist, wie es eine ausschließlich auf die aktuelle Tradierungskrise fixierte Sichtweise möglicherweise gern unterstellt. Im Gegenteil, verfolgt man diese Geschichte, legt sich eher die These nahe, daß Traditionsbrüche geradezu zu den Grundbedingungen der Identität und Kontinuität der christlichen Tradition gehören.[1] Erst ihre apologetische Haltung gegenüber dem Modernisierungsprozeß hat insbesondere in der katholischen Kirche und Theologie dazu geführt, daß der Verweis auf die dogmatisch behauptete Kontinuität der Glaubensüberlieferung zur Demonstration der Wahrheit und Glaubwürdigkeit der christlichen Religion herangezogen wurde. Das hat natürlich mit dazu beigetragen, daß die unleugbaren Kri-

---

1 Vgl. *S. Wiedenhofer*, Traditionsbrüche – Traditionsabbrüche, in: J. Werbick (Hg.), Traditionsabbruch? – Ende des Christentums?, Würzburg 1994.

sen und Brüche in der Gegenwart vielfach als etwas bisher so nicht Dagewesenes angesehen werden – eine Einschätzung, die ihrerseits in gewisser Weise schlicht und einfach historisch bedingt ist. Was wirklich heute neuartig ist, ist die Tatsache der aus der beschleunigten Modernisierung resultierenden Enttraditionalisierung der Gesellschaft insgesamt, die es mit sich bringt, daß aus den derzeitigen Krisen und Brüchen der Tradierung leicht ein vollständiger Traditionsabbruch wird.

Die Geschichte christlicher Erziehung und Sozialisation stellt ein Stiefkind der religionspädagogischen Forschung im deutschsprachigen Bereich dar.[2] Allerdings hat sich mit der jüngst von E. Paul vorgelegten zweibändigen »Geschichte der christlichen Erziehung«[3] die Lage erheblich verbessert. Der Vorzug dieses sorgfältig erarbeiteten Werkes besteht darin, daß Paul – neueren Entwicklungen innerhalb der Geschichtswissenschaft folgend – darum bemüht ist, über die traditionelle Institutions- und Ideengeschichte hinauszugelangen[4] und wesentlich den sozialgeschichtlichen Kontext von religiöser Erziehung und Bildung mitsamt ihrer Wirkungsgeschichte einzubeziehen. Es wird also nicht nur dargestellt, wie in den jeweiligen Epochen der Christentumsgeschichte theologisch die Ziele und Aufgaben religiöser Erziehung und Bildung begründet und konzipiert worden sind und welche Konzepte sich möglicherweise zu einer Zeit kontrovers gegenüberstanden. Es werden auch nicht bloß die jeweiligen institutionellen Träger und Einrichtungen von religiöser Erziehung und Bildung in den Blick genommen und die verschiedenen Ausgestaltungen, die sie im Lauf der Zeit erfahren haben, nachgezeichnet. Sondern darüber hinaus geht es E. Paul darum, Einblicke in die »Alltagsgeschichte« zu bekommen. Er möchte also »zu einer Geschichte der christlichen Er-

---

2 Vgl. *E. Paul*, Geschichte christlicher Erziehung und Sozialisation – Zu einem Stiefkind der Forschung, in: ThRev 80 (1984) 179–186, vgl. auch *ders.*, Zur historischen Dimension religionspädagogischer Forschung, in: RpB 17/1986, 2–11; *ders.*, Bibliographie zur historischen Religionspädagogik, in: RpB 28/1991, 157–167; Weiterführung in: RPB 33/1994, 105–125. – Diese Forschungsüberblicke dokumentieren, daß das historische Interesse vor allem im französischen Raum sehr viel stärker ausgeprägt ist.
3 Bisher: Band 1, Freiburg/Br. 1993.
4 Vgl. z. B. *A. Läpple*, Kleine Geschichte der Katechese, München 1981.

ziehung im Sinne religiös-kirchlicher Sozialisation überhaupt ... gelangen, also der Frage nachgehen, wie und wodurch die Menschen im Glauben, entsprechend also auch in der Kirche mehr oder weniger beheimatet oder auch nicht beheimatet wurden«[5]. Diese Akzentuierung soll auch die folgende Übersicht durchziehen. Sie beschränkt sich – einsetzend mit dem »klassischen Altertum«[6] – beispielhaft auf einige zentrale Stationen in der Geschichte religiöser Erziehung und Bildung.[7]

2.2 Religiöse Sozialisation und Erziehung im Wandel der Geschichte

2.2.1 Zur Grundlegung einer »christlichen Paideia« in der Antike

Die junge Kirche stand in sozialisations- und bildungstheoretischer Hinsicht vor einer doppelten Herausforderung: Zum einen mußte sie sich darüber vergewissern, welche Anforderungen sie hinsichtlich Glaubenswissen und -praxis an die richten sollte, die Aufnahme in einer Christengemeinde finden und getauft werden wollten. Zum anderen sahen sich die Christen herausgefordert, in einer religiös andersgläubigen Umgebung Rechenschaft über ihren Glauben abzulegen, wozu sie unweigerlich sich auch mit den damaligen Bildungsvorstellungen auseinandersetzen und das Verhältnis des christlichen Glaubens dazu klären mußten. Es versteht sich, daß in beiderlei Hinsicht noch keine einheitlichen und systematisch abgerundeten Konzepte, sondern vielfältige und unterschiedlich akzentuierte Prozesse des Suchens und des Weitergebens von bewährten Vorlagen anzutreffen sind.

---

5 *E. Paul*, Geschichte der christlichen Erziehung. Bd. 1, a. a. O., 13.
6 Auf die biblischen Traditionsbestände wird im 3. Kap. eingegangen.
7 Vgl. zum folgenden außer der Geschichte von E. Paul folgende Gesamtübersichten: *W. Bartholomäus*, Einführung in die Religionspädagogik, Darmstadt 1983, 1–62; *U. Hemel*, Ziele religiöser Erziehung, Frankfurt/M. 1988, 421–542; *B. Weber*, Aspekte zu einer Sozialgeschichte des (evangelischen und katholischen) Religionsunterrichts, in: A. Mannzmann (Hg.), Geschichte der Unterrichtsfächer. Bd. 2, München 1983, 108–176.

Die Einstellung des frühen Christentums zur antiken Bildung war zunächst von großen Vorbehalten geprägt.[8] Denn das antike Bildungsideal von der Hinführung zu einem kultivierten und tugendhaften Leben (areté), dem gleichsam eine Heilsbedeutung für den Menschen zugesprochen wurde, wurde für die Christen von der Botschaft von Kreuz und Auferweckung Jesu her radikal relativiert, weil doch damit Gott die Weisheit der Welt als Torheit erwiesen hat (vgl. 1 Kor 1,20). Diese Botschaft hebt die Differenz zwischen nach herkömmlichen Maßstäben als gebildet oder ungebildet Geltenden auf, ja räumt sogar den Unmündigen vor den Weisen und Klugen einen Vorrang ein (vgl. Mt 11, 25–30).

Auf Dauer konnte jedoch diese schroffe Gegenüberstellung nicht durchgehalten werden. Insbesondere die Konversion auch Gebildeter zur neuen Religion ließ die Frage nach der möglichen Versöhnbarkeit des Christentums mit dem antiken Bildungsideal vorantreiben. Träger für solche Bemühungen um eine Versöhnung von Glauben und Bildung wurden die sogenannten »Katechetenschulen« von Alexandrien, Caesarea und Antiochien. Nicht zuletzt aufgrund ihrer Vermittlungsbemühungen gewann bereits in der Zeit zwischen 180 und 230 der Paideiabegriff eine Schlüsselstellung in den sich herausbildenden bedeutenden theologischen Gesamtkonzepten: »Irenäus und Origines deuten die Geschichte der Menschheit als einen planvoll fortschreitenden Erziehungsprozeß Gottes. Durch die in Christus letztgültig offenbarte Paideia führt Gott den Menschen zum Heil. Clemens von Alexandria beschreibt, an ältere Traditionen anknüpfend, Christus als Erzieher und Lehrer, wobei er eingehend ein christliches Erziehungs- und Bildungsideal entfaltet, welches davon ausgeht, daß der Mensch als Bild Gottes gemäß Gen. 1,26f erschaffen ist, aber faktisch unvollkommen existiert, weil er diese Qualität der Gottebenbildlichkeit sich erst aneignen muß, um seine Bestimmung als Mensch zu erreichen.«[9] Damit wurde es dann auch möglich, ein ausgiebig auf

---

8 Vgl. *G. Bitter/R. Englert*, Religionspädagogik, in: J. Wohlmut (Hg.), Katholische Theologie heute, Würzburg 1990, 351–363, hier: 351f.

9 *W.-D. Hauschild*, Erziehung und Bildung als theologisches Problem der frühen Christenheit, in: W. Baier (Hg.), Weisheit Gottes, Weisheit der Welt, St. Ottilien

antikes Bildungsgut zurückgreifendes christliches Bildungsprogramm zu entwerfen, »in dem das Studium der griechischen ›enkyklios paideia‹ bzw. der sogenannten ›artes liberales‹ der Hermeneutik und Apologetik des Glaubens propädeutisch vorgeschaltet und nutzbar gemacht«[10] wurde.

Diese Bemühungen um eine Vermittlung zwischen antiker Bildungstradition und Christentum fanden ihren Höhepunkt schließlich bei Augustinus, der auf der Grundlage eines christlich vermittelten Neuplatonismus eine in der Folge sehr einflußreiche christliche Bildungslehre entworfen und ausgearbeitet hat.[11] Erziehung und Bildung werden von ihm mit der Aufgabe gleichgesetzt, das von Gott dem Menschen gnadenhaft verliehene Sein zum Bewußtsein und zur Entfaltung zu führen; Kriterium für einzelne Inhalte und Praktiken ist, ob sie den Betreffenden auf Christus hinführen. Er hebt damit auf eine heilsnotwendige Bedeutung von Erziehung und Bildung ab, was zur Folge hat, daß diese ausdrücklich vom Glauben her konzipiert werden müssen und die Kirche für sie in besonderer Weise zuständig ist. Christliche Bildung besteht im Anschluß an Augustinus also darin, daß alle Dinge nicht bloß als solche belassen bleiben, sondern auf das letzte Ziel hin, auf Gott und die Liebe, bezogen werden; als solche »höhere Bildung« ist sie Weisheit. Sie wird vermittelt und erworben vor allem durch Schriftauslegung, wobei allerdings Einsichten und Methoden der weltlichen Wissenschaft zu Hilfe genommen werden können. Spätestens damit steht der Übernahme des antiken Bildungskanons in formaler Hinsicht nichts mehr im Wege.

Theologisch und pädagogisch wurde Augustinus' Beitrag insofern einflußreich, als er die heilsnotwendige Bedeutung und Finalisierung der Erziehung begründet – darauf hat die Hochscholastik aufgebaut – und damit der Verwirklichung einer ausdrücklich vom

---

1987, 615–635, hier: 615; vgl. zum Ganzen auch insbesondere die Schriften von *W. Jaeger*, wie z. B.: Das frühe Christentum und die griechische Bildung, Berlin 1963.
10 *G. Bitter/R. Englert*, Religionspädagogik, a. a. O., 352.
11 Vgl. *E. Paul*, Geschichte der christlichen Erziehung. Bd. 1, a. a. O., 71 ff. 93 ff; *E. Feifel*, Modelle der Begründung religiöser Erziehung, in: ders. u. a. (Hg.), Handbuch der Religionspädagogik. Bd. 1, Gütersloh-Zürich/Einsiedeln/ Köln 1973, 72–85, hier: 74 f.

Glauben her konzipierten Erziehung und Bildung den Weg gebahnt hat. So wurde es möglich, daß die Kirche zum maßgeblichen Bildungsfaktor bis in die Neuzeit hinein wurde.[12]

In nicht unwichtiger Hinsicht erfuhr allerdings das antike Bildungskonzept eine Veränderung: Die Bildung blieb nicht länger aristokratisch-elitär ausgerichtet, sondern wurde prinzipiell allen Schichten zugänglich, weil alle Menschen vor Gott gleich sind. Auch gab es noch keine hierarchischen Schranken für den Zugang zur Bildung.[13]

Nicht fein säuberlich zu trennen, aber zu unterscheiden von diesem Ansatz einer christlichen Bildungslehre ist die in der frühen und dann sich allmählich konsolidierenden Kirche erfolgte Ausbildung und Weiterentwicklung einer Katechese und einer in besonderer Weise damit befaßten Institution, des Katechumenats.[14] In diesem meist zwei bis drei Jahre dauernden Prozeß wurden die – in der Regel erwachsenen – Taufbewerber auf ihre Taufe vorbereitet, wobei sie bereits intensiv am Leben der Gemeinde teilnahmen. Es war vielfach in zwei Phasen unterteilt: »die eigentliche Katechumenatszeit, die bis zu drei Jahren dauern kann, und die unmittelbare Taufvorbereitung der *Electi* (Erwählte). Zum Aufnahmeakt schlägt Augustinus eine umfassende Erzählung der Heilsgeschichte vor, die den Taufbewerber zu Glaube, Hoffnung und Liebe führen soll... Im Verlauf des Katechumenats erhielten die Teilnehmer im Anschluß an biblische Lesungen sittliche Unterweisung, hatten eigene Gebetsübungen und nahmen an liturgischen Riten teil... In den um 348 gehaltenen 18 Katechesen des Kyrill von Jerusalem wird deutlich, daß der Großteil der katechetischen Predigten der Erschließung des Symbolums gewidmet ist... Nach der sakramentalen Initiation in der Osternacht folgte die Auslegung der Mysterien von Taufe ... und Eucharistie sowie eine Vertiefung der Anforderung an die sittliche Lebensweise des Christen...«[15] Gerade auf die Einbindung der Taufkandidaten und neu

---

12 Vgl. *H. Dolch*, Lehrplan des Abendlandes, Darmstadt 1982.

13 Vgl. *E. Paul*, Geschichte der christlichen Erziehung. Bd. 1, a. a. O., 20.

14 Vgl. ebd., 38–60; *ders.*, Gemeinde und Glaubensvermittlung um 200 n. Chr., in: RpB 24/1989, 191–200.

15 *G. Biemer*, Katechese, in: NHbThG (erw. Neuausg.) 3, 82–94, hier: 83f.

Getauften in die christliche Lebensform – sowohl in liturgisch-spiritueller als auch in moralisch-ethischer Hinsicht – wurde besonderer Wert gelegt. Für den Getauften ging es dann wesentlich darum, das geschenkte neue Leben zu bewahren und gegen die Mächte des Bösen zu verteidigen. Bei all dem sind ausschließlich Erwachsene im Blick. Die Kinder laufen in den frühen christlichen Gemeinden eher beiläufig mit.[16]

Einige Akzentverschiebungen ergeben sich im Zuge der fortgeschrittenen Konsolidierung des Christentums. Die Bedrohung der Gemeinde erfolgt nun nicht mehr »von außen«; sondern sie geht von den eigenen Reihen aus, von denen, die die christliche Lebensform nicht einhalten oder die Häresien vertreten. Daraufhin wird das lehrhafte Element in der katechetischen und ethischen Unterweisung deutlich verstärkt. Mehr und mehr wird der Rückzug in eine monastische Existenz als Ideal christlichen Lebens propagiert, da die »volkskirchlich« gewordenen Gemeinden offensichtlich keine hinreichende Gewähr mehr für eine ordentliche christliche Lebensführung boten. Denjenigen, die dieses Ideal nicht explizit vollziehen können, wird geraten, ihm möglichst nahezukommen.

Die Kindererziehung erfährt insofern mehr Aufmerksamkeit, als sie – ihr Ort ist die Familie – zur Grundlegung einer christlichen Lebensführung von früh auf beitragen soll. In diesem Zusammenhang ist insbesondere Johannes Chrysostomos mit seiner pädagogischen Schrift »Über Hoffart und Kindererziehung« zu nennen.[17] »Erziehe einen Kämpfer für Christus und lehre ihn, auch in der Welt gottesfürchtig zu leben von frühester Jugend an« (c.19), lautet das darin verfolgte Erziehungsziel. Entsprechend asketisch ist die gesamte Erziehungsmethodik gehalten; besonderer Wert liegt auf dem Fasten, Wachen und Beten, aber auch auf dem Vorbild des Erziehers und auf einer gezielten Abhärtung, um das Ziel des »Kämpfers für Christus« zu erreichen. Seine Ratschläge zur

---

16 Vgl. zur Einbeziehung der Kinder in das Gemeindeleben ausführlicher *E. Paul*, Geschichte der christlichen Erziehung. Bd. 1, a. a. O., 29–37. 68–71.
17 Vgl. ebd., 63–68; *U. Hemel*, Ziele religiöser Erziehung, a. a. O., 439f; *F. März*, Klassiker christlicher Erziehung, München 1988, 30–53.

Keuschheitserziehung haben einer sexualfeindlichen Ausrichtung religiöser Erziehung Vorschub geleistet. Folgenreich wurde weiterhin Augustinus' Auffassung von der angeborenen Verderbtheit der kindlichen Natur (Erbsünde), die eine Unterdrückung der schlechten Neigungen des Kindes, notfalls mit Härte, befürworten ließ. Mit diesen Tendenzen zu einer »Moralisierung« der Erziehung, verbunden mit einer deutlichen Leib- und Weltabwertung, wird einer Erziehungspraxis Vorschub geleistet, die über Epochen hinweg zu den entscheidenden Merkmalen einer »christlichen« Erziehung wurden.

2.2.2 Die mittelalterliche Christianitas als prägender Faktor für Sozialisation und Bildung

In bildungsinstitutioneller Hinsicht ist für das Mittelalter die Gründung einer Vielzahl von Schulen und später von Universitäten kennzeichnend. Hervorgegangen sind diese aus Klosterschulen, wie sie durch die Regel Benedikts, aber auch durch Hieronymus' Erziehungsanweisungen für angehende Nonnen inspiriert worden sind.[18] Die Orden wurden so zu den entscheidenden Trägern des Schul- und Bildungswesens bis in die Neuzeit hinein. Daneben kam es an den Bischofssitzen zur Gründung von Domschulen. Diese Schulen, deren Curriculum an dem antiken Bildungskanon der »septem artes liberales« anknüpfte, dienten, ebenso wie die später teilweise aus ihnen hervorgegangenen Universitäten, vor allem der Ausbildung von Klerikern und von Gelehrten, was in der damaligen Zeit überwiegend identisch war. Aber auch Angehörige der gehobenen Gesellschaftsschichten, vorab der Adel, hatten Zugang zu den Bildungsinstitutionen.

Das mittelalterliche Schulsystem war nicht jahrgangsweise organisiert, sondern brachte die verschiedenen Generationen zusammen. Die Schulen waren auch nicht bloß Unterrichts- und Lernanstalten; sondern sie waren gewissermaßen – dies gilt insbesondere für die Klosterschulen – »Lebensschulen«, Orte also des gemeinsamen Lebens und somit einer erfahrungsorientierten Bildung. Der

18 Vgl. *E. Paul*, Geschichte der christlichen Erziehung. Bd. 1, a. a. O., 121 ff.

religiöse Horizont war darin selbstverständlich einbeschlossen. Lesen wurde anhand von Schrifttexten – eine besondere Rolle spielte dabei der Psalter[19] –, am Credo und an Gebetstexten eingeübt; selbst das Rechnen trug mit seiner Anwendung bei den beliebten katechetischen Zahlenreihen[20] zur direkten Glaubensunterweisung bei.

Im Selbstverständnis dieses mittelalterlichen Erziehungs- und Bildungswesens sind bemerkenswerte unterschiedliche Akzentuierungen anzutreffen. Diese hängen u. a. damit zusammen, daß mit dem Erstarken des bürgerlichen Selbstbewußtseins in den Städten die Laienbildung gewissermaßen in Konkurrenz zur Klerikerbildung trat. Darüber hinaus wurde auch das Verhältnis von Glauben und Bildung unterschiedlich bestimmt. So hob etwa Hugo von St. Viktor stark auf das meditativ-spirituelle Moment in der Glaubensunterweisung ab. Gegenüber der Gefahr einer Kopflastigkeit stellte er die Notwendigkeit eines ganzheitlichen, also auch Herz und Gemüt umfassenden Lernens heraus, weil nur so die Empfänglichkeit für die den ganzen Menschen in Beschlag nehmende und ihn umwandelnde Wahrheit Gottes zu erwirken sei.[21] Für die weitere katholische Tradition maßgeblich geworden ist die Theologie des Thomas von Aquin. Für ihn bildet das kirchlich-sakramentale Denken den grundlegenden Ansatz: »Gott begegnet durch die Welt als Symbol und Werkzeug seiner Gnade dem Menschen. Thomas rückt deshalb konsequent die Kirche in den Mittelpunkt, weil nur sie letztgültig die Frage nach dem Sinn des Lebens beantworten und wiederum allein in ihren Sakramenten das übernatürliche Leben vermitteln kann. Mit der hierarchischen Zuordnung von Natur

19 Vgl. ebd., 129 ff. E. Paul würdigt in diesem Zusammenhang den Psalter »katechetischen text katexochen«, auch wenn oder gerade weil er »nicht im Gewande der Lehre daherkommt, sondern als Angebot tragfähiger Glaubenserfahrungen präsentiert wird, als existentielle Theologie, in der sich der ›Schüler‹ wiederfinden soll... Der Psalter ist Lehre und Leben in einem! Ist er in seiner katechetischen Qualität von den Theologen gewöhnlich deswegen übersehen worden, weil sie – auf ihre modernen katechetischen Textsorten fixiert, – für andere als lehrhafte Texte fast blind waren?« (E. Paul, Geschichte christlicher Erziehung und Sozialisation – Zu einem Stiefkind der Forschung, a. a. O., 180 f)
20 Vgl. ders., Geschichte der christlichen Erziehung. Bd. 1, a. a. O., 198 ff.
21 Vgl. A. Läpple, Kleine Geschichte der Katechese, a. a. O., 79 f.

und Gnade ist hier eine Trennung von natürlicher und übernatürlicher Erziehung ausgeschlossen. Auch Erziehung und Bildung rücken insofern eng aneinander, als Bildung jene Beformung der Seele durch Gott meint, die Erziehung als Pflege erst ermöglicht.«[22]

In gewisser Weise diametral dazu steht das Bildungskonzept der Mystik. Es war übrigens Meister Eckart, der »das bislang auf handwerkliches Hervorbringen bezogene Wortfeld von Bildung auf Metaphysik und Theologie übertragen und zur Kennzeichnung innergöttlicher Bewegungen und des Verhältnisses Gottes zur Seele verwandt«[23] hat. Für die Mystik wurde der Gedanke der »Entbildung« wichtig, was bedeutet, daß der Mensch von seiner Vorstellung, mit der von ihm angeeigneten Bildung zum Heil gelangen zu können, wegkommen und statt dessen zur völligen inneren Leere und Armut finden müsse, um offen und empfänglich zu werden für die Erfüllung durch Gott, die nicht »gemacht« werden könne, sondern nur als Geschenk zuteil werde. Sehr wohl gäbe es jedoch in der Offenbarung Hinweise – und entsprechend werden Schrifttexte sehr häufig in den Predigten und Schriften von Mystikern ausgelegt –, die einen auf dem Weg zu dieser Entbildung und Reifung aus dem »nichts« leiten könnten. Kennzeichen der mystischen Gotteserfahrung ist, daß sie höchst individuell ist, aber zugleich enorme soziale Auswirkungen hat, indem der oder die Betroffene die Wirklichkeit mit neuen Augen zu sehen beginnt und die vorfindlichen Mißstände in Gesellschaft und Kirche prophetisch anprangert.[24]

Die religiöse Sozialisation des Großteils der damaligen Bevölkerung erfolgte weitgehend ohne systematische Unterweisung; »sie vollzog sich im Familienverband und im Medium von Liturgie, Predigt, Mysterien-, Krippen- und Passionsspielen, im Leben und Er-

---

22 *E. Feifel*, Modelle der Begründung religiöser Erziehung, a. a. O., 75; vgl. ausführlicher *F. März*, Klassiker christlicher Erziehung, a. a. O., 81–128, bes. 96 ff.

23 *Cl. Menze*, Bildung, in: SL7 I (1985) 783–796, hier: 784. Vgl. auch *W. Böhm*, Was heißt: christlich erziehen?, Würzburg-Innsbruck 1992, 83–103, bes. 88 f.

24 Vgl. *G. Stachel*, Das »nicht« als Ziel der Entbildung, in: R. Preul u. a. (Hg.), Bildung – Glaube – Aufklärung, Gütersloh 1989, 61–73.

leben einer christlich geprägten und interpretierten Umwelt«[25]. Es wurde allerdings – wie zahlreiche Synodenbeschlüsse und Erlasse belegen[26] – durchaus Wert darauf gelegt, daß die Leute wenigstens über elementare Glaubenskenntnisse (dazu wurden vor allem das Glaubensbekenntnis und das Vaterunser gezählt) verfügten. Eine wichtige Rolle bei der Vermittlung dieses Glaubenswissens spielten die katechetischen Predigten in den Gottesdiensten. Daneben kam aufgrund des vorherrschenden Analphabetismus den Bildern eine große Bedeutung zu.[27] Nicht zuletzt wurde die Beichtpraxis für katechetische Zwecke benutzt.[28] Um die Eltern (und Paten) in ihrer Aufgabe der religiösen Erziehung ihrer Kinder zu unterstützen, wurden verstärkt seit dem Hoch- und Spätmittelalter für sie Abhandlungen und Anleitungen verfaßt, die als Vorläufer der späteren Katechismen betrachtet werden können.[29]

In Abhebung zu der weithin vorherrschenden kollektiv orientierten Sichtweise von Mensch und Welt hat die Mystik eine bewußtere Wahrnehmung der Person und ihrer Individualität begünstigt, was dann Renaissance und Humanismus aufgegriffen und ihrerseits verstärkt haben. Das insbesondere die Objektivität und den Verstand in den Vordergrund stellende scholastische Bildungsideal wurde so durch eine Betonung des Subjekts und des Gemüts korrigiert.

Das ist in diesem Zusammenhang deswegen bemerkenswert, weil damit eine ausdrückliche Aufmerksamkeit auch dem Kind gegenüber gefördert wurde. Zwar ist gegen die berühmte These Aries' von der Entdeckung der Kindheit in der Neuzeit zu Recht eingewendet worden, daß auch in mittelalterlichen Erziehungslehren auf die besondere psychische Verfassung von Kindern ausdrücklich Rücksicht genommen worden ist.[30] Zu Beginn des 15. Jahrhunderts hat dann allerdings J. Ch. Gerson eine neue Sichtweise

25 *B. Weber*, Aspekte zu einer Sozialgeschichte des (evangelischen und katholischen) Religionsunterrichts, a. a. O., 115.
26 Vgl. *W. Bartholomäus*, Einführung in die Religionspädagogik, a. a. O., 7f.
27 Vgl. *E. Paul*, Geschichte der christlichen Erziehung. Bd. 1, a. a. O., 226 ff. 285 ff.
28 Vgl. ebd., passim.
29 Vgl. ebd.
30 Vgl. ebd.

des Kindes geprägt, die in der Folge einflußreich wurde, nämlich »die Sicht von der engelsgleichen Reinheit des Kindes, das von der Macht der Sünde noch nicht so bedrängt und für die heilsamen Lehren empfänglicher sei und daher für die Erziehung zugleich eine besonders fruchtbare Voraussetzung wie Verpflichtung darstelle«[31]. Damit bildete sich ein »Erziehungsverständnis aus, das bis heute auch in der Kirche nachwirkt, weil es so plausibel erscheint: man müsse mit der erziehenden Prägung des Kindes früh einsetzen. Solange die Vernunft noch nicht angesprochen werden könne, müßten die Kinder beharrlich an Sitte und Ordnung gewöhnt werden... Ist die Vernunft erwacht, können Ermahnungen wirksam werden, während sittliche Appelle den Willen beeinflussen sollen. Nicht zuletzt erziehe das Vorbild, vor allem das ›Vorbild Christi‹: Der in Sanftmut das schuldbeladene Kind zurechtweisende ›Gesetzgeber Christi‹ stelle es unter ein leichtes Joch und verbinde Strenge mit Milde, wie es rechte Erziehung tun soll.«[32]

2.2.3 Systematisierung der Glaubensunterweisung in Gefolge von Reformation und katholischer Reform

Die mit der Reformation auch für die Geschichte der religiösen Erziehung und Bildung gegebene epochale Zäsur hat B. Weber prägnant wie folgt charakterisiert: »die kulturelle Tradierung des Christentums und christlichen Weltverständnisses verliert ihre sichtbare Repräsentanz in der einen Kirche. Anstöße zur systematischen christlichen Unterweisung verdanken sich jetzt nicht nur der konfessionellen Konkurrenzsituation und Identitätsvergewisserung; sie sind vielmehr mit dem theologischen Anliegen der Reformatoren (hier bes. Luthers) unmittelbar verknüpft: die intendierte Wiederherstellung der ursprünglichen Gestalt von Kirche und Christentum wird an Recht und Befähigung jedes Christen gebunden, das Evangelium auszulegen und zu verkünden...«[33]

---

31 Vgl. *K. E. Nipkow*, Erziehung, in: TRE X, 232–254, hier: 240.
32 Ebd.; vgl. ausführlicher *F. März*, Klassiker christlicher Erziehung, a.a.O., 129–150.
33 *B. Weber*, Aspekte zu einer Sozialgeschichte des (evangelischen und katholischen) Religionsunterrichts, a.a.O., 116.

Damit ist mehreres angesprochen, was im folgenden noch näher erläutert werden soll[34]: Zum einen lag es in der Konsequenz der Betonung des Rechtfertigungsglaubens durch Luther, daß er gegen jedwede theologische Finalisierung von Erziehung Einspruch erhob; er lehnte es entschieden ab, etwa religiöse Erziehung und Katechese gleichsam als Vorbedingungen für einen rechten Glauben und damit für das Heil zu begreifen. Luther bestand statt dessen auf einer strikten Unterscheidung zwischen Evangelium und Erziehung. Erziehung ist für ihn ein »weltlich Ding«: Keine Erziehung führt zum Glauben, sondern den Glauben zu bewirken ist allein Gott vorbehalten. Der Erzieher wird so von Selbstüberforderung befreit und das Kind vor einer pädagogischen Bemächtigung seines »Inneren« durch den Erzieher bewahrt. Allerdings bleibt die Erziehung gerade in ihrer Eigenständigkeit von Gottes Handeln umgriffen. Insofern kann sie und hat sie sehr wohl den »äußeren« Raum für Gottes eigenes Handeln am »inneren« Menschen zu bereiten; sie dient dem Glauben und dem Leben.

Diese Auffassung fand ihren praktischen Niederschlag in der Schul- und Bildungsreform, der Luther eine große Bedeutung beimaß. Aufgrund der engen Verquickung von Kirche und Gesellschaft hatten die Mißstände in der Kirche zur damaligen Zeit zur Folge, daß auch die Schulen und Universitäten verdorben waren. Zugleich hatte Luther sich aber auch gegen schwärmerische Auffassungen in den eigenen Reihen zur Wehr zu setzen, die auf das unmittelbare Einwirken des Heiligen Geistes setzten und darum jegliche Bildung für überflüssig, ja wider-geistlich hielten. Luther hielt es für eine der vorrangigen Verpflichtungen der weltlichen Obrigkeit, und er hat dies auch ihr gegenüber mehrfach angemahnt, für die Einrichtung und Unterhaltung eines guten Schulwesens Sorge zu tragen. Die Mitverantwortung der örtlichen Kirchengemeinden wurde dadurch institutionalisiert, daß die Schulord-

---

34 Vgl. zum folgenden ausführlicher: *K. E. Nipkow/F. Schweitzer* (Hg.), Religionspädagogik. Bd. 1, München 1991, 21–29. 45–85; *I. Asheim*, Glaube und Erziehung bei Luther, Heidelberg 1961; *H. B Kaufmann*, Martin Luther (1483–1546), in: H. Schröer/D. Zilleßen (Hg.), Klassiker der Religionspädagogik, Frankfurt/M. 1989, 7–23; *K. E. Nipkow*, Erziehung, a. a. O., 240f; *R. Preul*, Erziehung als »gutes Werk«, in: Marburger Jahrbuch Theologie 5 (1993) 95–115.

nungen häufig einen Bestandteil der Kirchenordnungen bildeten und bei den Visitationen auf ihre Befolgung hin überprüft wurden.

Dabei hob Luther auf zwei Intentionen ab: Zum einen sollte »ein jeglicher Christenmensch« in den Genuß von Bildung kommen. Es handelt sich hier um einen entscheidenden Durchbruch zur Gleichheit im Bildungsverständnis – eine Gleichheit über alle ständischen und geistlichen Autoritätsunterschiede hinweg. Jeder sollte imstande sein, selbst die Heilige Schrift zu lesen. Damit hat die Reformation erhebliche Impulse für eine allgemeine Bildung gegeben und die Anfänge des Volksschulwesens – mit Unterricht in deutscher Sprache – grundgelegt. Zum anderen wollte Luther durch diese Bildung die Gläubigen zu einer verantwortungsbewußten Mündigkeit im Glauben befähigen und sie aus der Bevormundung durch die Kleriker befreien. Zu den zentralen Inhalten des Schulwesens gehörte selbstverständlich die religiöse Unterweisung.

Die Schule ergänzte somit die Familie und die Kirchengemeinde, bildete mit ihnen eine organische Einheit, ersetzte sie also nicht. Als Hilfsmittel für die religiöse Unterweisung verfaßte Luther seine beiden Katechismen, den »Großen Katechismus« und den »Kleinen Katechismus«, beide 1529 veröffentlicht. Sie richteten sich an die Erwachsenen, waren also nicht als Kinder- oder Schulbücher gedacht. Durch sie sollten vielmehr die Hausväter bzw. Pfarrer und Prediger zur Unterweisung der ihnen Anvertrauten, also der Familie und des Gesindes bzw. der Gemeinde, angeleitet werden.

Die Unterweisung im Katechismus sollte der Hinführung auf die Schriftlesung und -interpretation dienen und eine christliche Lebenspraxis grundlegen. Welchen Stellenwert ihr Luther beimaß, geht daraus hervor, daß er sie zu den verpflichtenden Aufgaben in Haus und Gemeinde zählte und das Wissen um die zentralen Glaubensinhalte überprüft wissen wollte. Gleichwohl hatte Luther keineswegs daran gedacht, seine Katechismen zu dogmatisieren. Er wollte vielmehr ein Beispiel geben.

In der Tat war die Hoch-Zeit der Reformation zwischen 1520 und der Mitte des 16. Jahrhunderts eine äußerst katechismus-produktive Zeit; Läpple listet mehr als 20 Katechismen bzw. katechismusartige Lehrbücher auf.[35] Erst anläßlich späterer Konflikte innerhalb der reformatorischen Kirche wurden um 1580 die beiden Katechismen Luthers gewissermaßen kanonisiert. Damit begann insbesondere für den Bereich der lutherischen Kirche eine Epoche einer streng orthodoxen Belehrung mit der Folge, daß Glaubenswelt und Lebenswelt immer weiter auseinanderdrifteten. Es muß hier jedoch genügen, die von der Reformation so grundlegend herausgearbeitete pädagogische Dialektik von Gesetz und Evangelium exemplarisch an Luthers theologischen und katechetischen Überlegungen und seinen Hand in Hand damit gehenden praktischen Reformbemühungen dargestellt zu haben. Sie hat noch – etwa schon im Umkreis Luthers oder bei anderen Reformatoren – andere Akzentuierungen erfahren. Auch ist sie, wie angedeutet, in nachreformatorischer Zeit unterschiedlich rezipiert worden – angefangen etwa bei der dogmatischen Festschreibung und Differenzierung der klassischen reformatorischen Lehren in der Protestantischen Orthodoxie bis hin zu den stark auf die Bekehrung und innere Erbauung des einzelnen abzielenden katechetischen Bemühungen – verbunden mit einem beeindruckenden sozialpädagogischen Engagement – im Pietismus.[36]

Wie hat sich die Reformation in pädagogischer und katechetischer Hinsicht auf die katholische Kirche ausgewirkt? Das Konzil von Trient nahm nicht nur in dogmatischer Hinsicht gegen die als solche verurteilten Häresien der Reformation Stellung; sondern es verfolgte auch ein starkes pastorales und katechetisches Reformanliegen. So wurden etwa die Bischöfe 1563 dazu verpflichtet, jeweils in ihren Diözesen dafür zu »sorgen, daß wenigstens an den Sonn- und anderen Feiertagen den Kindern in den einzelnen Pfarreien die wichtigsten Glaubenslehren (rudimenta fidei) und der Gehorsam gegen Gott und die Eltern sorgsam von denen, deren Amt das ist, gelehrt werde«[37]. Entsprechend wurden sonntägliche Christen- bzw. Kinderlehren eingerichtet, in denen die elementa-

35 Vgl. *A. Läpple*, Kleine Geschichte der Katechese, a. a. O., 90f.
36 Vgl. *K. E. Nipkow / F. Schweitzer* (Hg.), Religionspädagogik. Bd. 1, a. a. O., bes. 30–35. 100–169.
37 Zitiert nach: *W. Bartholomäus*, Einführung in die Religionspädagogik, a. a. O., 18f.

ren Inhalte des Glaubens und der Moral vermittelt wurden; zum Teil haben sie bis in dieses Jahrhundert hinein bestanden. Ein zusätzliches Instrument zur Sicherung und Vertiefung des Glaubenswissens waren die Katechismen, die im Zuge der Gegenreformation auch auf katholischer Seite verfaßt wurden. Zu nennen sind insbesondere der über Jahrhunderte hinweg in Gebrauch befindliche »Kleine Katechismus« des Petrus Canisius (1556 lateinisch, 1558 deutsch veröffentlicht) und der »Römische Katechismus«, der vom Konzil von Trient (1545–1563) angeregt und 1566 veröffentlicht wurde. Im Unterschied zu Luthers Katechismen waren diese katholischen Katechismen allerdings weniger biblisch als vielmehr dogmatisch ausgerichtet.

Darüber hinaus kam es zu Bemühungen um die Gewährleistung einer katholisch orientierten Erziehung und Bildung überhaupt, aber auch um eine Überwindung der sozialen Mißstände, in der sich viele Kinder und Jugendliche im 16. Jahrhundert befanden. Philipp Neri und Karl Borromäus sind hier etwa mit ihrem beispielhaften (sozial-)pädagogischen Engagement zu nennen.

Zu wichtigen Trägern der Erneuerung von Katechese und Bildung wurden die zu diesem Zweck neu gegründeten Orden und (Brüder- bzw. Schwester-)Kommunitäten. Zu nennen sind etwa die »Bruderschaft von der christlichen Lehre«, die, von K. Borromäus gegründet, sich insbesondere der Pfarrkatechese annahmen, die im 16. Jahrhundert von J. von Calasanzas gegründeten Piaristen, die sich insbesondere im Volksschulwesen engagierten, sowie die »Brüder der christlichen Schule«, im 17. Jahrhundert gegründet von J. B. de la Salle, die schulgeldfreie Schulen errichteten und unterhielten. Speziell für die Förderung der Bildungsmöglichkeiten der Mädchen setzte sich eine Reihe von weiblichen Orden ein: die Ursulinen (gegründet 1535), die Salesianerinnen (gegründet 1610) und die Englischen Fräulein (gegründet 1610). Den größten Einfluß übte allerdings ohne Zweifel der seit der Mitte des 16. Jahrhunderts wirkende und sich rasch ausbreitende Jesuitenorden aus. Seine in den von ihm errichteten Schulen zugrundegelegte Ordnung wurde maßgeblich für das gesamte Bildungswesen der katholischen Kirche: »Ihrem Inhalt nach sind die jesuitischen Schulen humanistische Sprachschulen mit katholischem Katechismusunterricht, die für den Dienst in Kirche und Staat ausbilden... Dieser bekannt äußere Rahmen ist jedoch jetzt mit einem neuen Geist ausgefüllt: dem Geist der exercitia spiritualia und der Ordenskonstitutionen. Dies zeigt sich sowohl in der übergeordneten Zielsetzung und in der Organisation wie in der Arbeitsweise. Die Jesuitenschule, die mit einem Internat verbunden sein konnte, ist in einer neuen Weise konsequent durchorganisiert. Das Studium ist als einheitlicher, genau geregelter Prozeß gedacht. Das Ziel ist, Streiter der Kirche auszubilden, Instrumente Gottes, die der göttlichen Hand, die das Werkzeug führt, vollkommen angepaßt sind... Unter den Fähigkeiten der Seele tritt dabei der Wille in den Vordergrund. An ihn wendet sich die Erziehung, um ihn zum Einsatz anzuregen und sich seiner durch Einwirkung auf Phantasie und Gefühl zu bemächtigen... Durch Erziehung zu Selbstbeobachtung und Gewissenserforschung, durch Überwachung und Fremdkritik und genaue Regelung des Tagesverlaufs und Studiengangs wird – bei Respektierung individueller Anlagen – versucht, die Persönlichkeitsentwicklung im Sinne einer cultura ingeniorum unter Kontrolle zu bekommen, um sie auf das höchste Ziel hinzuleiten... Die Bildungsauffassung ist also ausgeprägt instrumentell und steht im Vorzeichen der Synthese mit Schwerpunkt im katholischen Kirchenglauben, jedoch in einer neuen, in gewissem Sinne vorwärtsweisenden Betonung von Psychologie und Technik der Seelenführung.«[38]

2.2.4 Die »Verschulung« von religiöser Erziehung und Unterweisung in der pluralistisch werdenden Gesellschaft

Spätestens mit der Aufklärung setzt eine neue Epoche der Religionspädagogik in Theorie und Praxis ein – eine Epoche, die stark bis in die Gegenwart hinein nachwirkt. Das hängt nicht zuletzt damit zusammen, daß mit der Aufklärung ein starker pädagogischer Impetus verbunden gewesen ist, und zwar in zweifacher Hinsicht: Zum einen hob sie die Mündigkeit und damit die Emanzipation

38 *I. Asheim*, Bildung. V, in: TRE VI, 611–622, hier: 621.

von jeglicher Fremdbestimmung, die Loslösung aus äußeren Abhängigkeiten und Zwängen als Ziel der Menschwerdung hervor. Aus der Einsicht heraus, daß der Mensch wesentlich durch seine Erziehung wird, was er später ist, rückte zwangsläufig die Erziehungsbedürftigkeit und -fähigkeit des Menschen in den Blick, die nunmehr eigens, unabhängig von theologischen Vorgaben, reflektiert wurde (Beginn der Pädagogik im heutigen Verständnis). Zum anderen war man von der Möglichkeit einer »Erziehung des Menschengeschlechts« (Lessing) insgesamt überzeugt, durch die eine Verbesserung des menschlichen Zusammenlebens auf der Basis der Vernünftigkeit erreicht werden könne – gewissermaßen eine aufklärerische Transformation des antiken paideia-Gedankens.

Für die religiöse Erziehung und Unterweisung waren damit unweigerlich nachhaltige Konsequenzen verbunden. Auf der einen Seite gerieten sie angesichts des religionskritischen Einwurfs, Religion bewirke die Selbstentfremdung des Menschen, verhindere seine Autonomie, und die Kirche sei die bevormundende Anstalt schlechthin, aus deren Zwängen man die Menschen befreien müsse, unter einen neuen Legitimationsdruck. Zum anderen haben Impulse der Aufklärung sich nicht unwesentlich auf ihre weitere Entwicklung ausgewirkt.

Auch wenn es von Anfang an eine strikte Abwehrhaltung gegenüber der Aufklärung und der modernen Gesellschaft insgesamt gab, konnte sich diese Position in der katholischen Kirche auf die Breite gesehen erst relativ spät durchsetzen und bestimmend werden. Anfangs überwog eine durchaus aufgeschlossene Haltung der Aufklärung gegenüber, wobei diese allerdings in ihrer kritischen Zuspitzung erheblich gemildert wurde. Es lag ja durchaus im Interesse der aufgeklärten Herrscher der damaligen Zeit, etwas zur Hebung des allgemeinen Wissensstandes in der Bevölkerung zu tun, weil nur so größere Produktivität zu erreichen war. Außerdem sollten die Leute zu einsichtigen und anständigen Staatsbürgern erzogen werden. Und in diesem Zusammenhang bediente man sich gern der Religion, weil zum einen die Kirche die einzige Institution war, die überall im Land verbreitet war und deshalb die angestrebte Erziehung zu leisten am ehesten imstande war, und zum anderen weil Religion zur Grundlegung der Sittlichkeit als unverzichtbar galt. So kann es nicht verwundern, daß nach Einführung der allgemeinen Schulpflicht am Ende des 18. Jahrhunderts die Kirchen eine gewichtige Rolle im Schulwesen spielten. Das gilt nicht nur für die Einführung des Religionsunterrichts als obligatorisches Schulfach. Sondern die Schulen waren generell Konfessionsschulen und unterstanden als solche der »geistlichen Schulaufsicht«, die erst mit der Weimarer Verfassung aufgehoben wurde. Von der religiösen Erziehung und Unterweisung gingen also in nicht unbeträchtlicher Weise staatserhaltende Wirkungen aus; Kirche und Staat arbeiteten Hand in Hand.

Gute Bürger heranzubilden und so das Gemeinwohl zu fördern, wurde auch von seiten der katechetischen Reflexion als Ziel der religiösen Unterweisung ausdrücklich unterstrichen. Dazu galt es, den Wissensstand der Bevölkerung auch in religiöser Hinsicht anzuheben, sie also auch religiös mündiger werden zu lassen, allerdings nicht in dem Sinne, frei über ihre Religion entscheiden zu können. Die religiöse Unterweisung wurde somit verstärkt systematisiert, was besonders deutlich darin zum Ausdruck kommt, daß Katechismen für den Schulgebrauch konzipiert wurden. Durch sie, ergänzt durch heilsgeschichtlich aufgebaute Schulbibeln, sollte die Vollständigkeit und Korrektheit des religiösen Wissens gewährleistet werden.

Die theologische Ausrichtung dieser Katechetik wandelte sich allerdings erheblich. Ihre stark moralische Ausrichtung erfuhr etwa durch J. M. Sailer oder J. B. Hirscher eine theologische Korrektur und Vertiefung.[39] Diese zeitoffene und reformorientierte Ausrichtung wurde spätestens mit dem endgültigen Siegeszug der Neuscholastik in der Mitte des 19. Jahrhunderts abgebrochen; ein apologetischer Dogmatismus kam auch in der Katechetik zum Zuge.[40] Die damit von der katholischen Kirche verfolgte Intention, die zugleich auch bestimmten Interessen des neu sich formierenden Ob-

---

39 Darauf wird ausführlicher im Abschnitt über die »Verwissenschaftlichung‹ von Katechetik und Religionspädagogik« eingegangen.
40 *W. Bartholomäus*, Einführung in die Religionspädagogik, a. a. O., 37 f.

rigkeitsstaates zugute kam, umreißt B. Weber treffend wie folgt: »Indem... die Versuche einer von der Aufklärung her entfalteten Katechetik... und Theologie in ihrem Ansatz abgebrochen wurden, Fremdbestimmung als Geschick und christlicher Glaube als vermeintlich prinzipieller Antipode von Revolution und Reform definiert wurde, sollten die mit Aufklärung und Säkularisierung angestoßenen Prozesse rückgängig gemacht werden.«[41]

Der Dogmatismus der neuscholastischen Unterweisung wurde zwar durch verschiedene reformkatechetische Bewegungen Ende des vergangenen und zu Beginn dieses Jahrhunderts – u. a. beeinflußt von der Reformpädagogik – vor allem in methodischer Hinsicht aufzufangen versucht. Eine wirkliche theologische Neubesinnung kam aber erst mit der materialkerygmatischen Wende der Katechetik in den dreißiger Jahren auf, die schließlich 1955 mit der Veröffentlichung des sogenannten »Grünen Katechismus« für die Katechese bestimmend wurde, und zwar – aufgrund der zahlreichen Übersetzungen dieses Katechismus – weit über den deutschsprachigen Raum hinaus.

Insgesamt muß man seit der Aufklärung von einer deutlichen Tendenz zur »Verschulung« der Katechese sprechen, mit der Folge einer erheblichen katechetischen Auszehrung der Gemeinden. Auch nach Einführung der Schulpflicht seitens des Staates wurde noch lange Zeit vor allem im Elementarschulwesen daran festgehalten, daß Lesen und Schreiben am Bibel- und Katechismustext eingeübt wurden und »somit der gesamte Unterricht unter dem Vorzeichen der Eingewöhnung in die tradierte christliche Lebensführung«[42] stand. In den höheren Schulen gewannen demgegenüber entweder das sogenannte »humanistische Erbe« oder die »Realien« (Naturwissenschaften) an Bedeutung; »Religion« konzentrierte sich weitgehend auf ein eigenes Fach, das zudem eher eine Randstellung in der Schule einnahm. Die gänzliche Infragestellung dieses Faches von seiten liberaler und sozialistischer Kritik begünstigte nicht nur in kirchlicher, sondern auch in politischer Hinsicht

---

41 *B. Weber*, Aspekte zu einer Sozialgeschichte des (evangelischen und katholischen) Religionsunterrichts, a. a. O., 124.
42 Ebd., 121.

eine eher reaktionäre Ausprägung; bewußt wurde es auch von entsprechenden Interessen in den Dienst genommen.[43] Die Kirche hat sich immer wieder stark für die Sicherung des schulischen Religionsunterrichts engagiert, bis dahin, daß er unter mit der Weimarer Reichsverfassung (1919) und verfassungsmäßigen und mit dem Reichskonkordat (1933) zudem noch unter staatsrechtlichen Schutz gestellt wurde.[44]

Auch wenn der Religionsunterricht für lange Zeit zum einzigen institutionellen Ort von religiöser Erziehung und Katechese geworden ist, sollte man nicht unterschätzen, welche wesentlichen Beiträge von seinem informellen Kontext ausgegangen sind. Zu verweisen ist insbesondere auf das »katholische Milieu«, in das er eingebettet war und von dem starke sozialisatorische Wirkungen ausgingen.[45] Für die erste Hälfte dieses Jahrhunderts ist zusätzlich die Rolle der innerkirchlichen Reformbewegungen (liturgische Bewegung, Jugendbewegung etc.) zu nennen. In diesem Kontext kam es auch zu einer katechetischen Bewegung, die etwa im Deutschen Katechetenverein bis heute fortbesteht. Nicht zuletzt solche Bewegungen »von unten« haben dazu beigetragen, daß allmählich das Klerikermonopol für die außerfamiliäre religiöse Unterweisung durchbrochen wurde und Laien Katecheten und Katechetinnen bzw. Religionslehrerinnen und -lehrer werden konnten. Insgesamt war der sich im 19. Jahrhundert formierende Laienkatholizismus, insbesondere der Sozialkatholizismus, nicht zuletzt auch eine beachtliche Bildungsbewegung. Von ihr – wie auch von der eigens zu nennenden Frauenbewegung – sind wichtige Impulse für die Institutionalisierung der kirchlichen Erwachsenenbildung ausgegangen, als weiterer Ort der religiösen Bildung neben der Schule und über das Kindesalter hinaus.

Nicht unerwähnt bleiben darf des weiteren das beachtliche sozial- und religionspädagogische Engagement der Kirchen, insbesondere von Verbänden und Ordensgemeinschaften, im Kontext der »sozialen Frage« vor allem in der zweiten Hälfte des 19. Jahrhun-

43 Vgl. hierzu ausführlicher ebd., 125–139.
44 Vgl. dazu ebd., bes. 139–143. 154f.
45 Vgl. M. Klöcker, Katholisch – von der Wiege bis zur Bahre, a. a. O.

derts. Sie kümmerten sich insbesondere um die Jugendlichen, die von dem damals einsetzenden Modernisierungsprozeß besonders nachteilig betroffen wurden und ansonsten niemanden hatten, der oder die sich ihrer annahmen.[46]

Neue Erfahrungen mit der Gemeinde als Ort der Katechese wurden in der Zeit des Nationalsozialismus gemacht; für den östlichen Teil Deutschlands wurden sie zu Zeiten der DDR notgedrungen fortgesetzt. In der alten Bundesrepublik brachte die gemeindereformerische Diskussion im Anschluß an das 2. Vatikanische Konzil und im Zusammenhang der Gemeinsamen Synode der Bistümer eine Forcierung von Gemeindekatechese – als Ort religiöser Unterweisung neben dem Religionsunterricht und über ihn hinaus – mit sich.

Exkurs: Zur »Verwissenschaftlichung« von Katechetik und Religionspädagogik

Insbesondere die Bestreitungen des Sinns religiöser Erziehung und Unterweisung in und seit der Aufklärung haben es notwendig werden lassen, sie nicht länger bloß als vom göttlichen Auftrag vorgegeben zu betrachten und zu befolgen, sondern sie eigens zu reflektieren und zu legitimieren. Seitdem kann im Grunde erst vom Aufkommen einer expliziten Theorie der religiösen Erziehung und Unterweisung gesprochen werden, während es zuvor eher spirituell ausgerichtete und pragmatisch angelegte Handreichungen zu einer christlich orientierten Erziehung und einer darin zu erfolgenden expliziten religiösen Unterweisung gab.

Die Anweisungen des Tridentinischen Konzils zur kontinuierlichen und systematischen katechetischen Belehrung der Gläubigen, auch der Kinder, in den einzelnen Pfarreien – gewissermaßen als Reaktion auf die katechetischen Impulse der Reformatoren – war Anlaß, gezielter über Fragen der Begründung, der Organisa-

---

46 Exemplarisch sei hier auf G. Bosco (gen. Don Bosco) und die von ihm gegründete salesianische Bewegung verwiesen; vgl. Sankt Johannes Bosco (Deutsch-italienische Studien XIII), Meran 1990; *F. Schmid*, »Das Zeug für einen Räuberhauptmann...« ...aber Vater und Lehrer der Jugend. Porträt: Don Bosco, in: KatBl 110 (1985) 691–694.

tion, der Inhalte und der Methoden der Katechese nachzudenken. Damit beginnt sich eine eigenständige Katechetik im Rahmen des theologischen Fächerkanons herauszubilden; ihre Anfänge lassen sich im katholischen Raum auf die siebziger Jahre des 16. Jahrhunderts datieren.[47] Rund 200 Jahre später wurde die Katechetik im Rahmen der Reform der theologischen Studien durch Kaiserin Maria Theresia als verpflichtendes Lehrfach in die Fächergruppe der Pastoraltheologie aufgenommen (neben Homiletik, Liturgik und teilweise Poimenik). Die Katechetik entwickelte sich also – so kann man zusammenfassend sagen – als wissenschaftlich reflektierte und fundierte Anweisung zur katechetischen Belehrung und, gemäß ihrem späteren Selbstverständnis, darüber hinaus grundlegender als Theorie dieses Bereiches kirchlich-pastoralen Handelns. Fragen nach »Wesen und Aufgabe der Katechese« (A. Exeler) bildeten ihren Gegenstand. Auf der einen Seite war sie dabei auf Exegese, Dogmatik und Moraltheologie als Reflexion der Inhalte des christlichen Glaubens und der christlichen Lebensführung angewiesen. Auf der anderen Seite spielten für sie Einsichten über Formen und Methoden der Unterweisung eine Rolle, wie sie von der damals sich herausbildenden Pädagogik und Psychologie gewonnen wurden, die dann insbesondere durch die Aufklärung starken Auftrieb erhielten und sich ihrerseits zu eigenständigen Wissenschaften entwickelten. Wandlungen in beiden Bereichen – in der biblischen und systematischen Theologie auf der einen und in Pädagogik und Psychologie auf der anderen Seite – nahmen somit unweigerlich Einfluß auf die Katechetik.

So war etwa die Katechetik der Aufklärungszeit »hauptsächlich an unterrichtsmethodischen Fragen interessiert gewesen. Man schätzte damals das ›geschickte und zweckmäßige Katechisiren‹, reflektierte über ›die wirksamsten Mittel, Kindern Religion beizubringen‹, beschwor den ›Geist der Sokratik‹ und wandte die ›Grundsätze der sokratischen Katechisirmethode‹ fleißig auf den

---

47 Vgl. *W. Croce*, Die Katechetik zwischen dem Tridentinum und der Studienreform im Jahre 1774, in: F. Klostermann/J. Müller (Hg.), Pastoraltheologie, Wien 1979, 43–130; für die Entwicklung im evangelischen Raum vgl. *Chr. Bizer*, Katechetik, TRE XVII, 686–710.

Religionsunterricht an.«[48] Das Ganze war allerdings – wie H. Schilling zu Recht herausstellt[49] – von einem starken pädagogischen Anliegen getragen: Katechese wurde als Dienst der religiös-sittlichen Volkserziehung konzipiert.

Im Zuge der Korrektur einer fast ausschließlichen Identifikation von religiöser Erziehung mit aufgeklärt-sittlicher Unterweisung wurde die theologische und die ganzheitlich-erzieherische Dimension der Katechetik wieder stärker betont und wurde auch der Bibelunterricht entsprechend umakzentuiert. B. Overberg und J. M. Sailer verdienen in diesem Zusammenhang wenigstens namentlich erwähnt zu werden.[50]

In der ersten Hälfte des 19. Jahrhunderts war der zunächst in Tübingen, später in Freiburg lehrende J. B. Hirscher der bedeutendste Katechetiker. Seine katechetische Position entwickelte er »in Auseinandersetzung mit der aufklärungspädagogisch infiltrierten katechetischen Tradition und in Absetzung von der zeitgenössischen scholastischen Theologie. Dabei entledigte er sich nicht des positiven Erbes der Aufklärung. Er spielte die theologischen Akzente, die er setzte, nicht gegen die psychologischen aus, sondern verfolgte das Interesse, die theologische Profilierung der katechetischen Inhalte, wie sie J. M. Sailer begonnen hatte, mit den psychologischen Möglichkeiten ihrer Adressaten zu vermitteln. Er betonte entschieden die Überzeugung, es gehe in der Glaubensvermittlung nicht um Dogma, sondern um Kerygma, um Leben, nicht um Lehre, um Können, nämlich Lebenkönnen, nicht um Wissen, um denken zu können. Hirscher... suchte nach einer ›das Ganze der Religionslehre umfassenden Idee‹... Das Offenbarungs-Ganze kann nur zur Anschauung kommen, wenn es in seiner Heil schaffenden Wirkung genau zur Sprache kommt, ohne Trennung von dogmatischen und ethischen Aspekten, des Wissens von der Tat; und, was ihm das Wichtigste war, wenn es zentriert ist in

48 *H. Schilling*, Grundlagen der Religionspädagogik, Düsseldorf 1970, 24.
49 Vgl. ebd., 24 f.
50 Vgl. u. a. *N. Mette*, Erzählen in Religionsunterricht und Katechese. Zum 150. Todestag von B. Overberg, in: KatBl 101 (1976) 805–809; *E. Paul*, Sailer, Johann Michael, in: Dizionario di Catechetica, Turin 1986, 556 f.

der kerygmatischen Idee vom Reiche Gottes.«[51] Dieses Konzept sollte später wieder – im Zuge der theologischen und katechetischen Neubesinnung seit Mitte des Jahrhunderts (F. X. Arnold, Th. Filthaut u. a.) – eine große Rolle spielen.

Zunächst einmal wurde jedoch dieser imponierende katechetische Ansatz durch den Siegeszug der Neuscholastik mitsamt der Durchsetzung des Frage-Antwort-Katechismus von Deharbe jäh abgebrochen. Wie bereits erwähnt, bestimmte dieses restaurativ orientierte theologische Konzept für mehr als 100 Jahre das Feld der katholischen Katechetik und Katechese. Allerdings kam es schon bald, ab ca. 1875 bis in die zwanziger Jahre dieses Jahrhunderts hinein, zu einer bemerkenswerten reformkatechetischen Bewegung, die die theologischen Inhalte der Glaubensunterweisung zwar unangefochten ließ, aber auf eine nachhaltige Revision ihrer Methoden drang. Denn man merkte, daß der deduktiv verfahrende Katechismusunterricht in der Praxis zum Scheitern verurteilt war. Die Kinder und Jugendlichen lernten zwar die katechetischen Merksätze auswendig; aber sie blieben für sie abstrakte Wahrheiten, die bestenfalls aufgrund ihrer milieuhaften Einbindung mit Leben gefüllt wurden. Inspiriert auch von Anregungen der allgemeinen Pädagogik und Didaktik wurde darum ein »erziehender Unterricht« gefordert, der zum einen auf die (entwicklungs-)psychische Verfassung der Adressaten gebührend Rücksicht nimmt und zum anderen über die inhaltliche Belehrung hinaus die ethische Charakterbildung ins Auge faßt. Gewissermaßen zum Aushängeschild dieser reformkatechetischen Bewegung wurde die sogenannte »Münchener Methode«, die ursprünglich unter der Bezeichnung »psychologische Methode« ausgearbeitet wurde.[52] An die Stelle des herkömmlichen autoritären Lehrvortrags und der

---

51 *W. Bartholomäus*, Erleben wir eine neue materialkerygmatische Wende, in: ThQ 164 (1984) 243–256, hier: 246 f; vgl. ausführlicher *A. Biesinger*, Katechetische Argumentationsstränge bei J. B. Hirscher, in: G. Fürst (Hg.), Glaube als Lebensform, Mainz 1989, 61–76; *G. Bitter*, Die moralpädagogischen Grundlinien im Werk Hirschers, in: ebd., 77–88; *A. Biesinger*, Zur Relevanz des katechetischen Ansatzes Hirschers für die gegenwärtige katechetische Situation, in: ebd., 115–127.

52 Vgl. *H. Schilling*, Grundlagen der Religionspädagogik, a. a. O., 29 ff.

entsprechenden Memorier- und Abfragetechnik setzte die »Münchener Methode« ein sogenanntes »entwickelndes Unterrichtsverfahren«, »das in verschiedenen Schritten von der Anschauung zum Begriff zu führen suchte, und dann weiter zu einer Anwendung im Leben und Denken der Schüler«[53]. Wenn auch nicht unumstritten[54], setzte sich das Stufenschema »(Vorbereitung) – Darbietung – Erklärung – (Zusammenfassung) – Anwendung« weithin in der Katechese durch.

Die in der »Münchener Methode« zum Ausdruck kommende Öffnung der neuscholastisch enggeführten und in der Schule ins abseits geratenen Katechetik für das Gespräch mit der Psychologie und Pädagogik ist kennzeichnend für die religionspädagogische Diskussion in den ersten zwei Jahrzehnten dieses Jahrhunderts – wie sie übrigens insbesondere von ihren praktischen Vertretern, weniger von den Universitätsdozenten vorangetrieben worden ist. Man wandte sich gegen die Sterilität einer bloß kognitiv orientierten Glaubensunterweisung und sah die Aufgabe darin, die Heranwachsenden zu religiös-sittlichen Persönlichkeiten zu erziehen. Entsprechend galt es, alle Kenntnisse über Entwicklung und Sozialisation für diese Aufgabe nutzbar zu machen und die Praxis entsprechend wissenschaftlich zu fundieren. Diesem Kontext verdankt sich übrigens der Begriff »Religionspädagogik«, der im katholischen Bereich erstmals im Jahr 1913 von J. Göttler benutzt wurde.[55] Aufgekommen war der Begriff um die Jahrhundertwende im evangelischen Bereich.[56] Und es war dann vor allem der für die katholische Religionspädagogik einflußreiche F. W. Foerster, der ihn in seinen Schriften aufgriff und verbreitete. Es ist also etwas Programmatisches, das diesem Begriff von seiner Entstehung her anhaftet: In Ergänzung bzw. Korrektur zu einer allzu lehrhaft aus-

53 K. *Wegenast*, Einleitung, in: ders. (Hg.), Religionspädagogik. Bd. 2, Darmstadt 1983, 1–16, hier: 5.
54 Vgl. U. *Hemel*, Religionspädagogisch-katechetische Entwicklungen 1875–1900, in: KatBl 112 (1987) 424–429; A. *Gleißner*, Die Münchener Methode im Spiegel zeitgenössischer Auseinandersetzungen, in: ebd., 429–432.
55 Vgl. H. *Schilling*, Grundlagen der Religionspädagogik, a.a.O., 69f.
56 Vgl. G. *Bockwoldt*, Religionspädagogik. Eine Problemgeschichte, Stuttgart u.a. 1977, 9.

gerichteten Katechetik begreift sich die Religionspädagogik als Wissenschaft von der religiösen Erziehung insgesamt und weist von der Sache her enge Berührungen zur Moralpädagogik auf. Der epochemachende »Grundriß einer zeitgemäßen Katechetik« (so der Untertitel) von Göttler trägt darum beide Bezeichnungen im Titel »Religions- und Moralpädagogik«[57].

Es versteht sich fast von selbst, daß zu dieser Zeit die reformpädagogische Diskussion auch auf die religionspädagogische Theorie und Praxis einwirkte.[58] Als Autor ist insbesondere der bereits erwähnte Pädagoge Fr. W. Foerster zu nennen, dessen Bücher vor allem zwischen 1900 und 1920 wie kaum andere die katholische Lehrerschaft und Erzieherbildung prägten.[59] Seit er 1908 von G. Kerschensteiner programmatisch konzipiert wurde, spielte beispielsweise der Arbeitsschulgedanke mit seiner Maxime der Erarbeitung von Gegenständen durch die Schüler bei der Diskussion um den Religionsunterricht eine beträchtliche Rolle.[60] Und schließlich ist zu erwähnen, wie stark bis Ende der zwanziger Jahre vor allem im Umkreis des 1907 gegründeten »Archivs für Religionspsychologie« die (entwicklungs-)psychologische Forschung von der Religionspädagogik aufgenommen und vorangetrieben wurde.[61]

Mit folgendem differenzierenden Urteil von K. Wegenast läßt sich diese bewegte katechetische Epoche zu Beginn des Jahrhunderts treffend zusammenfassend charakterisieren: »In allen angespro-

57 Münster 1923. Vgl. auch *W. Simon*, Joseph Göttler (1874–1935), in: KatBl 112 (1987) 341–344.
58 Vgl. *R. Englert*, Glaubensgeschichte und Bildungsprozeß, a. a. O., 392–398; *R. Ott*, Pädagogische Reformbewegung und Religionspädagogik, in: KatBl 112 (1987) 448–458. Vgl. auch *R. Koerrenz/N. Collmar* (Hg.), Die Religion der Reformpädagogen, Weinheim 1994.
59 *M. Langer*, Katholische Sexualpädagogik im 20. Jahrhundert. Zur Geschichte eines religionspädagogischen Problems, München 1986, 72–99; *F. Pöggeler*, Außenseiter der Religionspädagogik. Friedrich Wilhelm Foerster, in: KatBl 116 (1991) 360–364.
60 Vgl. *G. Hilger*, Lebendiges Lernen im Religionsunterricht. Zur religionspädagogischen Rezeption des Arbeitsschulprinzips in den ersten Jahrzehnten des 20. Jahrhunderts, in: KatBl 111 (1986) 28–37.
61 Vgl. *R. Englert*, Die Rezeption von Pädagogik und Psychologie, in: KatBl 112 (1987) 438–441.

chenen Formen der Reformkatechetik vom Beginn dieses Jahrhunderts treten also neben die traditionellen Inhalte die Methoden und als notwendig zu beachtendes Gegenüber die Adressaten. Dennoch blieben auch jetzt noch die Inhalte federführend, und es blieb nach wie vor bei einer *normativen Pädagogik* im Bereich der katholischen religiösen Erziehung. Die Theologie, von der man sich doch wenigstens teilweise hatte distanzieren wollen, blieb also im Regiment, zumindest was die grundlegenden Partien der Religionspädagogik, die pädagogische Anthropologie, die Axiologie und die Teleologie anbetrifft. Hier änderte sich Grundlegendes erst nach dem 2. Weltkrieg.«[62]

Mit dieser letzten Bemerkung spielt Wegenast auf die sogenannte »materialkerygmatische Wende« an, deren Anfänge in den dreißiger Jahren dieses Jahrhunderts anzusetzen sind, die sich dann allerdings erst nach dem 2. Weltkrieg durchsetzte. Wenigstens kurz erwähnt sei, daß in der Phase des Übergangs von der reformpädagogischen Religionspädagogik zur materialkerygmatischen Katechetik Einflüsse der Wertphilosophie und -pädagogik für die Zielbestimmung der religiösen Erziehung und Bildung eine große Rolle spielten: Ihre Aufgabe wurde in der Hinführung zu den übernatürlichen religiösen Werten gesehen, unterstützt durch eine religiöse Willensbildung. Eine gewisse Affinität solcher in der damaligen Religionspädagogik verbreiteten Auffassungen zum nationalsozialistischen Gedankengut läßt sich nicht bestreiten.[63]

Nicht zuletzt in diesem Zusammenhang ist dann das stärker sich in Distanz zum Nationalsozialismus bringende Bemühen um eine Konzentration auf die eigentlich religiösen Grundlagen von religionspädagogischem – bzw. korrekter: katechetischem – Handeln zu sehen, wie es für die materialkerygmatische Wende leitend wurde.[64] Grundgedanke der sogenannten »(material-)kerygmati-

62 *K. Wegenast*, Einleitung, a. a. O., 6.
63 Vgl. *U. Hemel*, Religionspädagogik im Kontext von Theologie und Kirche, Düsseldorf 1986, 16ff; vgl. auch *B. Weber*, Aspekte zu einer Sozialgeschichte des (evangelischen und katholischen) Religionsunterrichts, a. a. O., 153ff.
64 Zu diesem Ansatz und seinem Begründer und bedeutendsten Vertreter J. A. Jungmann SJ vgl. *R. Englert*, Glaubensgeschichte und Bildungsprozeß, a. a. O., 398ff; vgl. auch *H. Pissarek-Hudelist*, Josef Andreas Jungmann (1889–1975), in: KatBl

schen Theologie« ist, daß es nicht nur ein Methodenproblem ist, die theologischen Inhalte so aufzubereiten, daß sie adressatengerecht werden. Sondern die Inhalte selbst sind so zu reformulieren, daß sie auf die Adressaten hin orientiert sind. Das zu leisten, ist Aufgabe einer eigenständigen »Verkündigungstheologie«, die Jungmann neben der von ihm unangetastet bleibenden »Schultheologie« angesiedelt wissen wollte.

Sicherlich hat die materialkerygmatische Wende zu einer entscheidenden theologischen Erneuerung und Vertiefung der Katechetik beigetragen. Bis in die Bezeichnung hinein – die »Materialkerygmatiker« vermieden das Wort »Religionspädagogik« – wird jedoch deutlich, wie stark damit ein Abbruch des Gesprächs mit Pädagogik, Psychologie und den übrigen Humanwissenschaften verbunden war. Dies kommt erst wieder mit der anthropologischen Wende der Religionspädagogik in den sechziger Jahren in Gang.

Damit ist ein Problemkreis berührt, der wenigstens kurz noch in diesem historischen Kapitel angesprochen werden soll, um ihn später in systematischer Absicht wieder aufnehmen zu können: das Verhältnis von Religionspädagogik (bzw. Katechetik) und Pädagogik. Generell kann man sagen, daß beide Bereiche im Laufe der Entwicklung immer mehr auseinandergedriftet sind bis dahin, daß es in den letzten Jahren zu einem beinahe vollständigen Nebeneinander zwischen beiden Disziplinen gekommen ist.

Am Anfang der Ausdifferenzierung der Pädagogik als eigenständiger Wissenschaft, die ungefähr parallel zur Ausdifferenzierung der Katechetik anzusetzen ist,[65] stand noch die große Synthese. Am eindrucksvollsten wird sie von J. A. Komensky (Comenius) im 17. Jahrhundert verkörpert. Sein Erziehungsdenken schließt den ganzen Menschen – nach allen Seiten und in allen Lebensaltern – sowie das Ganze der Schöpfung ein und ist auf den Versuch einer wahrhaft universellen Wiederherstellung des Ganzen gerichtet.[66] Ent-

---

112 (1987) 345–351; *dies.*, Die Bedeutung Josef Andreas Jungmanns als Katechetiker, in: ZkTh 111 (1989) 274–294.

65 Vgl. *H. Blankertz*, Die Geschichte der Pädagogik, Wetzlar 1982.

66 Vgl. *P. Biehl*, Johann Amos Comenius (1592–1670), in: H. Schröer/D. Zilleßen (Hg.), Klassiker der Religionspädagogik, a. a. O., 47–73; *K. E. Nipkow/F. Schweitzer* (Hg.), Religionspädagogik. Bd. 1, a. a. O., 31 f. 106–136.

sprechend ist auch die religiöse Erziehung in das Ganze dieser Pädagogik organisch integriert, wobei Comenius diese Hinführung zur Frömmigkeit mit Blick auf die verschiedenen Lebensalter differenziert und im einzelnen konzipiert hat.

Nach der Bestreitung der religiösen Kindererziehung durch J.-J. Rousseau und der im Interesse der Mündigkeit des Menschen erfolgten Religionskritik seitens verschiedener anderer Aufklärer war es dann vor allem F.D. E. Schleiermacher, der den unverzichtbaren Beitrag von Religion zur Bildung zu begründen bemüht war.[67] Ist sie es doch, so argumentierte er, die den Menschen eine universale Perspektive eröffnet, die anderswoher nicht zu nehmen wäre. Zugleich betont er – und er konkretisiert das mit einer Reihe von Hinweisen bis in die Unterrichtsgestaltung hinein –, daß die Bildung zur Religion nur dann angemessen erfolgt, wenn sie der Freiheit und Selbstbestimmung des Menschen nicht im Wege steht, sondern sie fördert. Dabei denkt er Individualität und Gemeinschaft so zusammen, daß die Gemeinde auf der religiösen Selbständigkeit ihrer Angehörigen aufruht und zu einer Gemeinschaft freier Mitteilung des religiösen Bewußtseins untereinander wird.

Es ist nicht zuletzt die Erfahrung, daß in der historischen Situation des 19. Jahrhunderts die Kirche alles andere als dies ist, daß sie nämlich sich vielmehr in den Dienst der antiaufklärerischen Restauration stellte und in ihrer Erziehung eher einen Untertanengeist förderte als eine Subjektwerdung in Mündigkeit, die in der Folge einflußreiche Pädagogen veranlaßte, zwar die religiöse Erziehung als Bestandteil der Erziehung nicht unbedingt in Frage zu stellen, sie aber aus der Verantwortung der Kirchen herauszunehmen. Exemplarisch für diese Position ist F. A. W. Diesterweg zu nennen.[68] Es war nicht zuletzt der große Einfluß, den die Kirchen im Schul- und gesamten Bildungswesen ausübten, der viele Päd-

---

67 Vgl. ebd., 40–44. 244–304; *H. Schröer*, Friedrich Daniel Ernst Schleiermacher (1768–1834), in: ders./D. Zilleßen (Hg.), Klassiker der Religionspädagogik, a. a. O., 115–135; *U. Frost*, Einigung des geistigen Lebens. Zur Theorie religiöser und allgemeiner Bildung bei Friedrich Schleiermacher, Paderborn 1991.
68 Vgl. *H. F. Rupp*, Religion und ihre Didaktik bei Fr. A. W. Diesterweg, Weinheim 1987.

agogen dazu veranlaßte, im Interesse der Mündigkeit für eine strikte Trennung von Kirche und Erziehung einzutreten. Das bedeutete allerdings nicht, daß jeglicher Kontakt zwischen Theologie bzw. Kirche und Pädagogik gemieden wurde. Solange das Prinzip der Partnerschaftlichkeit zwischen beiden Bereichen ernst genommen wurde, kam es durchaus bis weit in dieses Jahrhundert hinein zu einem fruchtbaren Gedankenaustausch.[69]

Im Unterschied zur protestantischen Theologie haben die katholische Kirche und Theologie auf die neuzeitliche Entwicklung der Pädagogik keinen nennenswerten Einfluß ausgeübt, weil sie der Vorstellung einer Autonomie des Erziehungsbereichs ablehnend gegenüberstanden. So konnten zwar – wie aufgezeigt – im katholischen Raum methodische Hinweise aus der Pädagogik übernommen werden; aber das geschah nur unter der Bedingung und solange, wie es sich mit dem scholastischen Prinzip, daß die Gnade zwar die Natur voraussetzt, sie aber ihrerseits vollendet, zur Deckung bringen ließ. Im übrigen förderte die Tendenz zur Bildung einer relativ geschlossenen katholischen Subkultur innerhalb der modernen Gesellschaft die Versuche, auf der Grundlage einer normativ verstandenen Theologie bzw. Ethik eigene pädagogische Entwürfe zu deduzieren (»katholische Pädagogik«).[70] In der Gestalt von populär (populistisch) aufbereitetem Schrifttum gewann diese Pädagogik einen durchaus nachhaltigen und in manchen kirchlichen Gruppierungen noch bis heute nachwirkenden Einfluß im katholischen Milieu.[71]

Denker, die demgegenüber eine offene Haltung gegenüber den neuen Geistesströmungen an den Tag legten und darum bemüht waren, sie in eine produktive Verbindung zu den tradierten christ-

69 Dies gilt insbesondere für Vertreter der sogenannten »geisteswissenschaftlichen Pädagogik« wie O. F. Bollnow, W. Flitner, M. J. Langeveld, A. Petzelt, E. Weniger u. a.; vgl. *H. B. Kaufmann* u. a. (Hg.), Kontinuität und Traditionsbrüche in der Pädagogik, Weinheim/Basel 1991.
70 Zur Auseinandersetzung mit dem Ansatz der katholischen bzw. christlichen Pädagogik siehe unten, Abschn. 3.2.1.
71 Zu nennen ist in diesem Zusammenhang vor allem Alban Stolz; vgl. *E. Mackscheid*, Christliche Kinderzucht. Gedanken nach dem 100. Todestag von Alban Stolz, in: KatBl 109 (1984) 890–894; *dies.*, Erziehung für das Heil der Seele. Kritische Lektüre des katholischen Pädagogen Alban Stolz, Mainz 1982.

lichen Bildungsidealen zu bringen, blieben lange Zeit einsame Rufer und waren in der vorherrschenden religionspädagogischen Strömung die Ausnahme. Zu nennen sind etwa – aus drei unterschiedlichen Generationen – J. H. Newman[72], M. Montessori[73] und R. Guardini[74]. Obwohl sie für eine christlich orientierte Bildung in ihrer Zeit bedeutsame Anregungen gegeben haben, sind sie bis heute in der katechetischen und religionspädagogischen Diskussion weithin unbeachtet geblieben bzw. sträflich vernachlässigt worden. Das heißt allerdings nicht, daß sie ohne Wirkung geblieben sind; im Gegenteil, sie haben Generationen von (katholischen) Christinnen und Christen entscheidende Orientierungen zu einem mündig gelebten Glauben zu geben vermocht. Das läßt im übrigen überhaupt fragen, ob nicht die wesentlichen Impulse für eine tragfähige Fundierung auch religiöser Erziehung und Bildung von Theoretikern und Praktikern ausgegangen sind, die gar nicht so unmittelbar im »religionspädagogischen Geschäft« standen, die aber ein zeitgemäßes Christsein zu leben und zu denken sich bemüht haben.

2.3 Versuch einer – vorläufigen – historischen Bilanz

Nicht zuletzt im Hinblick auf die weiteren Überlegungen ist der – natürlich noch jeweils im Detail zu präzisierende – Durchgang durch die Geschichte der religiösen Erziehung und Bildung vor allem insofern instruktiv, als sich zeigt, daß und wie das Christentum bzw. die Kirche(n) mit ihren Ansätzen zur Glaubensvermittlung und -unterweisung von den jeweiligen soziokulturellen und geistesgeschichtlichen Kontexten beeinflußt wurden und auf die sich damit stellenden Herausforderungen reagiert haben. Das braucht nicht zu besagen, daß es immer gelungen wäre, katechetisches bzw. religionspädagogisches Handeln am Erfordernis der »Pünktlichkeit« wirklich auszurichten; im Gegenteil, manches läßt dafür

72 Vgl. u. a. *L. Kuld*, Lerntheorie des Glaubens. Religiöses Lehren und Lernen nach J. H. Newmans Phänomenologie des Glaubensakts, Sigmaringendorf 1989.
73 Vgl. *H. Halbfas*, Zur Rezeption der Montessori-Pädagogik, in: KatBl 112 (1987) 403–408.
74 Vgl. u. a. *Th. Schreijäck*, Bildung als Inexistenz, Freiburg 1989.

sprechen, daß es nur allzu oft, insbesondere in der Neuzeit, an der »Vorzeit« ausgerichtet war und entsprechend »verspätet« erfolgt. Aber abgesehen davon lassen sich auf alle Fälle unterschiedliche Modi der Tradierung des Christentums vorfinden, für die F.-X. Kaufmann eine zwar grobe, aber gleichwohl instruktive Typisierung vorgeschlagen hat:[75] Er unterscheidet zwischen (1) einer kulturell-sozialen, (2) einer pädagogischen und (3) einer missionarischen Tradierungsform und charakterisiert sie im einzelnen wie folgt:

(1) Wo die christlichen Sinngehalte und Bräuche eng mit dem gesamten Alltagsleben verflochten gewesen sind, wie etwa in der mittelalterlichen Gesellschaft, werden sie als Bestandteil der gesamten kulturellen Tradition weitergegeben. Mit der gesellschaftlichen Sozialisation, die ihrerseits stark traditionsgeleitet war und es aufgrund der relativ statischen Sozialbedingungen auch sein konnte, erfolgte unweigerlich eine christliche – oder genauer: christentümliche – Sozialisation.

(2) Blieb das Christentum in der traditionalen Gesellschaft des Mittelalters für das Individuum eher »äußerlich« orientiert, den von ihm geprägten Riten und Gebräuchen verhaftet, so setzte – wie angedeutet – mit der Renaissance und der Reformation eine Tendenz zur Subjektivierung und damit verbunden zur Verinnerlichung religiöser Orientierungen ein. Nimmt man hinzu, daß im Zuge dessen sich allmählich »eine eigenständige Rolle des Kindes und die Vorstellung seiner Erziehbarkeit herausbildet, so wird deutlich, daß die Tradierung des Christentums jetzt auf ›religiöse Erziehung‹ umgestellt werden konnte. Bewußt religiöse Erziehung beginnt nunmehr die Funktion der fraglosen kulturellen Tradition zu übernehmen«.[76]

(3) Während die beiden vorherigen Tradierungsformen über Jahrhunderte hinweg teils nach-, teils auch nebeneinander im hiesigen Kontext geläufig geworden sind, findet sich in anderen Kulturen, vor allem wo das Christentum allererst Fuß zu fassen beginnt und sich in einer Situation der Minderheit vorfindet, noch eine andere

---

75 Vgl. *F.-X. Kaufmann*, Kirche begreifen, a. a. O., bes. 168 ff.
76 Ebd., 170.

Tradierungsform, die hier weitgehend in Vergessenheit geraten ist, aber auf Zukunft hin sich wieder als aktuell erweisen könnte: die missionarische Tradierungsform, deren spezifischen Unterschied zu den vorhergenannten F.-X. Kaufmann vor allem am Umstand festmacht, daß dabei »der Glaube primär erwachsenen Menschen vermittelt wird, welche sich mit einem vergleichsweise hohen Bewußtseinsgrad ›bekehren‹. Hier erfolgt die Tradierung also weder in Prozessen langjähriger Gewohnheitsbildung noch in Form einer allmählichen Verinnerlichung religiöser Orientierungen, sondern als Umstrukturierung einer bereits vorhandenen Plausibilitätsstruktur und als Umorientierung in den sozialen Beziehungen.«[77]

Neben diesem aus sozialisationstheoretischer Perspektive gewonnenen Befund der unterschiedlichen Tradierungsformen kann die Geschichte auch aus mehr theologischem oder pädagogischem Interesse befragt werden, was denn das Christentum – für den einzelnen oder für die Kulturen – »gebracht« hat.[78] Handelt es sich um einen einzigen Komplex von Verbrechen, wie es K. Deschner in seiner auf zehn Bände angelegten »Kriminalgeschichte des Christentums« beweisen zu können glaubt?[79] Oder ist es jene wunderbare Heilsgeschichte, wie es frühere Kirchengeschichtsdarstellungen herauszustreichen versucht haben?

Sicherlich hält die Geschichte Materialien für beide Auffassungen bereit. Das gilt auch für die Geschichte der religiösen Erziehung und Sozialisation. Eindrucksvolle Zeugnisse belegen, welchen Gewinn Menschen in den verschiedensten Jahrhunderten aus ihrem – zu eigen gewordenen – Glauben geschöpft haben. Daneben gibt es aber auch Zeugnisse – möglicherweise gäbe es sogar mehr, wenn sie nicht lange Zeit kirchenoffiziell unterdrückt worden wären –, wie Menschen durch Religion von sich selbst entfremdet worden sind, seelisch krank gemacht und gefoltert wurden. Und nicht zu vergessen sind jene Menschen und Völker, die im Namen der Reli-

---

77 Ebd., 172.
78 Vgl. rhs 36 (1993) Heft 4: »Was hat das Christentum gebracht?«.
79 Vgl. *H. R. Seeliger*, Ein einziger Komplex von Verbrechen. Karlheinz Deschner oder das Geschäft der zynischen Religionskritik, in: ebd., 230–237.

gion ihrer eigenen Identität – auch in religiöser Hinsicht – beraubt oder gar ausgelöscht wurden. Eine Bilanz wird also beides berücksichtigen müssen, Licht und Schatten, die das Christentum im Verlauf seiner Geschichte geworfen hat. Diese Ambivalenz ist bei einem Rückblick gerade auch auf die Geschichte der christlichen Erziehung und Bildung auszumachen und einzugestehen, wie an einigen Punkten, die vor allem die Entwicklung im katholischen Bereich in den Blick nehmen, exemplarisch aufgezeigt sei:

1. »Oft und oft hörte ich ihn sagen: Trotz allem, wir können dem Christentum viel verzeihen, denn es hat uns gelehrt, die Kinder zu lieben.« Diesen Satz hat Eleonore Marx von ihrem Vater Karl Marx überliefert.[80] Daß von dem von den Synoptikern so kinderfreundlich dargestellten Jesus[81] erhebliche Wirkungen für eine neue Sichtweise von Kindern ausgegangen sind, kann nicht bestritten werden. Das beginnt bereits mit dem elementaren Schutz ihres Lebens dadurch, daß Christen – anders es als in der Antike und in der Germanenwelt selbstverständlich war – Aussetzung und Abtreibung nicht erlaubt war.[82] Auch ist in geistesgeschichtlicher Hinsicht die »Entdeckung der Kindheit« keine originär neuzeitliche Sache; sondern sie wird zumindest durch christlich inspirierte Erziehungslehren seit dem Mittelalter, wenn nicht noch früher, vorbereitet.[83] Es kann aber auch nicht geleugnet werden, daß biblische Sätze wie Gen 8,21, nämlich daß das Trachten der Menschen böse sei von Jugend an, gegenteilige Erziehungspraktiken haben rechtfertigen lassen, weil es ihnen zufolge darum gehen müsse, den Eigenwillen des Kindes – um seines Heiles willen – möglichst früh zu brechen, notfalls mit Gewalt.

2. Beachtenswert ist durchaus, daß immer wieder besondere Bemühungen um die Bildung von Mädchen und Frauen festzustellen sind; davon dürften sehr wohl Impulse zur Anerkennung der prinzipiellen Gleichberechtigung von Frau und Mann im Bildungsbe-

80 *K. Marx*, Eine Sammlung von Erinnerungen und Aufsätzen, Berlin 1947, 30.
81 Siehe ausführlicher unten, Abschn. 3.2.3.
82 Vgl. *A. Angenendt*, »Was tut ihr da Besonderes?« (Mt 5,47), in: rhs 36 (1993) 211–225, bes. 219.
83 Vgl. die entsprechenden Abschnitte bei *E. Paul*, Geschichte der christlichen Erziehung. Bd. 1, a.a.O.

reich ausgegangen sein. Genau mit einer solchen Konsequenz tun sich jedoch die Kirchen, vorab die katholische, bis heute schwer. Es herrschte und herrscht vielfach immer noch ein männlich geprägtes Frauenideal vor, auf das hin es die Mädchen zu erziehen galt.

Im übrigen kann der Anteil, den Frauen gerade im Bereich der religiösen Erziehung und Unterweisung ausgeübt haben, kaum überschätzt werden. Nur bleibt dies meistens – was ohnehin das den Frauen in der Kirche zugeteilte Schicksal ist – unsichtbar. Das ist – so muß selbstkritisch eingestanden werden – selbst in der vorliegenden Darstellung noch der Fall, da keine eigenen Untersuchungen angestellt werden konnten, sondern auf vorliegende Geschichtsstudien zurückgegriffen werden mußte. Es ist darum notwendig, daß dieses Defizit durch eine Fülle von Einzelstudien angegangen wird.[84]

3. Daß das Christentum seit der Antike erheblichen Einfluß auf die Ausgestaltung des »Lehrplans des Abendlandes« (J. Dolch) genommen hat und damit zu einem entscheidenden kulturprägenden Faktor geworden ist, ist eine Leistung, die Anerkennung verdient. Nur hat das auch dazu geführt, daß eine bestimmte, historisch gewordene Ausformulierung dieses »Lehrplans« später als christlich schlechthin festgeschrieben und mit allen Kräften verteidigt wurde. Das hat fatale Konsequenzen nicht nur dahingehend gehabt, daß eine zeitgemäße Fortschreibung der Bildungsinhalte erschwert, wenn nicht verhindert wurde und solche Bemühungen meist notgedrungen außerhalb der Kirche stattfinden mußten, sondern daß die Kirchen oder kirchliche Kreise ihrerseits um der Erhaltung ihrer »Privilegien« willen sich häufig mit gesellschaftlich und politisch reaktionären Kräften verbündet haben. Darüber hinaus hat das für andere Kulturen die verhängnis- und leidvolle Folge gehabt, daß ihnen der abendländische Bildungskanon im Zuge der christlichen Missionierung übergestülpt worden ist.

84 Vgl. z. B. *S. Ferenschild*, Arbeiterinnen und Katholizismus. Ein Beitrag zur Geschichte der Soziologie der katholischen Arbeiterinnenorganisationen im Rheinland (1867–1914), Diss.masch. Paderborn 1993; *B. Weber*, Zwischen Gemütsbildung und Mündigkeit. 1690 bis 1990 300 Jahre Annette-von-Droste-Hülshoff-Gymnasium Münster, Münster 1990.

4. Die starke Ausprägung des christlichen Glaubens zu einem Bildungsgut hat weiterhin begünstigt, daß sein doktrinäres Moment immer stärker in den Vordergrund gerückt ist und die christliche Erziehung immer mehr doktrinalisiert wurde. Das (ortho-)praktische Moment des Glaubens trat zurück oder wurde auf die individuelle Frömmigkeitspraxis reduziert. Hinzu kommt, daß von sehr früher Zeit an die christliche Erziehung und Unterweisung sehr stark moralisch bzw. moralisierend ausgerichtet war und daß in diesem Zusammenhang nicht selten höchst verhängnisvolle Praktiken der Askese empfohlen und eingeübt wurden. Die spätere Beichterziehung leistete aufgrund des von ihr zum Maßstab erhobenen Vollkommenheitsideals nicht selten zusätzlich einer Entwicklung von Schuldgefühlen, verbunden mit Strafängsten und Unwertgefühlen, Vorschub und begünstigte die Tendenz, die Weltflucht als das eigentliche Ideal von Christwerden und -sein zu betrachten. Daß das Christentum insgesamt eher zur Ausbildung eines autoritären Sozialcharakters beigetragen hat und weniger für emanzipatorische Bestrebungen offen war, läßt sich wohl kaum von der Hand weisen.[85]

5. Mit allem anderen als mit Weltflucht verbunden war jedoch das von einigen Kirchenvätern so stark herausgestellte und bei Paulus bereits angelegte Ideal einer Erziehung zum »Kämpfer für Christus«. In der Version des Idealbilds des Ritters hat es übrigens bis in dieses Jahrhundert hinein Erziehungsverständnis und -praxis im christlichen Kontext stark geprägt (z. B. Jugendbewegung).[86] Lag ihm eigentlich die Auffassung zugrunde, daß das Leben ein andauernder Kampf gegen die verderblichen Mächte aus dem eigenen Inneren (gegen den »alten Adam«) sei, so entluden sich die damit verbundenen psychischen Akte des Verzichtens und der Selbstunterdrückung doch leicht in eine nach außen gerichtete Aggressivität gegen alles Fremde und Bedrohliche (oder auch Verführerische). Über Jahrhunderte hinweg konnte so im Namen Jesu Christi Gewalt ausgeübt, konnten Kriege geführt, konnten Andersden-

---

85 Vgl. z. B. *M. Langer*, Katholische Sexualpädagogik im 20. Jahrhundert. Zur Geschichte eines religionspädagogischen Problems, a. a. O.
86 Vgl. *A. Exeler*, Jungen Menschen leben helfen, Freiburg/Br. 1984, 80–95.

kende und Andersglaubende zunichte gemacht werden. Erziehung aus vermeintlich christlichem Geist heraus förderte – und fördert – eine militante Einstellung.[87]

6. Aus christlicher Motivation heraus haben sich einzelne oder Gruppen (Orden etc.) immer wieder verschiedener gesellschaftlich benachteiligter Gruppen angenommen und sich um deren Erziehung und Bildung gekümmert. Dieses soziale Engagement verdient hohen Respekt. Es kann aber nicht verschwiegen werden, daß die soziale Abhängigkeit der betroffenen Kinder und Jugendlichen manchmal in problematischer Weise ausgenutzt worden ist. Und es ist festzustellen, daß, sobald dieses Bildungsengagement im sozial-caritativen Bereich institutionalisiert wird, leicht auch Eigeninteressen der Träger ins Spiel kommen und bisweilen ausschlaggebend werden können.

7. Bei den vorgenannten Punkten war für die Würdigung des historischen Erbes die heutige Perspektive leitend. Es sollte jedoch nicht übersehen werden – und das ist auch ein wichtiger Ertrag der historischen Ausführungen –, daß umgekehrt die historische Perspektive auf »blinde Stellen« in aktuellen Konzeptionen aufmerksam machen kann.[88]

2.4 Kritik an religiöser Erziehung

Die aufgezeigten und nicht abzustreitenden Ambivalenzen der religiösen Erziehung haben nicht nur allein Anlaß zu immer wiederkehrenden Bemühungen um eine Reform dieser Erziehung gegeben, sondern auch dazu geführt, daß das Unternehmen selbst radi-

---

87 Zu dem belastenden Erbe anderer Religionen und Kulturen gegenüber vgl. u. a. *M. Langer*, Zwischen Vorurteil und Aggression. Zum Judenbild in der deutschsprachigen katholischen Volksbildung des 19. Jahrhunderts, Freiburg/Br. 1994; *St. Leimgruber*, Lernprozeß Christen – Muslime, in: R. Schlüter (Hg.), Ökumenisches und interkulturelles Lernen – eine theologische und pädagogische Herausforderung, a. a. O., 115–127; *E. Kräutler*, »Die Nacht ist noch nicht vorüber...« 500 Jahre Lateinamerika, in: Orientierung 56 (1992) 65–70. 80–84. Vgl. auch *N. Mette*, Zum Friedenshandeln erziehen, in: P. Eicher (Hg.), Das Evangelium des Friedens, München 1982, 165–188.

88 Vgl. exemplarisch dafür *K. E. Nipkow*, Zur Bedeutung von Luther und Comenius für die Bildungsaufgaben der Gegenwart, Konstanz 1986, sowie *R. Preul*, Erziehung als »gutes Werk«, a. a. O.

kal in Frage gestellt worden ist. Religion in Sozialisation und Erziehung bewirke »Gottesvergiftung«, lautet eine erst vor wenigen Jahren noch erhobene und aus existentiellen Auseinandersetzungen hervorgegangene Anklage[89] – keineswegs eine Einzelstimme in der derzeitigen Erwachsenengeneration.[90] Und auch Psychologen haben darauf hingewiesen, daß sie bis heute auf Neurosen und Pathologien treffen, die eindeutig ekklesiogen bedingt seien, etwa durch jenes Bild eines angstmachenden und strafenden Gottes, wie es in der Kindheit vermittelt worden sei, oder durch die Einimpfung von zwanghaften Schuldgefühlen u. a. m.[91] In der Einschätzung gehen allerdings die Sichtweisen auseinander, ob es sich dabei um »Fehlformen« von religiöser Erziehung handle, die durch entsprechende Korrekturen aufgehoben werden könnten (und müßten), oder ob es Symptome seien, die der religiösen Erziehung prinzipiell anzulasten seien, was zur Folge hätte, daß aus therapeutischen Gründen gänzlich auf Religion zumindest in der Erziehung verzichtet werden müsse. Diese letztere – religionskritische – Position wird insbesondere seit der Aufklärung immer wieder vertreten. Sie sei im folgenden exemplarisch anhand von zwei einflußreichen Vertretern vorgestellt: J.-J. Rousseau und S. Freud. Auch wenn diese Darstellung in das historische Kapitel aufgenommen worden ist, soll nicht der Eindruck erweckt werden, die vorgestellten Positionen gehörten nunmehr der Vergangenheit an; im Gegenteil, wer heute noch und auf Zukunft hin religiöse Erziehung für wichtig hält, kommt nicht darum herum, sich mit diesen prinzipiellen Anfragen ihr gegenüber auseinanderzusetzen und darf auch nicht hinter die darin enthaltenen Einsichten zurückfallen.

89 Vgl. *T. Moser*, Gottesvergiftung, Frankfurt/M. 1976.
90 Vgl. z. B. *D. Scherf* (Hg.), Der liebe Gott sieht alles. Erfahrungen mit religiöser Erziehung, Frankfurt/M. 1984.
91 Vgl. *A. Görres*, Pathologie des katholischen Christentums, in: HPTh2 II/1, 277–343; *G. Klosinski* (Hg.), Religion als Chance oder Risiko, Bern 1994; *E. Ringel/A. Kirchmayr* (Hg.), Religionsverlust durch religiöse Erziehung, Wien 1985.

2.4.1 Plädoyer für eine kindgerechte Erziehung ohne Religion (J.-J. Rousseau)

»Erziehung zum Menschsein als Erziehung zur Übereinstimmung des Ich mit sich selbst.«[92] So faßt S. Sandherr das Motto der Erziehungslehre von J.-J. Rousseau zusammen. Nach Rousseau ist eine solche Erziehung nur möglich, wenn nicht der spätere Staatsbürger vor Augen steht, sondern der Mensch, und wenn dieser aus seiner »zweiten Natur«, den ihn als »Bürger« einengenden Staat und Gesellschaft, herausgeführt und seine erste Natur wiederhergestellt wird. Entsprechend muß die Erziehung in Einklang mit der »Natur« des Kindes erfolgen.

Leidenschaftlich betont Rousseau die Eigenart und damit den Eigenwert der Kindheit.[93] Die »Natur« des Kindes gilt es darum zu bewahren und nicht durch Eingriffe seitens Erwachsener zu entstellen. Dem Menschen schreibt Rousseau eine ursprüngliche Güte zu. Und es komme darum in der Kindheit vor allem darauf an, an das Kind keine Verderbtheit »von außen« herandringen zu lassen (negative Erziehung während der Kindheit).

Eine solche Sichtweise des Kindes führt Rousseau dazu, daß er sich »mit bis dahin unerhörtem Nachdruck« (F. Schweitzer) gegen jegliche religiöse Erziehung für das Kind wendet. Denn sie widerspricht der von ihm geforderten »Erziehung vom Kinde« aus zutiefst. Das Kind verfüge nämlich, so argumentiert Rousseau insbesondere im vierten Buch seines epochemachenden Erziehungsromans »Emile«, über keinerlei subjektiven Voraussetzungen zu einer Religiosität. Sein Denken sei auf Sinnliches beschränkt. Und darum rezipiere es alles, was ihm in religiöser Hinsicht beigebracht werde, entsprechend seinen animistischen und anthropomorphen Vorstellungen. Das Fatale sei, daß es später dann im Erwachsenenalter seinen kindlichen Vorstellungen verhaftet bleibe. Weil das Kind nicht imstande sei, wirklich an einen Gott zu glauben

---

92 S. *Sandherr*, Geburtstag von Jean-Jacques Rousseau (1712–1778), in: R. Englert (Hg.), Woran sie glaubten – wofür sie lebten, München 1993, 187.
93 Vgl. zum folgenden F. *Schweitzer*, Die Religion des Kindes, Gütersloh 1992, 117ff.

(sondern es diesen mit allem möglichen anderen, wie etwa den Eltern etc., verwechsle), gehe es auch nicht der ewigen Seligkeit verlustig, wenn es nicht religiös erzogen werde. Im Gegenteil, diese sei es, die unweigerlich »Götzendienst« begünstige.

Die Ablehnung von religiöser Erziehung in der Kindheit bedeutet bei Rousseau jedoch kein generelles Verdikt von religiöser Erziehung überhaupt. Nur liegt es in der Konsequenz des von ihm in Anschlag gebrachten aufgeklärten Religionsbegriffs, daß Religion zu vermitteln sei, wenn der Heranwachsende zur vernünftigen Auseinandersetzung mit ihr und zu geprüfter Entscheidung befähigt sei, also im Jugendalter. Glauben aufgrund der Autorität von anderen Menschen oder auch von Traditionen oder von Offenbarung lehnt Rousseau ab. Statt dessen müsse der Mensch befähigt werden, die Religion mit Herz und Verstand zu ergreifen, die »das Buch der Natur« ihm darbiete. Einzig bei Mädchen plädiert Rousseau für eine religiöse Unterweisung von Kindheit an; denn ihnen traut er eine Ausbildung von Vernunft und Glauben in Mündigkeit nicht zu.

Um Rousseaus Ansatz und auch die von ihm verwendeten Begriffe – wie vor allem den Naturbegriff – richtig verstehen zu können, ist es wichtig, sie in den Gesamtzusammenhang seines Denkens und in den historischen Kontext zu verorten. Wenn nämlich Rousseau dermaßen auf die Natur rekurriert, dann ist das kritisch gegen die Kultur gerichtet, die seiner Meinung nach – nicht zuletzt ausgehend bei der Erfahrung von Kultur, wie er sie zu seiner Zeit vorfand – individuelles und gesellschaftliches Verderben mit sich bringt. Demgegenüber war er bestrebt, die in der Entwicklung des Menschen liegenden Voraussetzungen für eine wahrhafte, mit der Vernunft und dem Herzen übereinstimmende Menschwerdung anzugeben, also seine »natürlichen« Anlagen freizulegen, die es entsprechend zu schützen und zu entwickeln gilt. In diesem Zusammenhang lehnte Rousseau die christliche Erbsündenlehre ab, weil sie fälschlicherweise den Grund allen Übels vor der Geburt des Menschen und seiner Genese ansiedle und dadurch als vom Menschen nicht beeinflußbar hinstelle.

Gegenüber der Bevormundung seitens der »Priesterreligion« und neben der für die staatliche Ordnung unverzichtbaren »Bürgerreligion« stellt Rousseau vor allem die individuelle Religion heraus, die von der Vernunft bejaht und vom Herzen bestätigt werden kann. Er betont damit die eigene Verantwortung des Menschen auch in religiöser Hinsicht. Und dies ist es, was nach ihm durch die religiöse Erziehung anzuzielen ist – ein Gedanke, der selbst der heutigen Religionspädagogik keineswegs so fremd ist.

2.4.2 Religiöse Erziehung unter Illusions- und Ideologieverdacht (S. Freud)

Etwa 200 Jahre später wiederholte der Begründer der Psychoanalyse, S. Freud, Rousseaus Programm von der »irreligiösen Erziehung« und radikalisierte es. Er wollte, wie er betonte[94], diesen Versuch riskieren, um endlich – frei vom religiösen Denkverbot – zu erfahren, wie der Mensch eigentlich ist. Freud war sich des hypothetischen Charakters dieses Experiments bewußt; seine »Zukunftshoffnung« war von Skepsis durchsetzt: »Vielleicht ist die Wirkung des religiösen Denkverbots nicht so arg, wie ich's annehme, vielleicht stellt es sich heraus, daß die menschliche Natur dieselbe bleibt, auch wenn man die Erziehung nicht zur Unterwerfung unter die Religion mißbraucht.«[95] Für den Fall erklärte sich Freud bereit, seine Erziehungsreform aufzugeben und seine Meinung zu revidieren.

Freuds Religionskritik ist oft genug dargestellt worden, so daß hier einige summarische Hinweise genügen.[96] Sie knüpfen an die Äußerungen Freuds zur religiösen Erziehung an, wie sie sich in seiner Schrift »Die Zukunft einer Illusion« (1927) finden. Freud kommt auf dieses Thema bei der Erörterung der Frage zu sprechen, warum die Menschen erfahrungsgemäß zur Beherrschung ihrer Triebhaftigkeit so wenig von ihrer Intelligenz Gebrauch machen.

---

94 Vgl. *S. Freud*, Die Zukunft einer Illusion, in: ders., Studienausgabe. Bd. IX, Frankfurt/M. ²1978, 139–189, hier: 181.
95 Ebd.
96 Vgl. u.a. *H. Küng*, Freud und die Zukunft der Religion, München 1987; *H. Müller-Pozzi*, Psychologie des Glaubens, München-Mainz 1975, bes. 80–105; *J. Scharfenberg*, Sigmund Freud und seine Religionskritik als Herausforderung für den christlichen Glauben, Göttingen 1968.

Er führt das auf die »Denkschwäche des durchschnittlichen Erwachsenen«[97] zurück. Bemerke man demgegenüber die »strahlende Intelligenz eines gesunden Kindes«, müsse man sich fragen, woher dieser merkwürdige und »betrübende« Kontrast rühre. Freud äußert den Verdacht, daß »gerade die religiöse Erziehung ein großes Teil Schuld an dieser Verkümmerung«[98] trage, weil sie die Heranwachsenden von früh an dazu bringe, »alle die Absurditäten, die die religiösen Lehren ihm zutragen, ohne Kritik hinzunehmen und selbst die Widersprüche zwischen ihnen zu übersehen«[99].

Religion ist für Freud eine infantile und irrationale Angelegenheit, die nichts anderes leistet als eine illusionäre Beheimatung sowohl des einzelnen Menschen als auch der Menschheit insgesamt in einem vermeintlich geborgenen Schutzraum, zu dem die unberechenbaren Mächte der Natur keinen Zutritt haben. Im Reich der Religion scheint alles so zu sein, wie Menschen es sich zutiefst wünschen – allerdings auf Kosten der Absehung von der Wirklichkeit. Daraus erklärt sich die innere Kraft dieser Religion: »das Geheimnis ihrer Stärke ist die Stärke dieser Wünsche.«[100] Von daher wird es für Freud auch erklärlich, daß die kindliche Hilflosigkeit und Bedürftigkeit eine besonders empfängliche Disposition für religiöse Illusionen darstellt und daß, wenn »das süße – oder bittersüße – Gift von Kindheit an eingeflößt«[101] ist, auch der erwachsene Mensch dieser Illusionen nicht mehr entbehren kann.

Freud geht davon aus, daß die gesellschaftliche Evolution insbesondere aufgrund des wissenschaftlichen Fortschritts einen Punkt erreicht hat, an dem das weitere Festhalten an religiösen Illusionen zu einer Gefahr werden kann. Denn ist einmal Religion durchschaut und verliert sie infolgedessen mehr und mehr an Boden, wird sie unfähig, ihre bisherigen – teilweise auch positiv zu würdigenden – Leistungen für den einzelnen Menschen sowie für

97 *S. Freud*, Die Zukunft einer Illusion, a. a. O., 180.
98 Ebd., 180f.
99 Ebd.
100 Ebd., 164.
101 Ebd., 182.

die Kultur insgesamt auszuüben. Mit der Aufdeckung ihrer unbewußten Motive wird für den Menschen Religion überflüssig. Freud setzt darum alles daran, den Menschen von der Religion zu heilen und auf diese Art die nunmehr möglich gewordene rationale Lebensführung zum Durchbruch zu bringen. Emphatisch fordert er, die Menschheit müsse endlich ihr Unreifestadium überwinden und sich an der Wirklichkeit orientieren.

Zentraler Bestandteil dieser praktischen Aufklärungskampagne ist für ihn ein neues Erziehungsprogramm, die »Erziehung zur Realität«[102], die von Anfang an auf die Vermittlung religiöser Illusionen verzichtet. Sie ist weder erbaulich noch beglückend; denn sie mildert nicht die »Schwere des Lebens, der grausamen Wirklichkeit«. Freuds Absage an die Illusionen ist konsequent: An die Stelle von Religion tritt für ihn die »weise Resignation«, mit der sich der reife Mensch in die Realität schickt und ihre Bedingungen und Grenzen annimmt; »die Absicht, daß der Mensch ›glücklich‹ sei, ist im Plan der ›Schöpfung‹ nicht enthalten.«[103]

Zum Verständnis seiner Religionskritik bleibt hinzuzufügen, daß Freud ontogenetisch den Ursprung der Religion in der Phase des ödipalen Konflikts verortet. Für ihn war die ödipale Dreiecksthematik mit ihren typischen Ambivalenzkonflikten zwischen Vater und Sohn zum Schlüssel für das Verständnis von religiöser Dogmatik und ritueller Praxis geworden.[104] Der Kern des ödipalen Konflikts besteht für Freud darin, daß das Kind den Vater wahrzunehmen beginnt und ihn als Eindringling in seine libidinöse Beziehung zur Mutter erlebt; das Kind wird zum ersten Mal nachhaltig mit einer über die bisherige Zweier-Beziehung hinausreichenden Realität konfrontiert. Dabei kommt es zu einem ambivalenten Vaterbild: Auf der einen Seite repräsentiert der Vater für das Kind die Anforderungen der Gesellschaft mitsamt den damit verbundenen Eingrenzungen der Triebentfaltungen; auf der anderen Seite verkörpert er jedoch auch, indem das Kind als Ausweg aus dem Kon-

102 Ebd..
103 *S. Freud*, Das Unbehagen in der Kultur (1930/1929), in: ders., Studienausgabe. Bd. IX, a. a. O., 197–270, hier: 208.
104 Vgl. *H.-G. Heimbrock*, Phantasie und christlicher Glaube, München-Mainz 1977, 149f.

flikt sich mit ihm identifiziert, die Ansprüche des Kindes an die Welt und verheißt deren Erfüllung.[105] Freud hat das so gebildete Vaterbild als prägend für die weitere menschliche Entwicklung verstanden, es wird zu einem strukturierenden Moment des Über-Ich. Eine zusätzliche Verstärkung und Überhöhung erfährt es durch die Annahme der Gestalt des allmächtigen Gottes.[106] Dabei konnte Freud dieser Verschmelzung von menschlichem und göttlichem Vater durchaus positive Aspekte abgewinnen.[107] Sie hat nach ihm nämlich nicht unerheblich zum kulturellen Fortschritt beigetragen: Indem der heranwachsende Sohn durch ein starkes Vaterbild gezwungen wird, seine ödipalen Wünsche zu sublimieren, werden Energien freigesetzt, die der Zivilisation zugute kommen können. Durch die religiöse Verstärkung der Vaterfigur wird das nochmals gefördert und sind der Kultur durchaus anerkennenswerte Dienste geleistet worden – »aber«, wie Freud bemerkt, »nicht genug«[108]. Die Religion habe Zeit genug gehabt, zu zeigen, was sie leisten könne. »Wenn es ihr gelungen wäre, die Mehrzahl der Menschen zu beglücken, zu trösten, mit dem Leben auszusöhnen, sie zu Kulturträgern zu machen, so würde es niemand einfallen, nach einer Änderung der bestehenden Verhältnisse zu streben.«[109] Nun erweist sich aber nach Freud die Verbindung zwischen göttlichem Vaterbild und den notwendigen triebverdrängenden kulturellen Normen zunehmend als bedrohlich, weil das durch das religiöse Vaterbild legitimierte Gesetz zu starr und zu unveränderlich ist. Es muß abgelöst werden durch die wissenschaftliche Rationalität. Statt der religiösen Verdrängungen und Tabuisierungen müßten endlich rationale Einsichten zum Zuge kommen. Statt daß der »Vater-Komplex« über Generationen hinweg perpetuiert wird, ist es als Aufgabe in Angriff zu nehmen, daß die Menschheit als ganze wie auch jeder einzelne durch eine gelingende Bewältigung

---

105 Vgl. *I. Mörth*, Die gesellschaftliche Wirklichkeit von Religion, Stuttgart 1978, 78.
106 Vgl. *Y. Spiegel*, Beratung in vaterloser Gesellschaft, in: EvTh 35 (1975) 15–32, bes. 17 ff.
107 Vgl. zum folgenden ebd., 17 f.
108 *S. Freud*, Die Zukunft einer Illusion, a. a. O., 171.
109 Ebd.

des ödipalen Konflikts jene Autonomie und soziale Handlungsfähigkeit erwirbt, die einen Erwachsenen auszeichnen.

Zusammenfassend läßt sich das bemerkenswerte ethische und pädagogische Anliegen, das hinter Freuds Religionskritik steht, wie folgt umreißen:»Das Ziel, welches Freud mit seinem Kampf gegen die Religion verfolgt, ist die Befreiung des Menschen. Der Mensch muß sich frei machen von jeder bedrohenden oder beschützenden Autorität, muß es lernen, ganz auf sich selbst gestellt zu sein, um seine Vernunft voll entfalten zu können. Der Weg zu diesem Ziel führt nicht über die Religion, sondern über die Wissenschaft. Auf diesem Weg der Wahrheit zum Durchbruch zu verhelfen – das bedeutet für Freud wahre Menschenliebe.«[110]

110 *H. Müller-Pozzi*, Psychologie des Glaubens, a. a. O., 89.

3   Grundlegung

Freuds Prognose, daß sich »die Abwendung von der Religion mit der schicksalsmäßigen Unerbittlichkeit eines Wachstums«[1] vollziehe, scheint mittlerweile weitgehend eingetroffen zu sein. Wie aufgezeigt, ist ein fast vollständiger Ausfall an religiöser Sozialisation und Erziehung – jedenfalls in der herkömmlichen Form – zu verzeichnen. Wenn also in der Erziehung keine Erwartungen mehr auf das Jenseits »fehlgeleitet« werden, so ist zu fragen, ob die dadurch freigewordenen Kräfte wirklich – wie Freud es vorschwebte – auf das irdische Leben konzentriert werden und das Ziel, »daß das Leben für alle erträglich wird und die Kultur keinen mehr erdrückt«[2], wenigstens ein Stück weit nähergerückt ist.

Ohne Zweifel wird man zugestehen können, daß viele früher religiös sanktionierten Zwänge für die Mehrzahl heute lebender Menschen – insbesondere unter Kindern und Jugendlichen – kaum mehr eine Rolle spielen. Wenn man sich allerdings vergegenwärtigt, wie stark die Sozialisationskraft der gegenwärtigen Gesellschaft überhaupt im Schwinden begriffen ist, ist gleichwohl zu fragen, ob nicht mittlerweile die symbolische Realität, die früher durch Religion repräsentiert worden ist, durch andere, vielleicht noch sublimer wirkende Ideologien besetzt worden ist und ob von ihnen nicht viel nachhaltiger deformierende und destruierende Wirkungen für die Menschen ausgehen.[3] Die Beschädigungen des Subjekts scheinen seit Freud jedenfalls nicht ab-, sondern zugenommen zu haben. Die Flucht aus der Realität, das Sich-Zurückziehen in Nischen der Geborgenheit, das Verdrängen einer widerständigen und leidvollen Welt, die Ablehnung von Verbindlichkeit und Verantwortung u. a. m. als deren Symptome haben teilweise

---

1 *S. Freud*, Die Zukunft einer Illusion, a. a. O., 177.
2 Ebd., 183.
3 Vgl. z. B. *H. E. Richter*, Der Gotteskomplex, Reinbek 1979.

epidemische Züge angenommen. Technik und Informationsindustrie »bilden« die Menschen so, wie sie sie brauchen: zurechtgestutzt auf das Leitbild einer »computerisierten Intelligenz« – ohne Sprache und Sinne, ohne Geschichte und Phantasie, ohne Moral und Transzendenz.

J. B. Metz schildert die damit verbundenen und sich bereits abzeichnenden Folgen für das menschliche Subjekt auf eindrückliche Weise wie folgt: »Die europäischen Modernisierungsprozesse machen, wo sie sich undialektisch einem vermeintlichen Stufengang des Fortschritts überlassen, den Menschen in seinem Subjektsein, in seinen zwischenmenschlichen Beziehungsfähigkeiten und seinem Geschichtsbewußtsein nicht eigentlich stärker, sondern schwächer. Die rasende Beschleunigung, in der wir leben, der überstürzte Wechsel im Verbrauch und in den Moden, auch den kulturellen, gewährt kaum mehr sinnenhafte Anschauung: Immer unanschaulicher, unsinnlicher werden unsere Wahrnehmungen, weil wir den Menschen und Dingen zumeist nachblicken, gewissermaßen nur in den Rücken schauen können. So wird der einzelne immer mehr auf Anpassung an eine abstrakt-unanschauliche, unübersichtliche Welt dressiert. Auch der Rekurs auf die Phantasien der Kindheit scheint verlegt, weil wir die mit unseren Automaten ersticken, ehe sie sich entfalten konnten. Wohin also ist der uns bislang anvertraute Mensch? Es scheint, daß er um so erfolgreicher überlebt, je mehr er sich zum anpassungsschlauen Tier zurückzüchtet. Dieser schleichende, sanfte Tod der Mündigkeit wird um so erfolgreicher vonstatten gehen, je mehr wir ihn nicht als Bedrohung und Unterdrückung, sondern als Vergnügen und Zerstreuung erleben. Das besorgt bekanntlich unsere moderne Kulturindustrie, die wachsende Übermacht der Massenmedien, nicht zuletzt des Fernsehens, die unseren Alltag immer mehr quasi transzendental umspannen und uns von unseren eigenen Bildern, unseren eigenen Träumen, von unseren eigenen Geschichten und unserer eigenen Sprache immer mehr entlasten und uns eines Tages zu routinierten, glücklichen Analphabeten (H. M. Enzensberger) machen werden. Diese zweite Unmündigkeit ist offensichtlich viel schwerer zu überwinden als die erste, weil der sekundär Unmündige gar nicht an der Unmündigkeit leidet, an der er leidet; weil er sie für einen Vorteil hält und weil sie zu seinem Wohlbefinden beiträgt.«[4] Es wäre kurzschlüssig, wollte man aus diesen Überlegungen folgern, das Experiment der irreligiösen Erziehung, wie es Freud und anderen Aufklärern vorgeschwebt habe, sei gescheitert. So einfach läßt sich die Religion in der Erziehung nicht rehabilitieren. Denn daß auch in ihrem Namen Menschen verformt worden sind, läßt sich nicht abstreiten.

Deutlich werden soll vielmehr, daß, wenn es in diesem Kapitel um die Frage der Grundlegung von religiöser Erziehung und Bildung gehen soll, es zu vordergründig wäre, beließe man es bei bloßer Apologetik. Es geht ja nicht in erster Linie um die Bestandserhaltung einer religiösen Tradition oder Institution um dieser Tradition oder Institution willen; sondern es geht um den Menschen und – gerade in der Erziehung – um seine Zukunft. Von daher wird im folgenden zunächst allgemein der Frage nachgegangen, in welcher Weise Erziehung und Bildung mit den gegenwärtigen Herausforderungen umzugehen haben, um in diesem Zusammenhang dann den möglichen Beitrag von Religion – bzw. des christlichen Glaubens – zu verorten.

3.1 Erziehung und Bildung angesichts der krisenhaften Zuspitzung des Modernisierungsprozesses

Pädagogisches Handeln ist wesentlich dadurch bestimmt und darauf gerichtet,»daß Menschen anderen Menschen helfen, sich (in und mit Welt) hervorzubringen«[5] und »gemeinsames Leben auf Zukunft hin zu ermöglichen«[6]. Wie kann und soll jedoch der nachwachsenden Generation Leben auf Zukunft hin ermöglicht werden, wenn das Überleben der menschlichen Gattung überhaupt in

4 *J. B. Metz*, Wider die zweite Unmündigkeit, in: J. Rüsen u. a. (Hg.), Die Zukunft der Aufklärung, Frankfurt/M. 1988, 81–87, hier: 81 f.
5 *H. Bokelmann*, Streiten für die Menschen. Zum Verständigungsproblem in der Pädagogik, in: H. Röhrs/H. Scheuerl (Hg.), Richtungsstreit in der Erziehungswissenschaft und pädagogische Verständigung, Frankfurt/M. 1989, 367–392, hier: 374.
6 *H. Peukert*, Tradition und Transformation. Zu einer pädagogischen Theorie der Überlieferung, in: RPB 19/1987, 16–34, hier: 24.

höchstem Maße bedroht ist? Und wie soll sie in ihrer Aufgabe unterstützt werden, die grundlegenden Orientierungen und Fähigkeiten für einen selbständigen und verantwortlichen Umgang mit sich selbst, mit anderen Menschen und mit der Natur zu erwerben, wenn sich allenthalben Orientierungsunsicherheit und Sinnlosigkeit ausbreiten? Für Erziehung und Bildung stellt sich somit die Frage, wie angesichts der aufgezeigten krisenhaft zugespitzten Entwicklungen des Modernisierungsprozesses eine Handlungskompetenz gefunden und einsichtig begründet werden kann, die die erforderlichen Veränderungen individueller, sozialer und ökologischer Verhältnisse in Angriff zu nehmen ermöglicht, und wie in der Erziehung eine solche Praxis antizipiert und kritisch dazu angeleitet werden kann.

3.1.1 Zwischen Verpflichtung auf den status quo und Flucht in die Postmoderne

Es kann nicht verwundern, daß je nach Einschätzung des Ausmaßes der gegenwärtigen Krisensituation und der daraus sich ergebenden gesellschaftspolitischen Optionen auch die pädagogischen Lösungsvorschläge unterschiedlich ausfallen:
– So meldet sich etwa in der bildungspolitischen Diskussion seit einiger Zeit eine Position mit Nachdruck zu Wort, die es für übertrieben hält, in den unleugbar bestehenden Krisenphänomenen der Gegenwart – um die an anderer Stelle getroffene Unterscheidung hier nochmals aufzugreifen[7] – eine gesellschaftliche »Zielkrise« erblicken zu wollen, und diese statt dessen auf eine »Steuerungskrise« zurückführt. Als pädagogische Handlungsmaxime ergibt sich dann konsequenterweise, daß die heranwachsende Generation auf die bewährten strukturellen Leitwerte der Gesellschaft so verpflichtet werden muß, daß sie sich diese mitsamt den sich daraus ergebenden Verfahrensweisen und Steuerungsinstrumenten zu eigen macht.[8] In diesem Rahmen wird ausdrücklich die

---

7 Siehe dazu oben, Abschn. 1.5.
8 Vgl. die entsprechenden Hinweise bei K. E. *Nipkow*, Jugend und Bildung, in: Comenius-Institut (Hg.), Allgemeinbildung im beruflichen Schulwesen, Münster

für das »Computerzeitalter« erforderliche Bereitschaft zur Flexibilität und Fähigkeit, technologische Innovationen in Angriff zu nehmen, gefördert.

– Dem steht, wie ausgeführt, die Überzeugung gegenüber, daß es einer grundlegenden Neuorientierung des Denkens und Handelns bedarf. Angesichts des offenkundigen Versagens von Erziehung wird auch eine Revision der geltenden pädagogischen Grundannahmen für notwendig gehalten. So kritisieren etwa Verfechter einer »postmodernen Pädagogik« ein aufklärerisches Bildungsverständnis, das einseitig auf Vernunft setzt, und plädieren für das Erlernen und Einüben von alternativen, auch das »Andere der Vernunft« einbeziehenden Lebensformen und -stilen.[9]

Beide Ansätze legen übrigens Wert auf ihre Affinität zur religiösen Erziehung, wenngleich diese in höchst unterschiedlicher Weise beansprucht wird. Während sie in den (neo-)konservativen Erziehungsprogrammen herangezogen wird, um zur Übereinstimmung mit den »Vorgegebenheiten« zu führen und die für die gesellschaftliche Ordnung unverzichtbaren Wertmaßstäbe und Handlungsnormen zu vermitteln[10], richtet sich das Interesse der anderen Seite darauf, die in der Religion bzw. im Mythos aufbewahrte Kraft eines ursprünglichen, archaischen Bewußtseins, das noch ganzheitlich ausgerichtet ist, in seiner für die Erziehung konstitutiven Bedeutung zu rehabilitieren.[11]

Auffällig ist, daß beiden Ansätzen ein einseitiges Verständnis von Vernunft gemeinsam ist, das in dem einen Fall unkritisch affirmiert, in dem anderen Fall zugunsten einer Zuwendung zum »Un-Vernünftigen« abgewiesen wird: die Gleichsetzung nämlich von

1987, 47–78; ders., Erziehungsprogrammatik ohne Bildungsbegriff?, in: G. Czell/ H. Mogge (Hg.), Parabel. Bildung als historische Verantwortung, Münster 1988, 8–19; ders., Bildung als Lebensbegleitung und Erneuerung, a. a. O., bes. 4. Kap.

9 Vgl. u. a. die Diskussion um eine »postmoderne Pädagogik« mit Beiträgen von *K. Mollenhauer, J. Oelkers, D. Lenzen, D. Benner, K.-F. Göstemeyer*, in: Zeitschrift für Pädagogik 33 (1987), H. 1.

10 Als exemplarisch hierfür könnten verschiedene neuere Stellungnahmen von Politikern angeführt werden, in denen sie ihre Erwartungen an den Religionsunterricht zum Ausdruck bringen.

11 Vgl. z. B. *D. Lenzen*, Mythologie der Kindheit, Reinbek 1985; *ders.*, Religionspädagogik oder Mythologie der Erziehung?, in: EvTh 46 (1986) 159–170.

Vernunft mit »instrumenteller Vernunft« bzw. »Zweck-Mittel-Rationalität«. Wohl im Zusammenhang mit einem solchen reduzierten Vernunftbegriff steht die Tatsache, daß in beiden Ansätzen von einem genuin pädagogischen Handeln nicht gesprochen werden kann. Werden von der einen Seite Erziehung und Bildung mit reinen Anpassungsleistungen gleichgesetzt, so wird von der anderen Seite programmatisch deren Ende propagiert. Dem Grundpathos der neuzeitlichen Pädagogik, den Menschen sich als schaffendes und verantwortliches Subjekt sowohl seiner individuellen Lebensgeschichte als auch der gesellschaftlichen Lebensverhältnisse bewußt werden zu lassen und so eine humane Praxis zu ermöglichen und zu fördern, ist beide Male der Abschied gegeben.

3.1.2 Pädagogisches Handeln als kommunikative Praxis

3.1.2.1 Von der Erziehung zur Beziehung

So lautet ein in letzter Zeit häufig begegnender Slogan.[12] Die mit ihm gemeinte programmatische Aussage ist leicht ersichtlich: weg von dem bis in die Gegenwart hinein vorherrschenden autoritären Gefälle in der pädagogischen Praxis (Eltern – Kinder, Lehrer/innen – Schüler/innen, Meister – Jünger etc.) hin zu einer von der gegenseitigen Anerkennung als gleichwertig und gleichberechtigt getragenen Interaktion der Betroffenen! Dabei handelt es sich nicht um eine Neuauflage des Konzepts einer strikt »antiautoritären Erziehung«, wie sie in den siebziger Jahren propagiert wurde.[13] »Beziehung« in der hier gemeinten Bedeutung ist nämlich nicht einfach mit den gewissermaßen naturwüchsig gegebenen Verhältnissen und Umgangsweisen zwischen Menschen gleichzusetzen, sondern sie bewegt sich auf einem bestimmten qualitativen Niveau. Beziehungen können gelingen; sie können aber auch scheitern. Nicht zufällig ist von der »Beziehungsarbeit« die Rede, womit zum Ausdruck gebracht werden soll, daß das Gestalten von Beziehungen zwischen Menschen eine Aufgabe ist, die bewußt vorgenommen werden muß, die also gelernt werden kann. Damit sie später gelingt, ist es gut, wenn mit ihr von früh an begonnen wird. Und dabei zeigt sich: Beim Beziehungs-Lernen gibt es keinen Wissensvorsprung etwa der Älteren gegenüber den Jüngeren; alle Beteiligten lernen vielmehr mit- und voneinander.[14]

---

12 Zum Programm und den sich daraus ergebenden Folgerungen insbesondere für den schulischen Bereich vgl. z. B. *Th. Fleischer*, Zur Verbesserung der sozialen Kompetenz von Lehrern und Schulleitern, Hohengehren 1990; vgl. auch *W. Tzscheetzsch*, Erziehungshandeln ist Beziehungshandeln, in: Diakonia 25 (1994) 46–49. – Vgl. zum folgenden auch *N. Mette*, Identität ohne Religion?, in: E. Arens (Hg.), Habermas und die Theologie, Düsseldorf 1989, 160–178; *ders.*, Identität in universaler Solidarität. Zur Grundlegung einer religionspädagogischen Handlungstheorie, in: JRP 6 (1989), Neukirchen-Vluyn 1990, 27–55; *ders.*, (Religions-)Pädagogisches Handeln, in: E. Arens (Hg.), Gottesrede – Glaubenspraxis, Darmstadt 1994, 164–184.
13 Vgl. *U. Rabe-Kleberg*, Erziehung, antiautoritäre, in: D. Lenzen (Hg.), Pädagogische Grundbegriffe. Bd. 1, Reinbek 1989, 443–446.
14 Vgl. z. B. *H. Schmidt*, Leitfaden Religionspädagogik, Stuttgart 1991, 14–18.

Dieses interaktive Verständnis von Erziehung bedingt eine nachhaltige Veränderung im Generationenverhältnis und findet auch zu weiten Teilen darin seinen Ausdruck[15]: Im Vergleich zu früher gibt es einen erstaunlichen Freimut Erwachsener einzugestehen, daß sie ihrerseits von Kindern und Jugendlichen lernen, und auch ihre bewußte Bereitschaft dazu. Tendenziell erfahren das herkömmliche Verständnis und die Praxis von Lernen einen Paradigmenwechsel: vom Lehr-Lern-Verhältnis zum generationsübergreifenden Lernen, von der Einwegkommunikation »von oben nach unten« zur Zweiwegkommunikation.

3.1.2.2 Das »pädagogische Paradox«

Nun ergibt sich jedoch ein naheliegender Einwand gegen die vorgetragene Auffassung, naheliegend insbesondere dann, wenn man von der spezifischen anthropologischen Grundsituation des Kindes ausgeht: Ist es nicht ein Wesen, das zu einem Eingehen von Beziehungen – und das dazu noch auf partnerschaftlicher Ebene – gar nicht fähig ist, sondern überhaupt erst beziehungsfähig gemacht werden muß und darum der Erziehung bedarf? Ist insofern Autorität, zumindest in ihrer ursprünglichen Bedeutung verstanden »als Urheberschaft und Förderung der zukünftigen Lebensbedingungen«[16] der Heranwachsenden, nicht ein unverzichtbares Merkmal des Verhältnisses der Erwachsenen zu ihnen? Daß Erziehung etwas mit Interaktion zu tun hat, braucht gar nicht geleugnet zu werden. Aber es muß nüchtern gesehen werden, daß zumindest der Ausgangspunkt einer solchen Interaktion ein eindeutiges Gefälle zwischen den Polen Mündigkeit und Unmündigkeit bildet und daß die vornehmliche Aufgabe pädagogischen Handelns darin gesehen wird, dieses Gefälle Schritt für Schritt zu verringern, bis sich eine Balance der Gleichheit untereinander eingestellt hat. Kommunikationstheoretisch gesehen handelt es sich also um eine para-

---

15 Vgl. *K. Gabriel*, Die Schülerinnen und Schüler von heute, a. a. O., 759.
16 *K. E. Nipkow*, Leben und Erziehen – wozu?, in: Leben und Erziehen – wozu?, hg. von der Kirchenkanzlei der Evangelischen Kirche in Deutschland, Gütersloh 1979, 17–49, 24.

doxe Situation, insofern der Erziehende »von der normativen Grundstruktur von Interaktion her als *Ziel* seines Handelns das mündige Subjekt ansehen muß, während der zu Erziehende, im Normalfall das Kind, an Wissen, Können, Einfluß und Macht unterlegen ist. Es soll also ein Verhältnis vollständiger Gegenseitigkeit angezielt und hergestellt werden unter Bedingungen äußerster Ungleichheit.«[17]

Unter den Stichworten des »pädagogischen Bezugs« (H. Nohl) u. ä. sind die mit dieser anthropologischen Grundsituation sich insbesondere für die Erziehenden stellenden ethischen Verpflichtungen erörtert worden.[18] Daß der Weg pädagogischen Handelns seinem Ziel nicht widersprechen darf, gilt etwa als eines der allgemein anerkannten grundlegenden Erfordernisse. Ein konkreter Testfall dafür ist der Umgang mit dem Kind, und zwar auf der Basis seiner Anerkennung als eines eigenständigen und beziehungsfähigen Wesens, auch wenn es über die dafür erforderlichen Kompetenzen noch nicht oder erst anfanghaft verfügt und darum vielfach stellvertretend und advokatorisch für es gehandelt werden muß.

Natürlich vollzieht sich ein solches pädagogisches Handeln wesentlich auf der Beziehungsebene. Aber heißt das bereits, daß Erziehung per se als Beziehung deklariert werden kann?

3.1.2.3 Intentionales und/oder kommunikatives Handeln

Zumindest wird man hier differenzieren müssen: J. Masschelein hat Recht, wenn er das gerade umschriebene pädagogische Handeln, das mittels einer bestimmten Weise intersubjektiver Beziehung auf die Konstitution von Subjekten zielt, als »intentionales Handeln« bestimmt.[19] Ist es doch – in der Regel – dadurch charakterisiert, daß der Erwachsene es ist, der sein pädagogisches Handeln ausdrücklich sinnhaft versteht; Erziehung wird demnach aus der Sicht des Erziehers konzeptualisiert. Das bedeutet nicht unbe-

---

17 *H. Peukert*, Was ist eine praktische Wissenschaft?, in: O. Fuchs (Hg.), Theologie und Handeln, Düsseldorf 1984, 64–79, 70.

18 Vgl. *J. Masschelein*, Kommunikatives Handeln und pädagogisches Handeln, Weinheim/Leuven 1991, bes. 173–195.

19 Vgl. ebd., 197–206.

dingt, daß damit das Kind etwa zu einer beliebig formbaren Masse erklärt wird. Richtet sich doch – jedenfalls in den dialogischen bzw. kommunikativen Ansätzen der Pädagogik – die Intention darauf, die Heranwachsenden zur vollen Ausbildung ihrer Fähigkeiten zu führen, die ihnen eigenständig zu handeln erlauben, und im Zuge des Heranwachsens immer mehr ihnen die Verantwortung für diesen Bildungsprozeß zu übertragen. Gleichwohl ist und bleibt der sinngebende Erwachsene Ausgangspunkt dieses Prozesses.

Auch wenn sich solches Handeln wesentlich im Dialog bzw. in Kommunikation vollzieht, ist es nach J. Masschelein als »intentionales Handeln« nicht bereits »kommunikatives Handeln«, zumindest nicht in der Hinsicht, wie J. Habermas »kommunikatives Handeln« bestimmt.[20] Während intentionales Handeln sich der Sinngebung eines Subjekts verdankt und diesem Handeln also die Identität von Subjekten erst vorausliegt, ist als kommunikativ jenes Handeln zu verstehen, das aus Intersubjektivität bzw. einer gemeinsam geteilten (Lebens-)Welt heraus allererst Subjektivität konstituieren läßt. J. Masschelein erläutert dazu: »Die kommunikative Praxis ist die Bedingung der Selbstverwirklichung. Diese kommunikative Praxis, die Subjektivität und Objektivität (intersubjektive Gültigkeit) konstituiert, ist nicht von der Intentionalität abhängig und kann folglich nicht als Mittel in Anspruch genommen werden. Das Werden der Subjektivität durch die Intersubjektivität – Menschenbildung – ist nicht in Zweck-Mittel-Begriffen zu verstehen. Interaktion ist nicht verfügbar, sie ist keine *technische* Bedingung für die Verwirklichung des Erziehungsziels (die Selbstverwirklichung), sondern strukturiert das ›Selbst‹. Das kommunikative Handeln als Bedingung der Verwirklichung des ›Selbst‹, Erziehung als Menschenbildung kennt in diesem Sinn keinen Anfangs- oder Endpunkt. Erziehung ist ›kein Weg zu...‹ (ist nicht in der Perspektive einer Methode zu lokalisieren). Es gibt ja kein (inneres) Zentrum, das am Ursprung von Erziehung läge. Erziehung ist weder eine Selbstaktivität des Zöglings noch ein intentionales Handeln des Erziehers. Der Kern von Erziehung, das Handeln, das im Dienste der ›Selbstermöglichung des anderen‹ (Klafki) steht, ist

---

20 Vgl. ebd., 207–236.

eine kommunikative Praxis, die in der Bildung von Subjektivität und Objektivität, in der sich Subjektivität verwirklicht, wirksam ist.«[21] Identität und Freiheit sind somit nicht unabhängig von Intersubjektivität zu konzipieren, sondern konsequent kommunikativ zu bestimmen und zu entfalten.[22]

3.1.2.4 Transformatorisches und innovatives Handeln

Gegen das skizzierte Verständnis pädagogischen Handelns könnte sich leicht der Verdacht richten, es beschränke sich auf eine reine Reproduktion der lebensweltlich-kulturellen Gegebenheiten, an die die kommunikative Praxis gebunden ist und die folglich auch der Konstitution von Subjektivität vorausliegen. Bedeutet also Erziehung dann nicht unweigerlich Anpassung an die vorhandene gemeinsame Lebenswelt?

Genau diese gemeinsame Lebenswelt wäre jedoch mißverstanden, wenn sie als eine von der kommunikativen Praxis unabhängige Größe oder Entität vorgestellt würde. Als Ermöglichung von Verständigung ist sie zwar die Voraussetzung kommunikativen Handelns; zugleich stellt sie jedoch gewissermaßen ein Netz von Bedeutungen und Handlungen dar, das aus dem gemeinsamen Handeln heraus geknüpft und durch es auch verändert wird. Die Lebenswelt eröffnet also einen Freiraum für Initiativen zu einer neuen Verständigung. Und gerade vom jeweiligen neuen Handeln und Sprechen, das mit der Wirklichkeit von Kindern gegeben ist, bleibt die gemeinsame Welt nicht unberührt.[23] Im Anschluß an Schleiermachers Hinweis auf den Spracherwerb und die damit einhergehende Bewußtseinsbildung von Kindern hat H. Peukert auf diese kreative und transformatorische Kraft als Kennzeichen der menschlichen Sprachfähigkeit insgesamt aufmerksam gemacht.[24] Kommunika-

---

21 Ebd., 228f.
22 Vgl. ebd., bes. 215 f; vgl. auch *H. Peukert*, Kontingenzerfahrung und Identitätsbildung, in: J. Blank/G. Hasenhüttl (Hg.), Erfahrung, Glaube und Moral, Düsseldorf 1982, 76–102.
23 Vgl. *J. Masschelein*, Kommunikatives Handeln und pädagogisches Handeln, a. a. O., 224ff. 227f.
24 Vgl. *H. Peukert*, Tradition und Transformation, a. a. O., bes. 27f.

tive Praxis erschöpft sich also nicht nur in der Rekonstruktion und Reflexion der gemeinsamen Lebenswelt, sondern hat es auch mit deren Kritik und (Neu-)Konstruktion im Bemühen um eine neue Verständigung miteinander zu tun. »Sprachliche Handlungen«, so spitzt H. Peukert diesen Aspekt zu, »müssen (sc. und können!) sich ... daraufhin befragen lassen, ob sie machtverzerrte Kommunikationssituationen jeweils nur legitimierend verfestigen oder ob sie als Handlungen durchgreifend durch geschichtlich sedimentierte Erfahrungen die innovatorisch kritische Kraft besitzen, die Gewalt und das Unrecht eines Interaktionszusammenhangs aufzudecken, zu durchbrechen und als sprachliche Handlungen entzerrend und therapeutisch zu wirken. Zu einer Handlungstheorie gehört dann jedenfalls auch eine Theorie entzerrenden Sprechens und therapeutischer Dialoge, in denen der Rückgang auf szenisches Verstehen und die narrative Einführung von neuen Verhaltens- und Verstehensmöglichkeiten insgesamt auf die Wiederherstellung der Freiheit eines Individuums abzielen, und sei es in der Form, daß sie ein neues Verhältnis zu gebrochener und beschädigter Identität ermöglichen.«[25]

Unter diesem Aspekt kommt der Tatsache, daß die Lebenswelten aufgrund des gesellschaftlichen Modernisierungsprozesses immer weniger »sozialwüchsig« gegeben sind, sondern durch eine »Kolonialisierung« seitens der Systeme, die weitgehend die Funktion der Steuerung der Gesamtgesellschaft übernommen haben, beschädigt, wenn nicht vernichtet werden, und so die ohnehin bereits verletzliche Konstitution von Subjektivität in Intersubjektivität noch prekärer wird, eine eminente Bedeutung zu.

25 Ebd., 29.

3.1.2.5 Ethik intersubjektiver Kreativität als normativer Kern pädagogischen Handelns

So gesehen ist die Einsicht, daß die Erziehung »in ihrem Kern aus einer kommunikativen Praxis« besteht, »die Identität und Freiheit vermittelt«[26], nicht nur (handlungs-)theoretisch von Interesse, sondern zugleich praktisch höchst belangvoll. Ist doch die Erziehung so radikal wie noch nie angesichts der elementaren Gefährdung allen Lebens mit der Frage konfrontiert, wie überhaupt noch den betroffenen Generationen ein gemeinsames Leben auf Zukunft hin ermöglicht werden kann. Der Verweis auf das kommunikative Handeln kann deutlich werden lassen, daß verantwortbare Lösungen nur aus einer gemeinsamen Praxis heraus gefunden werden können, ja daß das die Voraussetzung für die Genese von Subjekten, die verantwortlich zu handeln vermögen, überhaupt ist. Es geht somit verschärft um die Frage nach der normativen Dimensionierung dieser Praxis: Nur indem das Subjekt nicht als freies bzw. frei zu werdendes dem anderen abstrakt gegenübergestellt und von ihm abgegrenzt wird, was unweigerlich in einem Prozeß der Selbstbehauptung durch Machtsteigerung resultiert, sondern indem sie sich gegenseitig jeweils auf die Freiheit des anderen hin öffnen und so Freiheit kommunikativ realisieren, wird gemeinsames Leben auf Zukunft hin möglich. »Die freie Anerkennung des anderen in seiner Freiheit bedeutet zu wollen, daß er selbst werden kann, und zwar im Modus intersubjektiv reflektierter Selbstbestimmung. Ein normativ dimensioniertes pädagogisches Handeln zielt auf die Genese von Subjekten, sie will Leben ermöglichen und weiß sich verantwortlich für dessen Vorbedingungen.«[27] Die Orientierung an einem solchen Handeln, das sich an elementare gemeinsame Lebensformen rückgebunden und für deren Erhaltung bzw. (Wieder-) Herstellung in gemeinsamem Tun verantwortlich weiß, bezeich-

---

26 *J. Masschelein*, Kommunikatives Handeln und pädagogisches Handeln, a. a. O., 228.
27 *H. Peukert*, Die Frage nach der Allgemeinbildung als Frage nach dem Verhältnis von Bildung und Vernunft, in: J.-E. Pleines (Hg.), Das Problem des Allgemeinen in der Bildungstheorie, Würzburg 1987, 69–88, hier: 80.

net H. Peukert als eine »Ethik der intersubjektiven Kreativität«[28]. Sie macht den normativen Kern pädagogischen Handelns aus. Von ihm her erfährt es seine Sinnhaftigkeit und Begründungsfähigkeit. Das hat Konsequenzen sowohl für die interaktive und soziale als auch für die inhaltliche sowie für die institutionelle Ausgestaltung von Erziehung und Bildung.

Die hier vorgenommene Bestimmung der (normativen) Grundstruktur pädagogischen Handelns erweist sich – wie angedeutet – im Hinblick auf die krisenhaften Tendenzen der Gegenwart als höchst brisant. Denn zum einen läßt sich nicht davon absehen, wie sehr eine solche Erziehung, die sich ja nicht in einem gesellschaftlichen Enklave abspielt, durch das Zurückdrängen der Lebenswelten und das Überhandnehmen der Systemzusammenhänge mitsamt seinen destruktiven Folgen bedroht ist. Zum anderen weist jedoch die »Ethik intersubjektiver Kreativität« die Richtung eines um des Bestandes des Lebens auf der Erde und der Schaffung einer humanen Kultur willen erforderlich gewordenen Handelns überhaupt – einer kommunikativen Praxis, »welche diejenigen gemeinsamen und individuellen Lernprozesse anstößt, in denen destruktive Handlungsweisen transformiert werden und diejenigen Orientierung kommunikativer Vernunft erarbeitet werden kann, die gemeinsames Leben ermöglicht«[29].

Für pädagogisches Handeln heißt das, daß es gemeinsam jene Haltungen einzuüben und zu praktizieren gilt, die für ein einvernehmliches und engagiertes Zusammenleben auf Zukunft hin nötig sind. Mitgefühl und Solidarität sind nicht erzwingbar, sondern nur als Frucht freier Einsicht auf der Grundlage entsprechender Erfahrungen möglich. Dazu bedarf es gemeinsamer, von Anerkennung voreinander und Verantwortung füreinander geprägter Sozialbeziehungen. Denn gerade die Entwicklung eines Heranwachsenden so zu fördern, daß er zu eigener Handlungsfähigkeit, Selbständigkeit und Selbstbestimmung gelangen kann, setzt voraus, daß ihm diese Fähigkeiten von Anfang an grundsätzlich zugesprochen wer-

---

28 Vgl. ebd., 82; vgl. auch *ders.*, Tradition und Transformation, a. a. O., 29 ff; *ders.*, Über die Zukunft von Bildung, in: FH-extra 6 (1984) 129–137, bes. 133 f.
29 *H. Peukert*, Tradition und Transformation, a. a. O., 27.

den, und vollzieht sich in einem Interaktionsmodus, der zur allmählichen Ausbildung dieser Fähigkeiten auffordert und ermutigt.

Wie sehr der Erziehende seinerseits von einem solchen Handeln – das den anderen nicht determiniert, sondern freisetzt, ihn zu seiner Freiheit befähigen will – betroffen ist, hat U. Peukert am Beispiel des Umgangs mit Kleinkindern eindrucksvoll ausgeführt: »Wenn die Erwachsenen das Kind als selbständig handelnd betrachten, müssen sie mit ihm so umgehen, als ob es schon voll ausgebildete Intentionen hätte, die es in seinem Verhalten äußert. Damit unterstellen sie dem Verhalten des Kindes von vornherein einen interaktiven Sinn und entwerfen vorgreifend und stellvertretend, aber zugleich dialogisch, eine gemeinsame Sinnwelt. Das ›Unterstellen‹ von Intentionen, das ›Fingieren‹ des autonom handelnden Subjekts, das ›Vorgreifen‹ auf voll ausgebildete Interaktionsstrukturen bedeutet gerade das Eröffnen eines Handlungsspielraumes und zugleich die Vorgabe intersubjektiver Handlungsstrukturen, in denen die volle Gestalt reziproker Interaktion vorgebildet wird, in die das Kind hineinwachsen kann. Obwohl Erwachsene so stellvertretend und vorgreifend handeln, müssen sie andererseits den Mut und das Vertrauen haben, ihre eigenen Vorstellungen und Sinnkonstruktionen vom Kind selbst korrigieren, ihren vorgreifenden Entwurf hinterfragen und verändern zu lassen. Das bedeutet, sich verletzbar machen. Gerade die Bereitschaft und Fähigkeit, selbst ein anderer zu werden, ist untrennbar verbunden mit der den Eltern wie jedem Erzieher abverlangten spezifischen Leistung, stellvertretend für das Kind in Anknüpfung an seine Wünsche und Bedürfnisse dessen Eigenständigkeit und Unabhängigkeit zu behaupten und somit vorgreifend zu realisieren.«[30]

---

30 *U. Peukert*, Psychische und soziale Bedingungen kindlicher Identität, in: PRB 4/
   1979, 4–22, hier: 20f.

3.1.3 Zur religiösen bzw. theologischen Dimension pädagogischen Handelns

Die Frage drängt sich auf, inwiefern nun die hier vorgenommenen Bestimmungen und Erläuterungen zum pädagogischen Handeln für die Religionspädagogik von Interesse sein können. Handelt es sich hier nicht um ein pädagogisches Konzept, in dem zwar die ethische Dimension eine grundlegende Rolle spielt, die Theologie aber außen vor bleibt – und zwar zu Recht; bringt sie doch unweigerlich eine heteronome Dimension und damit eine autoritäre Komponente ins Spiel?

Wenn auch damit nicht religiöse Erziehung und Bildung schlechthin legitimiert werden sollen, ist folgender Hinweis von J. Habermas bemerkenswert, in dem er den normativen Gehalten traditioneller religiöser Weltbilder um des Bestandes der Humanität willen eine Bedeutung zumißt, auf die nicht einfachhin verzichtet werden kann, jedenfalls vorläufig wohl noch nicht: »So glaube ich nicht, daß wir Europäer Begriffe wie Moralität und Sittlichkeit, Person und Individualität, Freiheit und Emanzipation... ernstlich verstehen können, ohne uns die Substanz des heilsgeschichtlichen Denkens jüdisch-christlicher Herkunft anzueignen. Andere finden von anderen Traditionen aus den Weg zur Plethora der vollen Bedeutung solcher, unser Selbstverständnis strukturierenden Begriffe. Aber ohne eine sozialisatorische Vermittlung und ohne eine philosophische Transformation irgendeiner der großen Weltreligionen könnte eines Tages dieses semantische Potential unzugänglich werden; dieses muß sich jede Generation von neuem erschließen, wenn nicht noch der Rest des intersubjektiv geteilten Selbstverständnisses, welches einen humanen Umgang miteinander ermöglicht, zerfallen soll. Jeder muß in allem, was Menschenantlitz trägt, sich wiedererkennen können.«[31]

Es versteht sich, daß solche Traditionen nicht länger als verpflichtend vorgegeben werden können – und es auch von sich her nicht

---

31 *J. Habermas*, Metaphysik nach Kant, in: ders., Nachmetaphysisches Denken, Frankfurt/M. 1988, 18–34, hier: 23.

dürfen; sondern sie müssen in kritischer Auseinandersetzung und Transformation angeeignet werden können, sollen sie motivbildende Kraft erlangen. Aber auf solche Traditionen überhaupt zurückgreifen zu können, erweist sich immer nachhaltiger als notwendig. Denn auch der Prozeß der Enttraditionalisierung erweist sich als ambivalent.

Auf der einen Seite bedeutet er, daß es den Menschen erspart bleibt, von den Zwangs- und Verblendungszusammenhängen, als die sich Traditionen häufig genug herausgestellt haben, umklammert zu werden, bzw. daß sie sich leichter daraus lösen können. Auf der anderen Seite sind die durch das Ende der Übermacht der Traditionen entstandenen Lücken und Leerstellen längst mit einer Überfülle an Daseinsdeutungen und Heilsangeboten unterschiedlichster Herkunft ausgefüllt, die dem Individuum zwar mehr Freiheiten verheißen, es faktisch jedoch auf die Erfordernisse der Gegenwart zurechtstutzen und seinen Erfahrungshorizont auf das Gegebene und Machbare einschränken. Geschickt verschleiert wird das lediglich durch die rasch aufeinanderfolgenden »Modewellen auf dem Markt der Bewußtseinssurrogate«. Die gegenwärtige »Tradierungskrise« besteht also darin, daß das Gewordene immer weniger – insbesondere für die nachwachsende Generation – motivierend wirkt, als eine Lebensform ergriffen zu werden, die weiterzuführen sich lohnt.

So scheinen gleichzeitig die Ressourcen, auf deren Ausnutzung die Gesellschaft zu ihrem Fortbestand angewiesen ist, allmählich zu versiegen. Deutlich wird, daß das Reservoir der unbelebten Natur ebenso wenig unerschöpflich ist wie das Reservoir an kulturellem Sinn.

Sollen Erziehung und Bildung sich nicht auf die Herstellung eines affirmativen Bewußtseins und eines angepaßten Verhaltens beschränken, sondern an ihrem Anspruch festhalten, gemeinsames Leben auf Zukunft hin zu ermöglichen und zu einer entsprechenden kommunikativen Praxis zu befähigen, stellt sich in der Tat so, wie J. Habermas es tut, die Frage, wo sie das Potential zu gewinnen vermögen, um zum dafür notwendigen Prozeß einer schöpferischen Transformation »bisheriger, zutiefst in psychischen Strukturen und gesellschaftlichen Mechanismen verankerter Lebensformen«[32] zu motivieren und ihn anzustoßen. Hier könnten sich mittlerweile fremd gewordene Überlieferungen als eine – wie Peukert formuliert hat – »positive Antitradition« erweisen, insofern in ihnen Verheißungen aufgehoben sind, deren Einlösung noch aussteht, die das Gegebene mit Hoffnungen und Lebensentwürfen aus einer vergangenen Zeit konfrontieren und dazu einladen, sich der eigenen verborgen gehaltenen Hoffnungen und Wünsche zu erinnern, sie zu wiederholen und durchzuarbeiten. Hoffnungen und Wünsche, die die Menschen aus ihrer Gefangenschaft in den eigenen geläufigen Selbstwiederholungen herauszuführen vermögen, kurz: die die vorherrschenden Selbstverständlichkeiten produktiv stören und unterbrechen.[33]

Die produktive Kraft solcher Antitraditionen besteht darin, daß sie gegenwärtiges Bewußtsein mit »subversiven Erinnerungen« (J. B. Metz) in Berührung bringen, die nicht aus der Geschichte herausführen und auf archaische Verhaltensmuster regredieren lassen, sondern gerade in die Geschichte einweisen und zur Wahrnehmung der Verantwortung für sie anhalten. Solche Traditionen sind alles andere als abgeschlossene Überlieferungsbestände, die in fixierter Form weitergereicht werden; das Erzählen vergangener Ereignisse und Erfahrungen hält vielmehr dazu an, solche Geschichten in der eigenen Praxis weiterzuschreiben, also z. B. nicht nur eine prophetische Schrift zu zitieren, sondern selbst den Mut zu prophetischer Kritik zu erlernen. Überlieferungen werden zu produktiven Antitraditionen, wenn sie neu – schöpferisch-innovierend – zu denken, zu lernen und zu tun geben.

Daß die zentralen Inhalte der jüdisch-christlichen Überlieferung das Potential für eine solche produktive Antitradition in sich bergen, ist seit einiger Zeit im Gefolge einer politisch aufgeklärten theologischen Reflexion wieder bewußt geworden. Thesenartig umreißt J. B. Metz den Kern des Glaubens als ein den Menschen rettendes Gedächtnis: »Wer dem Dahinschwinden des Menschen widerstehen will, wer den uns vertrauten und anvertrauten Men-

32 *H. Peukert*, Tradition und Transformation, a. a. O., 16.
33 Vgl. ebd., bes. 31 ff; vgl. auch *W. Oelmüller*, Auf Traditionen angewiesen, in: ThdG 20 (1977) 103–109.

schen retten will, seine subjekthafte Identität, seine Verständigungsmöglichkeiten, sein Gedächtnis und seinen ungesättigten Hunger und Durst nach Gerechtigkeit, der kann das, wenn es zum Schwure kommt, nur aus der Kraft des Gottesgedächtnisses. Und was die auf den Tod des Menschen eingeschworene Noch- oder Nachmoderne in Rechnung zu stellen hätte, ist die Subversion dieses Gottesgedächtnisses, das uns auch heute noch von Humanität und Solidarität, von Entfremdung, Unterdrückung und Befreiung reden und gegen himmelschreiende Ungerechtigkeit, gegen Verelendung und zerstörerische Armut kämpfen läßt.«[34]

Für die Kirchen gilt dabei, daß sie zwar dieses Gedächtnis aufbewahren, daß sie sich jedoch als erste immer wieder zu befragen haben und befragen lassen müssen, ob sie ihm in Reden und Tun entsprechen.

Einen etwas anders akzentuierten und noch radikaler vorgehenden Aufweis der theologischen Dimension pädagogischen Handelns nimmt H. Peukert vor, indem er bis zu den Grenzproblemen vordringt, die sich im Zusammenhang mit dem von ihm bestimmten normativen Kern pädagogischen Handelns, also mit der Frage der intersubjektiven Kreativität ergeben. Aufgrund einer radikal durchgeführten Analytik kommunikativer Praxis gelangt er zu der These, daß diese Grenzprobleme auf eine religiöse und somit theologisch zu bestimmende Dimension pädagogischen Handelns verweisen[35]: Was für ein konsequentes, d. h. die Freiheit des anderen respektierendes und sie anerkennendes Bemühen um eine kommunikative Realisierung möglicher Freiheit gilt, daß nämlich ein

---

34 *J. B. Metz*, Suchbewegungen am Ende des zweiten Jahrtausends, in: HK 40 (1986) 588–595, hier: 593; vgl. auch *N. Mette*, »Tradierungskrise« als Herausforderung für religionspädagogische Theorie und Praxis, in: RPB 20/1987, 100–126; *ders.*, Traditionsbrüche – Traditionsabbrüche – Tradierungskrise. Eine religionspädagogische Herausforderung, in: J. Werbick (Hg.), Traditionsabbruch? – Ende des Christentums?, a. a. O.

35 Neben den bereits genannten Beiträgen von *H. Peukert* vgl. *ders.*, Praxis universaler Solidarität. Grenzprobleme im Verhältnis von Erziehungswissenschaft und Theologie, in: E. Schillebeeckx (Hg.), Mystik und Politik, Mainz 1988, 172–185, sowie vor allem *ders.*, Wissenschaftstheorie – Handlungstheorie – Fundamentale Theologie, Frankfurt/M. 1978. – Vgl. zum folgenden auch *P. Biehl*, Religionspädagogik und Ästhetik, in: JRP 5 (1988), Neukirchen-Vluyn 1989, 3–44, bes. 40ff.

solches Handeln höchst verletzlich ist, insofern es »auf mehr setzen muß als das, worüber es real verfügt«[36], trifft um so nachhaltiger für die Erziehung zu. Geht es doch in ihr darum, überhaupt erst die Bedingungen für einen anderen und mit ihm zu schaffen, daß er selbst werden und in Freiheit seinem Gegenüber zustimmen oder widersprechen kann. Nicht auf die Entwicklung des Heranwachsenden bestimmenden Einfluß zu nehmen, über ihn manipulativ zu verfügen, wie es den eigenen Vorstellungen und Wünschen entspricht, sondern ihn aufzufordern und ihm dazu zu verhelfen, selbst zu bestimmen, wer er sein will, ihn also in der Wahrnehmung und Einforderung seiner Freiheit zu fördern, ist riskant. Es kann vergeblich sein, weil nicht vorweggenommen werden kann, wie er mit der Freiheit umgeht. Die erbrachte Vorleistung von Freiheit kann schonungslos ausgenutzt, das Prinzip der freien Anerkennung des anderen in Freiheit zurückgewiesen werden. Angesichts solcher möglicher – und ja auch faktischer – Bestreitung kommen leicht Zweifel auf, ob sich eine solche Praxis unbedingter Achtung und vorbehaltloser Liebe, die man dem anderen zuteil werden läßt, überhaupt lohnt, ob sich dafür ein tragfähiger Beweggrund angeben läßt.

Das Gewicht dieser Überlegungen erhöht sich, wenn man erinnert, wie sehr die Zurückweisung von Freiheit bis hin zur Vernichtung derer, die stellvertretend für ihre Realisierung eingetreten sind, reale geschichtliche Erfahrung ist: Menschen sind an dem Versuch, unbedingt solidarisch zu handeln, gescheitert und zugrunde gegangen. Wenn geschehene Vernichtungen nicht aus dem Bewußtsein verdrängt werden sollen und dennoch das Bemühen um kommunikative Realisierung möglicher Freiheit nicht aufgegeben und somit das eigene Scheitern riskiert werden soll, drängt sich die Frage nach der Gewähr solcher Unbedingtheit im kommunikativen Handeln auf – »die Frage nach der Rettung der vernichteten Opfer, nach einer absoluten, im Tode befreienden Freiheit«.[37] Solche Fragen, die kommunikative Praxis in einen eschatologischen Horizont zu rücken, sich nicht ausreden zu lassen, sie zumindest of-

36 *H. Peukert*, Tradition und Transformation, a. a. O., 31 f.
37 *Ders.*, Praxis universaler Solidarität, a. a. O., 184.

fenzuhalten, gehört nach Peukert zu einem umfassenden Verständnis von Bildung.[38]

Zugleich warnt er ausdrücklich vor einer allzu raschen affirmativen Anknüpfung der Religionspädagogik an dieses Postulat, wenn er ergänzend bemerkt:»Ein solches Bewußtsein hätte sich freilich gegen Regressionen zu schützen. Es wäre abzugrenzen gegen neokonservative Religionstheorien, die Religion nur als Legitimation des faktisch Bestehenden, also auch der destruktiven Mechanismen der Machtsteigerung, begreifen können. Es hätte sich zugleich gegen institutionelle Versuche zu wehren, den nicht nur von Marx geäußerten Verdacht, bestehende religiöse Systeme beuteten Ohnmachtserfahrungen zur Stabilisierung eigener und politischer Macht aus, auf den Index verbotener Fragestellungen zu setzen; es hätte vielmehr selbst ideologiekritische Aufklärung zu leisten.«[39]

3.1.4 Befreiungspädagogik als Modell

Als ein instruktives Lehrstück für pädagogisches Handeln als kommunikative Praxis befreiender Freiheit führt Peukert den befreiungspädagogischen Ansatz von Paulo Freire an.[40] Für diesen Ansatz ist ja gerade kennzeichnend, daß er die Grenzprobleme humanen Handelns in der geschichtlich gewordenen Situation und im gesellschaftlichen Kontext nicht verdrängt, sondern sie bewußt aufnimmt. Das hängt nicht zuletzt damit zusammen, daß dieser Ansatz seinen Ausgang von der Kehrseite nimmt, die die neuzeitliche Freiheitsgeschichte gezeigt hat und deren Folgen insbesondere die Menschen auf der südlichen Hemisphäre zu tragen haben: Was von den einen als Zuwachs von – auch materiell ermöglichter –

38 Vgl. *ders.*, Über die Zukunft von Bildung, a. a. O., 136 f.
39 Ebd., 137.
40 Vgl. *ders.*, Praxis universaler Solidarität, a. a. O., 185. – Zum Ansatz von *P. Freire* vgl. vor allem seine Schriften: Pädagogik der Unterdrückten, Stuttgart 1971; Erziehung als Praxis der Freiheit, Stuttgart 1974; Dialog als Prinzip, Wuppertal 1980; Pedagogia da esperança, São Paulo 1993. Zur theologischen Rezeption vgl. *R. de Almeida Cunha*, Pädagogik als Theologie, in: F. Castillo (Hg.), Theologie aus der Praxis des Volkes, München-Mainz 1978, 61–124. – Siehe auch oben, Kap. 1.5.3.

Freiheit in Anspruch genommen wird, wirkt sich für die anderen als ständige Zunahme von Armut, Elend und Tod im Kontext von Ungerechtigkeit und Gewalt aus. Die Unterdrückten und arm Gemachten kennen in ihren alltäglichen leidvollen Erfahrungen die letztlich tödlichen Folgen eines Freiheitsanspruchs, der auf grenzenlose Selbstverwirklichung bedacht ist und darum unweigerlich auf Kosten der anderen durchgesetzt wird. Sie wissen darum allerdings in dem Maße, wie sie es gelernt haben, sich nicht länger bis in ihr eigenes Bewußtsein hinein unterdrücken und abhängig machen zu lassen. Dazu zu verhelfen ist Anliegen und Kennzeichen der Befreiungspädagogik: Menschen, die zu »Un-Personen« (G. Gutiérrez) degradiert worden sind, zu befähigen, in ihren Situationen extremer Ausbeutung und Armut die Möglichkeit von Freiheit und Selbstbestimmung wahrnehmen zu können und sie um ihrer Würde willen zu erkämpfen. »Pädagogisches Handeln versucht dabei, Hilfe zu leisten, die eigene Situation in ihrer Widersprüchlichkeit zu buchstabieren, dabei sich selbst artikulieren zu lernen und gemeinsame Handlungsmöglichkeiten zu erschließen, und zwar ohne das Bewußtsein der Unterdrücker zu übernehmen, sie also noch einmal über sich siegen zu lassen und den Zirkel der Gewalt fortzusetzen.«[41]

Wesentlich für die Befreiungspädagogik ist, daß sie von Anfang an Freiheit und ihre Realisierung nicht individualistisch, sondern kommunikativ durchbuchstabiert: Zielt sie doch – über die Befreiung des einzelnen aus allen Gewalt- und Unterdrückungsverhältnissen hin zur individuellen Autonomie hinaus – auf die Ermöglichung von »Konvivialität«, einer gemeinsamen Lebensform in Gerechtigkeit und Frieden, die im Umgang miteinander bereits ein Stück weit antizipiert wird.[42] Individuelle und gemeinsame, gesellschaftliche Befreiung werden so aufs engste miteinander verbunden und bedingen sich wechselseitig. Das gibt die Kraft und Phantasie, Widerstand zu Bestrebungen systemkonformer Gleichschaltung zu leisten und kreativ Möglichkeiten und Formen eines gemeinsamen Lebens auf Zukunft hin zu erproben.

41 *H. Peukert*, Praxis universaler Solidarität, a. a. O., 185.
42 Vgl. *N. Mette*, Identität in universaler Solidarität, a. a. O., 54 f.

Daß eine solche pädagogische Praxis höchst konfliktträchtig verläuft, steht dazu nicht in Widerspruch. Denn in dem Maße, wie das unterdrückte Bewußtsein überwunden und die Fähigkeit zur Selbstbestimmung erworben wird, wird auch die Notwendigkeit der Transformation in Unterdrückung behaftender Strukturen bewußt. Insofern bedingen sich das Bemühen um Bewußtseinsbildung und das Engagement für eine Überwindung inhumaner Verhältnisse gegenseitig. Pädagogisches Handeln, ethische Bewußtseinsbildung und politische Praxis gehen ineinander über und korrespondieren miteinander. Eine explizit theologische Dimension gewinnt eine solche Praxis dadurch, daß aus der Erinnerung und Verheißung einer absolut befreienden Freiheit – biblisch gesprochen: österlichen Lebens – heraus die Kraft und Zuversicht erwachsen, solidarisch gegen die Widersprüche der eigenen Lebenssituation anzugehen und weder zynischer Selbstbehauptung noch apathischer Resignation das letzte Wort der Geschichte zu lassen.[43]

3.2 Religionspädagogisches Handeln als freiheitsstiftende und -begründende kommunikative Praxis

3.2.1 Zum Verhältnis von Glaube und Erziehung

Es wäre unangemessen, aus den Problemüberhängen, vor die eine pädagogische und ethische Reflexion kommunikativer Praxis gerät, zu folgern, auf dieser Basis konstituiertes pädagogisches Handeln münde unweigerlich in eine religiöse, wenn nicht gar christliche Praxis. Dies widerspräche nicht nur der Autonomie der Erziehungswirklichkeit[44], sondern auch dem Selbstverständnis des christlichen Glaubens.[45] Denn dieser läßt sich zwar argumentativ plausibel machen, aber nicht als zwangsläufig notwendig »beweisen«.

43 Vgl. *H. Peukert*, Praxis universaler Solidarität, a. a. O., 185.
44 Vgl. *K. E. Nipkow*, Religion in der Pädagogik?, in: ZfPäd 38 (1992) 215–234.
45 Vgl. *Th. Pröpper*, Das Faktum der Sünde und die Konstitution menschlicher Identität, in: ThQ 170 (1990) 267–289, bes. 287ff.

Allerdings ist zuzugeben, daß sich vor allem die katholische Kirche lange Zeit schwergetan hat, die Autonomie der Erziehungswirklichkeit gelten zu lassen und von daher in ein konstruktives Gespräch mit der modernen Pädagogik zu gelangen.[46] Bis in lehramtliche Verlautbarungen hinein herrschte ein dogmatisch-deduktives Denken vor, das aus den Tatsachen der göttlichen Offenbarung ein vollkommenes Erziehungs- und Bildungsprogramm ableiten zu können glaubte.[47] In dem Ansatz einer »katholischen bzw. christlichen Pädagogik« wurde dies wissenschaftlich zu untermauern versucht.[48] Sie geht von einer der christlichen Weltanschauung verpflichteten und metaphysisch, phänomenologisch oder transzendentalphilosophisch konzipierten Wesensschau des Menschen aus, die sie dann als Maßstab und Leitbild von Erziehung und Bildung setzt. Daß dieser pädagogische Ansatz sich auf gewichtige theologische Traditionen berufen kann, zeigt die im vorigen Kapitel vorgenommene Skizze der unter christlichem Vorzeichen ausgebildeten Vorstellungen und Konzeptionen von Erziehung und Bildung. Aber auch die Kritik, die dieser Ansatz erfahren hat, ist im geschichtlichen Überblick bereits zur Sprache gekommen: die verhängnisvolle theologische Finalisierung von Erziehung und Bildung (Heilspädagogik), der damit verbundene Anspruch der Kirche auf verbindliche Vorgaben für diesen Bereich und schließlich das Ausblenden ihrer geschichtlichen und empirischen Verfaßtheit.

46 Vgl. zum folgenden bes. *E. Feifel*, Glaube und Erziehung, in: J. Speck/G. Wehle (Hg.), Handbuch pädagogischer Grundbegriffe. Bd. I, München 1970, 537–598, bes. 552–555; *K. E. Nipkow*, Erziehung, a. a. O., 244f.
47 Vgl. *H. Bokelmann*, Die Pädagogik des Konzils, in: Pädagogische Erwägungen nach dem Konzil (Neue Folge der Ergänzungshefte zur Vierteljahresschrift für Wissenschaftliche Pädagogik, Heft 6), 1967, 60–96.
48 Vgl. dazu den kritischen Überblick von *H. Bokelmann*, Die gegenwärtige Erziehungswissenschaft und ihre Fragen an die Theologie, in: H. Vorgrimler/R. V. Gucht (Hg.), Bilanz der Theologie im 20. Jahrhundert. Bd. I, Freiburg/Br. 1969, 234–245; zur frühen Diskussion (20-er und 30-er Jahre dieses Jahrhunderts) vgl. *K. Wegenast* (Hg.), Religionspädagogik. Bd. II, a. a. O., bes. Teil I; aus neuerer Zeit vgl. *W. Böhm*, Was heißt: christlich erziehen?, Würzburg-Innsbruck 1992; *M. Böschen u. a.* (Hg.), Christliche Pädagogik – kontrovers, Würzburg 1992; Reihe »Münstersche Gespräche zu Themen der wissenschaftlichen Pädagogik«, Münster 1984ff.

Dem hier skizzierten – von K. E. Nipkow als »integrale Ableitung« charakterisierten – Modell zum Verhältnis von Glaube und Erziehung liegt ein instruktionstheoretisches Offenbarungsverständnis (d. h. Gottes Offenbarung wird verstanden als Belehrung vor allem durch den göttlichen Lehrer Jesus Christus) zugrunde, das auch die Katechetik nachhaltig geprägt hat und – der »Katechismus der Katholischen Kirche«[49] ist dafür das jüngste Beispiel – bis heute noch prägt[50]: Dieses Konzept »betont einseitig die Bedeutung des wahren Glaubens für das Erlangen wahren, d. h. hier ›ewigen‹ Lebens; es fordert, in weitgehendem Absehen von den Bedingungen und Bedürfnissen personaler Entwicklung, die gehorsame Annahme der von der Kirche verbindlich ausgelegten übernatürlichen Glaubenswahrheiten; seine Realisierung findet es vorzugsweise in einem auf dogmatische Begriffsbildung und konfessionelle Distinktionen abzielenden Katechismusunterricht. Das Konzept«, so kommentieren es G. Bitter und R. Englert treffend mit einem wissenssoziologischen Hinweis, »läßt sich als die religionspädagogische Spiegelung eines der modernen Gesellschaft – als der ›Welt‹ im johanneischen Sinne eines christusfeindlichen Machtbereichs – in äußerster Reserve, vielfach auch in entschiedenem Widerspruch gegenüberstehenden, auf seine Unterschiedenheit und Selbstbehauptung bedachten Katholizismus verstehen.«[51]

Diesem Modell stellen die beiden gerade genannten Religionspädagogen ein anderes Grundmodell im Verhältnis von Glaube und Erziehung gegenüber, das im Unterschied zum vorhergehenden bemüht ist, dem Freiheits- und Autonomiestreben des modernen Menschen aufgeschlossen zu begegnen und Religion als wesentlichen Bestandteil im Identitätsbildungsprozeß herauszustellen. Zugrunde gelegt wird dabei ein anthropologisch-religionstheoretischer Ansatz, der Religion als allgemeines menschliches Phänomen aufzuweisen bemüht ist und entsprechend davon ausgeht, daß es religiöser Erziehung und Bildung darum zu tun sein muß, zur

49 München-Vatikan 1993.
50 Vgl. *J. Werbick*, Was das Christsein ausmacht, in: Religionsunterricht heute 3–4/93, 8–16, bes. 8f.
51 *G. Bitter/R. Englert*, Religionspädagogik, a. a. O., 354.

Förderung der religiösen Anlage beizutragen. Es versteht sich, daß jeglicher konfessionalistischen Engführung innerhalb der Religionspädagogik damit eine Absage erteilt wird.

Exemplarisch sei diese Position an einem ihrer führenden Vertreter im katholischen Raum festgemacht, an W. G. Esser, dessen Antwort auf die Frage »Warum heute *alle* religiöse Erziehung brauchen?« sich thesenartig wie folgt zusammenfassen läßt[52]: Jeder Mensch hat es mit der Grund- und Grenzerfahrung der Getrenntheit von anderen und der Einsamkeit zu tun und strebt danach, diese zu überwinden und zum Einssein zu finden. Aus der Tatsache, daß alle Religionen, wenn auch in unterschiedlicher Weise, auf dieses Grundproblem menschlicher Existenz eine Antwort zu geben versuchen, läßt sich generalisieren, daß genau das die Eigentümlichkeit von Religion schlechthin ist. Insofern gehört die Religion konstitutiv zum Menschsein, ist also kein Sonder- und Nebenbereich; in der Weise, wie jemand mit seiner Einsamkeit um- bzw. Beziehungen eingeht, realisiert er Religion. Das Grundproblem menschlicher Existenz verschärft sich heute in zweifacher Hinsicht:

– Zum einen verstärkt die Erfahrung, im Grunde genommen überflüssig zu sein, die innere Einsamkeit.

– Zum anderen werden die großen Selbstverwundungen sichtbar, die die Menschen sich durch die Religionskritik zugefügt haben: Der Tod Gottes scheint den Tod des Menschen zur Folge zu haben.

Die Chance und Aufgabe der religiösen Erziehung ist es darum, den Menschen die Ursachen der Entfremdung von sich selbst bewußt werden zu lassen und sie »in den einzelnen umgreifende und übergreifende Beziehungen« einzuweihen, einzuüben und einzuleben, »die ihn aus seiner Einsamkeit und Bedeutungslosigkeit befreien«[53]. Mit Blick auf die Herausforderungen der Gegenwart gibt Esser für die religiöse Erziehung heute zwei zentrale Zielrichtungen an:

---

52 Vgl. zum folgenden *W. G. Esser*, Warum heute alle religiöse Erziehung brauchen, in: KatBl 118 (1993) 304–313; vgl. auch *ders.*, Gott reift in uns. Lebensphasen und religiöse Entwicklung, München 1991.

53 *W. G. Esser*, Warum heute alle religiöse Erziehung brauchen, a. a. O., 305.

- Hilfe zur Entwicklung des ganzen Menschen;
- Teilnahme an der globalen Revolution.

Die (allgemeine) Grundbedeutung von Religion manifestiert sich unweigerlich in (besonderen) Religionen. Anhand der jesuanisch-christlichen Botschaft zeigt Esser exemplarisch auf, wie sehr sich in ihr das Grundanliegen von Religion wiederfinden läßt, nämlich den Menschen aus seiner Isoliertheit zu befreien und ihn in Beziehung – zu Gott und den anderen Menschen – zu setzen. Auf diese Mitte hat sich religiöse Erziehung (im hiesigen Kontext) zu konzentrieren.

Die Kritik an einem solchen Grundmodell fächert sich in mehrere Argumentationsstränge aus: Zum einen werden seine anthropologischen und religionstheoretischen Grundannahmen problematisiert, wie etwa die, daß sie einen allgemein gültigen Religionsbegriff beanspruchen und dabei übersehen, wie dieser seinerseits von einem ganz bestimmten geistesgeschichtlichen Kontext her (Aufklärung etc.) geprägt ist und darum auch in anderen Kontexten (z. B. fernöstliche Religionen) nicht mehr zutrifft, oder daß sie eine sublime Apologetik betreiben, indem jedem Menschen zwar nicht mehr der christliche Glaube, aber doch Religion als heilsnotwendig zugeschrieben wird u. a. m.[54] Zum anderen werden gewichtige Einwände aus theologischer Sicht vorgetragen. Dieses Grundmodell, so kritisieren etwa G. Bitter und R. Englert, »kehrt einseitig die Bedeutung ›authentischen‹ Lebens als Kriteriologie ›authentischen‹ Glaubens hervor; es bringt die Lebenserfahrungen und -hoffnungen der Zeitgenossen als Tauglichkeitskriterium der Glaubensbotschaft in Anschlag und führt zu einer selektiven, die Mitte und die Hierarchie der Wahrheiten vielfach vernachlässigenden Rezeption des überlieferten Glaubens; Glauben-Lernen wird hier möglichst als integriertes Moment eines allgemeinen Individuations-, Identitätsbildungs- oder auch Emanzipationsprozesses gesehen«[55]. Gerade vom christlichen Glauben her müsse einer sol-

---

54 Vgl. hierzu am gründlichsten *K. E. Nipkow*, Grundfragen der Religionspädagogik. Bd. 1, Gütersloh 1975, 129–168; vgl. auch *R. Englert*, Glaubensgeschichte und Bildungsprozeß, München 1985, 57–66.
55 *G. Bitter/R. Englert*, Religionspädagogik, a. a. O., 355. Vgl. noch grundsätzlicher *M. Weinrich*, Die Religion der Religionspädagogen, in: rhs 32 (1989) 51–57.

chen Reduktion von Religion widersprochen werden. So richtig und wichtig es auch sei, daß Religion als etwas erfahrbar werde, was dem Menschen gut tue, so könne das doch leicht darauf hinauslaufen, dieses Gut-Tun an vordergründigen menschlichen (Erfolgs-)Maßstäben zu messen und das (– auch um der Menschen willen –) kritische und widerständige Moment von Religion außer acht zu lassen.

Diese theologiekritische Perspektive begegnet exemplarisch in J. Werbicks Auseinandersetzung mit dem Ansatz von W. G. Esser[56]: Wo als Kriterium für Religion und damit auch für Gott dermaßen ausschließlich, so wendet Werbick gegenüber Esser ein, ihre Funktion für die Lösung eines anthropologischen Grundproblems angeführt werde, drohe Gott zu einem »Existenz-Lückenbüßer« gemacht zu werden. Einen Gott, den man brauche, verbrauche man leicht. Demgegenüber sei daran zu erinnern: »Die authentischen religiösen Traditionen sprechen davon, daß Gott ins Leben, in die Wahrnehmung, die Erfahrung eintritt, ja einbricht, daß er vernehmbar wird; und daß der Mensch, der dieser Erfahrung, dieses Wortes teilhaftig wird, *daraufhin* anders lebt, andere Fragen stellt, einer anderen Herausforderung folgt, von anderen Gewißheiten und auf andere Gewißheiten hin lebt.«[57] Deshalb kann, so folgert Werbick, religionspädagogische Praxis nicht darin bestehen, sich in einem vermeintlich vorgegebenen anthropologischen Problemhorizont zu bewegen und dafür passende Lösungen bereitzuhalten. Sondern sie muß dazu herausfordern, diesen Problemhorizont selbst nochmals zu hinterfragen, den selbstverständlich gewordenen Blickverengungen Widerstand entgegensetzen und so neue Perspektiven eröffnen. »Religionspädagogische Praxis wird Kontexte hinzuerzählen und analytisch rekonstruieren, in denen uns mehr fraglich wird als in den technisch-ökonomisch mehr oder minder lösbaren Problemen unserer Arbeits- und Genußwelt, in denen uns aufgehen kann, wer und was unsere Wirklichkeit zutiefst bestimmt – zum Heil oder zum Unheil, wer uns den Blick und

---

56 Vgl. *J. Werbick*, Brauchen wir religiöse Erziehung?, in: KatBl 118 (1993) 314–321.
57 Ebd., 318.

unsere Schritte lenkt; in denen uns aber auch wahrnehmbarer werden kann, daß das Hier und Jetzt ›Moment‹ einer Geschichte ist, in der es um Gerechtigkeit geht – in der es um viel mehr geht als um das, womit man uns hier und jetzt abspeisen will. Die Kontexte, auf die hin Religionsunterricht den Blick weiten will, lassen das Hier und Jetzt im Zusammenhang einer Geschichte erscheinen, in der letztlich auf dem Spiel steht, ob (und wie) Gottes Heilswille geschieht, ob sein Reich uns ergreift, sein Geist uns hineinzieht in das Geschehen seines Willens, seiner Gerechtigkeit.«[58]

Religiöse Erziehung und Bildung, so verstanden, nehmen die Dialektik ernst, daß der christliche Glaube eine Wahrheit ist, »die neue Identität eröffnet, zugleich aber – angesichts der faktischen Sünde – Umkehr zumutet und für Gottes Gerechtigkeitswillen beansprucht«[59]. Diese seine Wahrheit findet der Glaube allerdings nicht, wenn er nur dogmatisch behauptet und gelehrt wird; sondern sie bewährt sich in den »realen Vermittlungsprozessen« dieses Glaubens, »durch die alle zur Freiheit vor Gott Bestimmten sich zu ihrem Subjektsein tatsächlich ermutigt erfahren und so ihre theonome Bestimmung aus autonomer Zustimmung zu vollziehen vermögen«[60].

Aus diesen Überlegungen ergibt sich gewissermaßen ein drittes Grundmodell im Verhältnis von Glaube und Erziehung, das sich von einem gemeinsamen leidenschaftlichen Interesse an der Freiheit des Menschen und entsprechend der Auflösung von konkreten Entfremdungs- und Unterdrückungszusammenhängen leiten läßt, somit an dem emphatischen Gehalt von Bildung als »Menschwerdung des Menschen im Horizont der einen Menschheit«[61] festhält, das dabei allerdings deren unterschiedlich akzentuierten Freiheitstraditionen kritisch-korrelativ aufeinanderbezieht und nicht zugunsten der Auflösung in die eine oder andere Richtung einfach

---

58 Ebd., 320. Zur Position J. Werbicks vgl. u. a. ausführlicher *ders.*, Glaubenlernen aus Erfahrung. Grundbegriffe einer Didaktik des Glaubens, München 1989.
59 *Th. Pröpper*, Das Faktum der Sünde und die Konstitution menschlicher Identität, a. a. O., 289.
60 Ebd.
61 *H. Peukert*, Über die Zukunft von Bildung, a. a. O., 131.

miteinander identifiziert.[62] Dazu ist es unerläßlich, nunmehr an die pädagogischen Überlegungen wenigstens in Grundzügen auch eine theologische Bestimmung von Freiheit und Befreiung anzuschließen.

3.2.2 »Zur Freiheit befreit« (Gal 5,1)

»Das Evangelium und in Verbindung damit der christliche Glaube, ebenso die Kirche als Gemeinde aller Glaubenden sind in der Sicht des Neuen Testaments nicht nur keine Größen, welche die Freiheit unterbinden, minimalisieren oder gar unterdrücken würden, sondern sie sind, theologisch betrachtet, wirksame Garanten der Freiheit, ja sogar ihre letzte Grundlage und Sicherung.«[63] Das biblische Freiheitsverständnis verdankt sich allerdings nicht, wie dieses Zitat vermuten lassen könnte, philosophischen Diskursen, sondern den Erfahrungen von Gottes befreiendem Handeln in der Geschichte. So bezeugt z. B. Paulus, wenn er das Evangelium als jene Freiheit proklamiert, zu der Jesus befreit und berufen hat (Gal 5,1.13), genau diese Erfahrung, die auch ihm zuteil geworden ist und die er in dem Glaubensbekenntnis zusammenfassen kann: »Wo der Geist des Herrn wirkt, da ist Freiheit« (2 Kor 3,17). Der christliche Glaube hat – in notwendiger Verbindung mit der ihm vorausliegenden und andauernden Geschichte des befreienden Bundes Gottes mit Israel – darin seinen Grund, daß sich in Leben, Tod und Auferweckung Jesu der alles entscheidende Übergang von der alten todbringenden zur neuen österlichen Welt vollzogen hat. Im Lichte Christi als der einzig bleibenden Wirklichkeit, die Leben eröffnet – für Vergangenes, Gegenwärtiges und Zukünftiges –, werden erniedrigende und vernichtende Zwänge außer Kraft gesetzt. Die

---

62 Vgl. dazu grundlegend *J. B. Metz / J. Moltmann / W. Oelmüller*, Kirche im Prozeß der Aufklärung, München-Mainz 1970.

63 *J. Blank*, Das Evangelium als Garantie der Freiheit, Würzburg 1970, 35. – Vgl. zum folgenden auch: *R. Berthouzo*, Gnade und Freiheit, in: P. Eicher (Hg.), Neue Summe Theologie. Bd. 2, Freiburg 1989, 205–236; *O. H. Pesch*, Freiheit als Gabe und Aufgabe, in: rhs 29 (1986) 141–153; *Th. Pröpper*, Erlösungsglaube und Freiheitsgeschichte, München ²1988; *ders.*, Art. Freiheit, in: NHbThG (erw. Neuausgabe), Bd. 2, 66–95.

»Freiheit der Kinder Gottes« (Röm 8,21) ermöglicht ein Tun der Versöhnung und Gerechtigkeit, der Liebe und Solidarität. Ihr Maß findet sie in jener Freiheit, wie sie Jesus gelebt und praktiziert und in seiner Predigt von dem nahegekommenen und angebrochenen Reich Gottes kommentiert hat. »Seine Heilungen signalisieren das Ende der Mächte; sein Aufruf zur Sorglosigkeit, Armut und Feindesliebe entspricht der Freude an Gottes Kommen und seiner unbegrenzten Güte. Im Blick auf ihn, der das Heil aller Welt will, kann Jesus die geltenden Trennungen mißachten, den Verlorenen nachgehen und Sünden vergeben. Mit der Autorität ursprünglicher Gottesgewißheit kritisiert er die Religion, wo sie Menschen und Gott und sich selber entfremdet, interpretiert das den Menschen gegebene Gesetz im Interesse der Menschen und ermächtigt zur Freiheit der Liebe, die das Gesetz überbietet, weil sie eins ist mit Gottes Willen und offen zum Nächsten. Jesu Vollmacht aber ist sein Gehorsam: Freiheit des Sohnes, die – allein und unmittelbar an den Gott der Liebe gebunden – den Gegensatz von Autonomie und Heteronomie in sich aufhebt. Aus dem Grund dieser Liebe ist sie Freiheit für andere, im Vertrauen auf sie Bereitschaft zur Ohnmacht und in der Treue zu ihr Hingabe des Lebens.«[64]

Als durch Jesus Christus ermöglicht und an ihm orientiert kann demnach christliches Handeln nichts anderes sein als freiheitsstiftendes und -begründendes Handeln. Umgekehrt wird gegen es verstoßen, wo – offen oder sublim – auf Mittel des Zwangs und der Gewalt zurückgegriffen wird oder wo auf Kosten der Durchsetzung der eigenen Freiheit die Freiheit des anderen beschnitten oder zunichte gemacht wird.

Gegenüber solchen immer wieder anzutreffenden Tendenzen zu einer Halbierung des Freiheitsverständnisses und einer entsprechenden Praxis – sei es in den eigenen Reihen, sei es im kulturellen oder politischen Bereich – sind darum vom christlichen Glauben her folgende grundlegende Bestimmungen in Anschlag zu bringen[65]:

64 *Th. Pröpper*, Freiheit, a. a. O., 380.
65 Vgl. zum folgenden insbesondere *Th. Pröpper*, Erlösungsglaube und Freiheitsgeschichte, a. a. O.

1. Den biblischen Schriften zufolge nehmen der jüdische und der christliche Glaube von grundlegenden Erfahrungen der Befreiung aufgrund Gottes Handeln in der Geschichte ihren Ausgangspunkt. Der Name Gottes ist in dieser Tradition unmittelbar mit diesen Erfahrungen verknüpft; er »bürgt für Freiheit«[66]. (Theologische Dimension)

2. In einer solchen umfassenden Befreiung zur Freiheit erblickt die biblische Tradition die von Gott gewollte Bestimmung des Menschen. Dadurch, daß er seine Freiheit als Geschenk ergreifen und annehmen darf, ist er von dem Zwang und der Last befreit, sie selbst machen, d. h. »unmittelbar durch sich selbst sein zu müssen«[67]. (Anthropologische Dimension)

3. Diese Freisetzung zur Freiheit ist für den Menschen allerdings nicht nur Gabe, sondern auch Aufgabe. Denn es widerspräche ihr, würde sie nur für einen allein beansprucht. Sie drängt vielmehr auf gegenseitige Anstiftung zu und kommunikative Realisierung dieser Freiheit. Sie vollzieht sich als eine Praxis, in der dem anderen unbedingte Anerkennung zuteil wird, ohne dafür seinerseits Vorleistungen erbringen zu müssen. (Soziale Dimension)

4. Die Universalität der Liebe Gottes entspricht der Aufforderung und Befähigung, die ihr verdankte Freiheit nicht nur in einem intersubjektiven Handeln »face to face« zur Darstellung kommen zu lassen, sondern universal zu bezeugen. Das verpflichtet zur Wahrnehmung von und zu solidarischem Einsatz gegen alle Formen sowohl psychischer als auch sozialer Entmündigung und Unterdrückung von Menschen. Christliche Freiheit vollzieht sich in einer Praxis universaler Solidarität und konkreter Parteinahme vor allem für die Armen und Unterdrückten.[68] (Politische Dimension)

5. Was es heißt, zur »Freiheit der Kinder Gottes« (Röm 8,21) berufen zu sein, findet modellartigen Ausdruck in einer bestimmten Sozialform, in der in der Weise des Miteinander- und Für-andere-Daseins die in Jesus Christus angebrochene und von ihm verhei-

---

66 *F. Kamphaus*, Gottes Ja – unsere Freiheit, Limburg 1987, 41.
67 *Th. Pröpper*, Freiheit, a. a. O., 402.
68 Vgl. außer den einschlägigen Beiträgen von *J. B. Metz*, *H. Peukert* und *E. Schillebeeckx* auch *G. Baum*, Compassion and Solidarity, Montreal 1987, sowie *G. Collet*, Option für die Armen, in: NHbThG (erw. Neuausgabe), Bd. 4, 128–151.

ßene endgültige und umfassende Befreiung realsymbolisch vergegenwärtigt wird. (Ekklesiologische Dimension)
6. Christliche Freiheit ist und bleibt ein Geschenk, »das uns nach der christlichen Botschaft auf dieser Welt immer nur als ›Angeld‹ zuteil wird: in den Fragmenten des Gelingens von Freiheit, deren Vollgestalt erst einer Existenzform des Menschen nach diesem geschichtlichen Dasein verheißen ist. In der Freiheitsgeschichte der Menschheit wirkt diese Vollgestalt voraus, wo diese Freiheitsgeschichte so begriffen und ergriffen wird«[69]. (Eschatologische Dimension)

3.2.3 »Erziehung des Herrn« (Eph 6,4)

Die biblischen Traditionen sind zu wenig an Erziehungs- und Bildungsfragen ausdrücklich interessiert und zudem zu stark in den Erziehungsvorstellungen ihrer Zeit befangen, als daß sich in ihnen eine Konkretisierung des grundlegenden Freiheitsverständnisses für die Erziehung auffinden ließe.[70] Die gängigen Erziehungspraktiken der damaligen Zeit werden jedenfalls nicht in Frage gestellt. Aber wenn auch verhalten und wohl kaum mit unmittelbaren nachhaltigen Auswirkungen bahnt sich gerade mit der prophetisch-messianischen Tradition in der Bibel eine »revolutionäre« Sichtweise von Kindern – und zwar Jungen und Mädchen – an: als Offenbarungsträger und Künder der wahren Art der verheißenen Welt.[71] Deutlich inspiriert davon ist dann auch Jesu Umgang mit den Kindern, wie er von den Synoptikern erzählt wird (vgl. Mk 10, 13–16 parr; Mk 9, 33–37 parr): Hier erfahren die geläufigen

---

69 *O. H. Pesch*, Freiheit als Gabe und Aufgabe, a. a. O., 151. Vgl. auch *E. Schillebeeckx*, Befreiende Theologie, in: ders. (Hg.), Mystik und Politik, Mainz 1988, 56–71.

70 Vgl. dazu die Art. »Erziehung« u. ä. in den einschlägigen Bibellexika; vgl. darüber hinaus vor allem *W. Jentsch*, Urchristliches Erziehungsdenken, Gütersloh 1951, sowie z. B. *A. Wuckelt*, »Hast du Söhne, so halte sie in Zucht... Hast du Töchter, so behüte sie...« (Sir 7,23f). Erziehung aus der Bibel?, in: KatBl 114 (1989) 711–718.

71 Vgl. ausführlicher *N. Mette*, Kinder in der Bibel, in: V. Merz (Hg.), Alter Gott für neue Kinder?, Freiburg/Schw. 1994. Vgl. auch *H. v.Hentig*, Der glimmende Docht. Oder: Seht, die Kinder! Gedanken über eine Verheißung des Propheten Jesaja/Jesaja 42, 1–9, in: Neue Sammlung 27 (1987) 459–480.

Vorstellungen von Kindern sowie die daran orientierten Verhaltensmuster zwischen Erwachsenen und Kindern eine folgenreiche Umkehr.[72] Auch wenn es sich bei diesen Szenen um eschatologische Zeichenhandlungen handelt, die nicht einfach pädagogisch uminterpretiert werden dürfen, können sie gleichwohl »als tiefgründige theologische Chiffre für die christliche Erziehung entziffert werden: Christliche Erziehung soll ein gemeinsames Lernen vor Gott sein und dadurch ein wechselseitiges Lernen der Erwachsenen, Kinder und Jugendlichen voneinander«.[73] Ja, mehr noch, es geht darum, den Kindern, die darauf angewiesen sind, allererst jenen elementaren Schutz angedeihen zu lassen, den sie benötigen, um leben zu können.[74]

Das Neue Testament dokumentiert aber auch, wie schwer es offensichtlich fällt, dieser Praxis Jesu mit den Kindern nachzufolgen. Die paulinischen und Pastoralbriefe zeigen bereits wieder eine Vorstellung von Erziehung, die voll und ganz den traditionellen Vorstellungen folgt: Weisung und Gehorsam, Anstand und Zucht sind die zentralen Begriffe in den Erziehungsratschlägen an die Eltern und Gemeinden (vgl. z. B. Eph 6, 11.4; 1 Tim 3,4).

Aber eine grundlegend neue Sichtweise wird doch beibehalten, wenn auch noch nicht unbedingt in praktische Konsequenzen umgesetzt: Indem in Eph 6,4 die Worte »paideia« und »nuthesia« (Zucht und Weisung) mit dem Genitiv »kyriou« (des Herrn) verbunden werden, gewinnt der Erziehungsvorgang als ganzer eine neue Sinnrichtung. Er wird für die Gläubigen zu einem von Jesus Christus bestimmten und inspirierten Tun.[75] Was das heißt, hat W. Bartholomäus wie folgt prägnant umrissen: »In der neuen Welt

72 Vgl. *H.-R. Weber*, Jesus und die Kinder, Hamburg 1980. Vgl. insgesamt *P. Müller*, In der Mitte der Gemeinde. Kinder im Neuen Testament, Neukirchen-Vluyn 1992.
73 *K. E. Nipkow*, Grundfragen der Religionspädagogik. Bd. 3, Gütersloh 1982, 39; vgl. auch *N. Mette*, »Und er stellte ein Kind in ihre Mitte« (Mk 9, 36) – Kinder als Vorbilder der Jüngerschaft, in: RL 21 (1992) 35–38.
74 Vgl. *W. Stegemann*, Lasset die Kinder zu mir kommen. Sozialgeschichtliche Aspekte des Kinderevangeliums, in: W. Schottroff/ders. (Hg.), Traditionen der Befreiung. Bd. 1, München-Gelnhausen 1980, 114–144.
75 Vgl. *E. Feifel*, Glaube und Erziehung, a. a. O., 549ff; *W. Bartholomäus*, Einführung in die Religionspädagogik, a. a. O., 88–95.

Gottes ist den Menschen eine Erziehungsbeziehung möglich und auferlegt, die die Betroffenen, Eltern wie Kinder, zur Entfaltung aller ihrer Lebensmöglichkeiten bringt. Erziehung ist dazu freigestellt von der Sorge um das Heil. Nicht sie bringt die heilende Gottesherrschaft hervor, sondern Gott. Darum können sich Erzieher absichtslos am anderen interessiert zeigen: an dem, was der andere als seine Not erlebt.«[76]

Solches vom Evangelium freigesetzte erzieherische Handeln grenzt sich von jeglicher Pädagogik ab, »die durch gesetzliche Ideale, Vorstellungen, Maßnahmen Heranwachsenden zu ihrem vollen Menschsein verhelfen zu wollen sich anmaßt«[77]; es entlastet zugleich vom Anspruch eines Sich-Bilden-Wollens auf Gott hin, wie es dem hellenistischen Bildungsideal vorschwebte. Im übrigen bedingt der Geschenkcharakter des Glaubens eine Grenze, die auch in der expliziten religiösen Erziehung nicht überschritten werden darf.

Exkurs: Tradierung des Glaubens in biblischer Sicht

Gegen die hier skizzierte biblische Grundlegung eines christlichen Verständnisses von Erziehung und Bildung könnte vorgebracht werden, es erweise sich spätestens dann als unzureichend, wenn es um *religiöse* Erziehung und Bildung – also die unmittelbare Weitergabe der Glaubensüberlieferung – gehe. Dabei stehe unweigerlich die Lehre im Vordergrund; gehe es doch zentral um die Vermittlung von Glaubensinhalten. Und nicht zufällig werde Jesus im Neuen Testament als Lehrer bezeichnet.

Daß Glaube und Lehre in der jüdisch-christlichen Tradition etwas miteinander zu tun haben, ist nicht zu bestreiten.[78] Der Glaube bedarf der lehrhaften Artikulation, soll über ihn Rechenschaft abgelegt werden können. Von daher ist es naheliegend, daß es sowohl im Judentum als auch im Christentum zur Institutionalisie-

---

76 Ebd., 92 f.
77 *S. Schmutzler*, Jesus Christus – eine »grundsätzliche Wende in der Geschichte der Pädagogik?«, in: EE 39 (1987) 196–213, hier: 199.
78 Vgl. *J. Werbick*, Was das Christsein ausmacht, a. a. O., 9 f.

rung des Lehrens und Lernens (der Glaubensüberlieferung in der Bibel und als »Dogmatik« systematisiert) gekommen ist: in Schulen (Lehrhäusern) durch Unterricht (Katechese) mithilfe einer mehr oder weniger gelungenen Didaktik von eigens dazu ausgebildeten Lehrern (Katecheten).[79]

Aber die Eigenart des Glaubens wird verfälscht, wenn dieser lehrhafte Aspekt absolut gesetzt und vom lebendigen Vollzug losgelöst wird. Dann kommt es zur »Versteinerung« (Petrifizierung) der Tradition, die zwar als »depositum fidei« (Glaubens- und Sittenlehre) bewahrt und behütet, aber nicht selten nur noch mit großer Mühe als Selbstmitteilung Gottes entziffert werden kann.[80]

Das biblische Traditionsverständnis ist demgegenüber völlig anders[81]: Es geht um die Geschichte des befreienden Handelns Gottes, die erinnert und weitererzählt wird (dialogisches Geschehen), insbesondere von der einen Generation zur nächsten, die mit den (liturgischen) Bräuchen, Rechtssatzungen etc. vertraut zu machen ist (intergenerativer Prozeß), wobei dieses Weitererzählen so geschieht, daß das damals Festgehaltene in die je heutige Situation hinein übersetzt wird, daß die alten Verheißungen die Selbstverständlichkeit der gegenwärtigen Praxis aufsprengen und neu nach dem »wahren Leben« fragen lassen (praktische Erinnerung).

Es wäre ein Mißverständnis, würde man das alles nur für eine Frage der Methodik halten, die den inhaltlichen Kern des Glaubens unberührt läßt. In diesem Tradierungsverständnis kommt vielmehr treffend zum Ausdruck, daß die »Sache«, um die es im Glauben geht, die Weise ihrer möglichen Mitteilung bestimmt und

---

79 Vgl. z. B. *P. Höffken*, Aspekte des Lehrens und Lernens im Alten Testament und frühen Judentum, in: Glaube und Lernen 6 (1991) 121–132.

80 Vgl. *J. Verweyen*, Der Weltkatechismus. Therapie oder Symptom einer kranken Kirche?, Düsseldorf 1993, bes. 38–52.

81 Vgl. bes. *J. Ebach*, Verstehen, Lernen und Erinnerung in der hebräischen Bibel, in: EE 38 (1986) 106–117; ein sehr plastischer Bericht ist: *P. Lapide*, Wenn mein Kind fragt. Erinnerung und Tradition im jüdischen Glauben, in: das baugerüst 41 (1989) 52–58. – Zur jüdischen Religionspädagogik, die von christlicher Seite bislang viel zu wenig beachtet worden ist, vgl. überblicksartig *D. Vetter*, Religionspädagogik. 1. Jüdisch, in: A.Th. Khoury (Hg.), Lexikon religiöser Grundbegriffe, Graz/Wien/Köln 1987, 925–929; vgl. als ein Beispiel *R. Koerrenz*, Das Judentum als Lerngemeinschaft. Die Konzeption einer pädagogischen Religion bei Leo Baeck, Weinheim 1992.

umgekehrt aus dem Vorgang ihrer Mitteilung erschlossen werden können muß.[82]

Nicht zufällig wird darum im Neuen Testament mit dem Verb »paradidonai« (ausliefern, überliefern) die Mitte von Jesu Wort[83] und Werk umrissen. Dazu sei die einprägsame Erläuterung von H. Verweyen zitiert: »In Sorge um eine gesicherte ökonomische wie geistige Existenz unterwerfen wir uns nur zu gern Gruppenzwängen der verschiedensten Art. Dagegen macht Jesus in seinem Reden und Tun kompromißlos klar, daß Gottes schrankenlose Güte sich auf alle Menschen ohne Rücksicht auf gesellschaftliche oder religiöse Zuordnungen erstreckt. So einer muß liquidiert werden; er stellt unsere mühevoll abgezirkelte Identität in Frage. Die Auslieferung Jesu durch Menschen, ja durch seine engsten Vertrauten, an die Gewalt war eine im Grunde schon vom Anfang seiner Botschaft vorauszusehende Folge (erster Aspekt von ›traditio‹). Gott läßt sich aber nicht von seinem Kurs abbringen. Er streckt die Gewalttätigen nicht herrschaftlich zu Boden, sondern antwortet mit dem Gegenteil von Gewalt. Von daher wußte Jesus – und wissen alle, die ihm folgen –, daß die Brutalität der Menschen, die sich an ihm austobte (und die sich letztlich gegen Gott richtet, den er transparent gemacht hat), zu seiner Sendung durch den Vater gehörte. Letztlich war es Gott, der ihn – in diesem Sinne! – an die Gewalt auslieferte (zweiter Aspekt). Indem Jesus seiner Sendung bis zum letzten Vollbringen treu blieb, gab er sich freiwillig hin, lieferte er sich selbst – in diesem Sinne! – an die Gewalt aus (dritter Aspekt). Wer dies versteht, weiß, daß damit alle todbringende Gewalt ihre Kraft verloren, sich wirklich ›aus-getobt‹ hat: daß wir keinen Grund mehr zur Angst haben. ›Durch sein Sterben hat er unseren Tod vernichtet…‹ Der Tod hat keinen Stachel mehr (vgl. 1 Kor 15,55). Das ist nun allerdings alles andere als ein bloß theoretisches, objektives ›Wissen‹. Diese Evidenz macht eine neue Krea-

---

82 Vgl. H. Peukert, Wissenschaftstheorie – Handlungstheorie – Fundamentale Theologie, a. a. O., 349.
83 Zum Verständnis von »Jesus als Lehrer« vgl. D. Dormeyer, Jesus als Modell weisheitlichen und prophetischen Lernens und Lehrens, in: H. Ulonska/ders. (Hg.), Die Bibel. Erleben, Verstehen, Weitersagen, Rheinbach-Merbach 1994, 13–38; vgl. auch W. Bruners, Wie Jesus glauben lernte, Freiburg/Br. 1988.

tur aus uns (vgl. 1 Kor 5,14–17) und bleibt nur dadurch lebendig, daß wir sie in unserer Existenz bezeugen. Allein in solcher Überlieferung bleibt die durch Jesu Auslieferung gewonnene Befreiung von den Mächten des Todes offenbar (vierter Aspekt von traditio).«[84]

3.2.4 Befähigung zur Identität in universaler Solidarität

Anknüpfend an das dargelegte theologische Freiheitsverständnis besteht eine christlich orientierte Erziehung und Bildung darin, Heranwachsende in einer an Jesu Christi Praxis orientierten und von seinem Geist inspirierten Weise des Umgangs mit ihnen so mit den Verheißungen des Reiches Gottes in Berührung kommen zu lassen, daß sie Vertrauen und Zuversicht gewinnen, sich in ihrem Leben auf den eröffneten Weg der Freiheit einzulassen und sich für ihn einzusetzen. Für den Heranwachsenden wird das zuallererst dadurch erfahrbar, daß er die Erfahrung unbedingter Bejahung und Anerkennung machen kann, wie sie ihm von den Erziehenden vermittelt wird und die ihn dazu ermutigt und befähigt, die ihm eröffnete Freiheit auch realisieren zu lernen. Für die Erziehenden bedeutet es umgekehrt eine Befreiung, vertrauen zu dürfen, im pädagogischen Handeln Freiheit nicht erst herstellen zu müssen, sondern als Geschenk darstellen zu dürfen, wenngleich das für sie heißen kann, bereit zu sein, »sich selber zurückzustellen, sich einzusetzen, das Eigene zu vergessen«[85].

In der Formel »Identität in universaler Solidarität« als zusammenfassender Umschreibung für die Leit- und Zielvorstellungen solcher Erziehung sind treffend ihre beiden Pole zum Ausdruck gebracht:

– Auf der einen Seite dient eine so konzipierte religiöse Erziehung den Heranwachsenden in der Aufgabe ihrer Identitätsbildung. Menschliche Identität kommt dem hier skizzierten Glaubensverständnis zufolge dann zu ihrer adäquaten Bestimmung, wenn der Mensch sich auf die erlösende und befreiende Wirklichkeit Gottes

84 *J. Verweyen*, Der Weltkatechismus, a. a. O., 39 f.
85 *Th. Pröpper*, Erlösungsglaube und Freiheitsgeschichte, a. a. O., 222.

einläßt, sich von ihm prinzipiell geliebt und in Freiheit gesetzt weiß und diese Erfahrung in seinem Handeln seinen Mitmenschen zuteil werden läßt. Entsprechend lädt religiöse Erziehung die Heranwachsenden ein, ihrerseits die Wahrheit des Glaubens als Herausforderung zu einer solidarischen und befreienden Lebenspraxis zu entdecken und sich gemeinsam mit anderen darauf einzulassen. Dazu gehört, daß diese Wahrheit als etwas erfahrbar wird, das sich die Heranwachsenden nicht selbst zu sagen vermögen, das aber ihren Sehnsüchten nach einem »Leben in Fülle« nahekommt, diese möglicherweise zuallererst weckt oder kritisch korrigiert und entfaltet und Wege zu ihrer – wenn auch fragmentarisch bleibenden – Umsetzung weist.[86] So verstandene religiöse Erziehung erhebt Einspruch dagegen, daß Menschen ihre Würde vorenthalten wird oder daß das Leben in allen seinen Zügen funktionalisiert und damit banalisiert zu werden droht. Sie widersetzt sich den Bestrebungen, daß der Mensch von früh an auf seine gesellschaftlich erwünschten Verhaltensmuster reduziert oder auf die Erfordernisse einer auf die Logik der Expansion fixierten Konsumgesellschaft hin dressiert wird. Statt der Bildung einer allein auf den eigenen Vorteil, am Haben und Besitzen orientierten Identität versucht sie, eine Identitätsbildung zu ermöglichen, die nicht dazu anhält, das eigene Selbst gegen andere zu behaupten und durchzusetzen, sondern ermutigt, im kreativen Umgang mit ihnen sich in seiner Einmaligkeit und Unverwechselbarkeit zu erkunden und zu erproben.

– Auf der anderen Seite heißt, wie bereits angedeutet, die Befähigung zur Identität in universaler Solidarität als Ziel und Aufgabe religiöser Erziehung, daß die gesellschaftlich-strukturelle Komponente eines solchen Handelns ausdrücklich berücksichtigt werden muß, daß es also nicht auf einen individuell-intersubjektiven Bereich beschränkt werden darf. Denn das Bekenntnis zum Gott Jesu Christi ist gekoppelt an die entschiedene Parteinahme zugunsten

---

86 Vgl. *J. Werbick*, Religiöse Erziehung, in: U. Ruh u. a. (Hg.), Handbuch religiöser Gegenwartsfragen, Freiburg/Br. 1986, 400–405; *H. Luther*, Identität und Fragment, in: ders., Religion und Alltag. Bausteine zu einer Praktischen Theologie des Subjekts, Stuttgart 1992, 160–182; *N. Mette*, Identität ohne Religion?, a. a. O.

der Subjektwerdung aller Menschen. Gerade das muß in besonderer Weise aufmerksam werden lassen für die, denen die Ausbildung ihrer Identität in Freiheit verwehrt wird, die in Nicht-Identität gehalten werden. Religiöse Erziehung, die sich vom Ziel leiten läßt, für alle gemeinsames Leben auf Zukunft hin zu ermöglichen – und zwar in Absage an die destruktiven Tendenzen in der gegenwärtigen Gesellschaft –, und die das nicht in konkreten Zeichen und Aktionen der Solidarität mit denen, die ihrer Zukunft beraubt werden, manifestiert, bleibt hinter dem Freiheitszuspruch und -anspruch des Evangeliums zurück.

Mit einer solchen Bestimmung und Umschreibung religiöser Erziehung wird aufgegriffen und zu konkretisieren versucht, was christlichem Glauben zufolge für das Subjektsein- und -werden-Können konstitutiv ist, nämlich seine Gebundenheit an das »konstitutionelle Mit-Anderen-sein«[87]. Nur wo das Ich, so hat es insbesondere J. B. Metz ausgeführt, sich an den Anderen, mit den Anderen, für Andere – womit sowohl die Lebenden, fern und nah, als auch die Toten, insbesondere die Besiegten und Opfer, gemeint sind – erfährt und bewährt, kommt es zu sich selbst und weiß es um seine wahre Tiefe – bis in die religiöse Dimension hinein, vermag es also authentisch Ich zu sagen. Denn wo es ganz und gar um das eigene Selbst gehe, gehe es nie nur um dieses Selbst allein. Das zeige sich gerade an den lebensprägenden Hoffnungen, deren Matrix nicht bloß die eigene isolierte Lebenszeit bilde, sondern immer auch und unumgänglich die Zeit der Anderen; nicht nur der eigene Untergang im Tod, sondern der Untergang der Anderen; ihr Tod halte die eschatologische Unruhe im eigenen Herzen wach. Im Synodenbeschluß »Unsere Hoffnung« ist das wie folgt formuliert: »Gottes Reich zu hoffen wagen – das heißt immer, es im Blick auf die anderen zu hoffen und darin für uns selbst. Erst wo unsere Hoffnung für die anderen mithofft, wo sie also unversehens die Gestalt und die

---

87 Vgl. zum folgenden *J. B. Metz*, Glaube in Geschichte und Gesellschaft, Mainz 1977, bes. 44–74; *ders.*, Religion, ja – Gott, nein, in: ders./T. R. Peters, Gottespassion, Freiburg/Br. 1991, 11–62, bes. 39–46. Vgl. auch *N. Mette*, Subjektwerden an den und mit den anderen, in: EE 43 (1991) 620–630; *H. Peukert*, Bildung als Wahrnehmung des Anderen, in: I. Lohmann/W. Weiße (Hg.), Dialog zwischen den Kulturen, Münster 1994.

Bewegung der Liebe und der Communio annimmt, hört sie auf, klein und ängstlich zu sein und verheißungslos unseren Egoismus zu spiegeln.«[88]

Diese »Option für die Anderen« heißt, nicht sich selbst zum Maßstab für alle und für alles zu nehmen, heißt, nicht alles und alle gleichmachen zu wollen, sondern in seiner und ihrer Verschiedenheit kennen und schätzen zu lernen, heißt, aus der bloßen Ichverliebtheit auszubrechen und ein Leben in (auch widersprüchlichen) Beziehungen zu gestalten, heißt, daß an die Stelle gnadenloser Tauschbeziehungen und -strukturen Beziehungen und »Strukturen der Gratuität (Dankbarkeit, Vergebung, Hingabe)«[89] treten können, heißt schließlich, sich nicht damit abzufinden, daß den Anderen noch über ihren Tod hinaus Anerkennung und Solidarität versagt und ihre Leiden und Opfer vergessen bzw. gar widerrufen werden. Spätestens hier zeigt sich, daß diese Option zutiefst theologisch ist: »Im Entdecken, im Sehen von Menschen, die in unserem vertrauten Gesichtskreis unsichtbar bleiben, beginnt nämlich die Sichtbarkeit Gottes unter uns, befinden wir uns auf seiner Spur.«[90]

Damit ist bereits angedeutet: Die wirkliche Öffnung zum Anderen setzt voraus, daß die Anderen nicht länger bloß imaginär vorgestellt, sondern konkret wahrgenommen werden, daß die Begegnung mit ihnen gesucht wird – eine Begegnung, die sich der Not und Nacktheit der Antlitze der Anderen aussetzt und ihre Fremdheit nicht überspielt. Erst wo solche Verwundbarkeit den Anderen gegenüber riskiert wird, kommt es, wie es insbesondere von E. Lévinas eindrücklich herausgearbeitet worden ist[91], zur Erfahrung der eigenen Einmaligkeit – und zwar als einer vom Anderen her

---

88 Synodenbeschluß: Unsere Hoffnung, in: Gemeinsame Synode der Bistümer in der Bundesrepublik Deutschland. Bd. I, Freiburg/Br. 1976, 84–111, 99.

89 *P. G. Suess*, Glaubensverkündigung, Inkulturation und Befreiung, in: Orientierung 50 (1986) 231–234. 241–243, hier: 243.

90 *J. B. Metz*, So viele Antlitze, so viele Fragen, in: ders./H. E. Bahr, Augen für die Anderen, München 1991, 11–61, hier: 54.

91 Einen guten ersten Zugang eröffnet *H. Luther*, »Ich ist ein Anderer«. Zur Subjektfrage in der Praktischen Theologie, in: ders., Religion und Alltag, a. a. O., 62–87; vgl. auch *G. Vergauwen*, Die Verantwortung für den Anderen, in: Diakonia 24 (1993) 295–304.

zugesprochenen und nicht (gewaltsam) ihm abgerungenen Individualität. So sehr das an eine Praxis konkreter Intersubjektivität gebunden ist und bleibt, so wenig erschöpft sich diese darin; sondern sie erstreckt sich bis in die Dimensionen des Mystischen und Politischen hinein. Treffend hat das D. Tracy im Anschluß an E. Lévinas umschrieben: »Durch das Gesicht des als solchen anerkannten, also echten anderen werden wir von unserer Gier nach Totalität erlöst und so zu einer wahren Offenheit der Unendlichkeit gegenüber befreit. Dieser Stellenwert der Unmittelbarkeit des Gesichts des anderen sollte uns auch wieder stärker an die jüdischen statt an die griechischen Grundlagen unserer Kultur erinnern. Denn dieses Gesicht ermöglicht uns eine Haltung ethischer Verantwortung, und es lädt uns ein, dem Aufruf der Propheten zu einem politischen und historischen Handeln Folge zu leisten.«[92]

Eine solche Wahrnehmungsfähigkeit für das Leiden im täglichen Leben, für die konkreten Gesichter, die es annimmt, und die daraus erwachsende Betroffenheit sind es, zu denen die Nachfolge Jesu anhält; ist es doch sein eigenes Leidensantlitz, das uns aus diesen Gesichtern fragend und fordernd anspricht.[93] Kennzeichnend für eine christliche Spiritualität ist darum – um eine plastische Umschreibung von J. B. Metz aufzugreifen[94] – eine »Mystik der offenen Augen«, eine Mystik also, die den Blick nicht nach innen versenkt, sondern nach außen – auf die Not und das Leiden der Anderen hin – öffnet und sich von der himmelschreienden Ungerechtigkeit wachrütteln läßt.

Übertragen auf die religiöse Erziehung bedeutet das, daß es ihr ein vorrangiges Anliegen sein muß, die Augen für die Anderen zu öffnen. Es handelt sich hierbei um eine religionspädagogische Bestimmung, die einerseits an gebräuchlich gewordene Metaphern

---

92 *D. Tracy*, Der Gegenwart einen Namen geben, in: Concilium 26 (1990) 41–57, hier: 52.

93 Formuliert im Anschluß an einen der eindrucksvollsten Abschnitte im »Puebla-Dokument«: Die Evangelisierung Lateinamerikas in Gegenwart und Zukunft, in: Die Kirche Lateinamerikas (Stimmen der Weltkirche 8), hg. vom Sekretariat der Deutschen Bischofskonferenz, Bonn o.J., 135–355, hier: 156f (Nr. 31ff). Vgl. auch *J. Sobrino*, Theologie in einer leidenden Welt, in: ThPrQu 141 (1993) 253–262.

94 Vgl. *J. B. Metz*, So viele Antlitze, so viele Fragen, a.a.O., 53.

wie »das dritte Auge« (H. Halbfas) oder »Augen für das Unsichtbare« (F. Jehle) anknüpft, diese aber doch anders akzentuiert, insofern der Blick nicht so sehr auf das unsichtbare Andere als vielmehr auf die unsichtbaren Anderen gerichtet werden soll. Die sich daraus ergebenden Konsequenzen für die Praxis religiöser Erziehung sind nicht unbeträchtlich. Denn es kann nicht um die Ausbildung religiöser Kompetenzen gehen, die losgelöst von der Interaktion mit Anderen zu bestimmen und zu gewinnen sind. Im Gegenteil, die These von der Einheit der Gottes- und Nächstenliebe besagt, daß gerade in der Liebe zum Anderen als unbedingter Anerkennung dessen, dem man die Möglichkeit des eigenen Selbstseins verdankt, zugleich – wenn auch möglicherweise unthematisch – Gott als die absolute und das Leben aller ermöglichenden Liebe bejaht wird und daß umgekehrt das Verhalten zu Gott in der Liebe zum Nächsten und zu sich selbst seinen notwendigen Ausdruck findet.[95] Die Anderen sind in ihrem Anderssein bevorzugter Ort der »Epiphanie« Gottes; und wo dieses Anderssein nicht mehr zugelassen wird, droht auch Gott als der Ganz-Andere, der zugleich als ganz für die Anderen daseiend sich den Menschen geoffenbart hat, zurückgewiesen und dem Diktat der Gleichschaltung unterworfen, d. h. auf das vorherrschende menschliche Maß zurechtgestutzt zu werden.[96]

3.2.5 »Erziehung zur Realität« statt pathologische Deformation

Religiöse Erziehung – so verstanden und praktiziert – ist, um das erwähnte Diktum Freuds aufzugreifen, sehr wohl »Erziehung zur Realität«, allerdings zu einer Haltung und einem Handeln gegenüber der Wirklichkeit, wie sie christlichem Verständnis entsprechen: als Zustimmung zu ihr als Offenbarung von Gottes schöpferischem Handeln – als Unterscheidung zwischen der Leben schen-

---

95 Vgl. *H. Peukert*, Kommunikative Freiheit und absolute befreiende Freiheit. Bemerkungen zu Karl Rahners These über die Einheit von Nächsten- und Gottesliebe, in: H. Vorgrimler (Hg.), Wagnis Theologie, Freiburg 1979, 274–283.
96 Vgl. *J. Moltmann*, Die Entdeckung der Anderen, in: EvTh 50 (1990) 400–414, bes. 405 ff. 411 ff.

kenden Macht Gottes und todbringenden Götzen – als Widerstand gegen alle entfremdenden Widersprüche und evidenten Negativitäten, die Leben behindern oder zerstören.[97] Religiöse Erziehung besteht demnach in allem anderen als in der Affirmation des status quo und der Anpassung an ihn; vielmehr zielt sie auf die Verweigerung des Einverständnisses mit gesellschaftlichen Tendenzen, die zusammen mit dem Ende der Religion (jedenfalls in ihrer prophetischen Gestalt) zugleich den Tod des Menschen betreiben.

Zustimmung, Unterscheidung und Widerstand sind nicht zuletzt im Bereich der religiösen Erziehung selbst gefordert. Denn es darf nicht übersehen werden, daß unter dem Vorzeichen von Religion und Christentum Ideale der Erziehung propagiert und Methoden angewendet worden sind (und werden), die auf alles andere als auf eine Befähigung des Heranwachsenden zur freien Selbstbestimmung und Ausbildung einer autonomen Handlungskompetenz gerichtet waren. Statt zu einer eigenständigen Identität zu ermutigen, trägt solche Erziehung zur Entfremdung des Menschen von sich selbst und anderen bei, liefert ihn der fremdbestimmten Abhängigkeit von Autoritäten, Perfektionsidealen, Schuldgefühlen und Ängsten aus. Statt grenzenlos Solidarität zu fördern, fixiert sie die Heranwachsenden auf einen intoleranten und aggressiven Korpsgeist, verpflichtet sie auf die hergebrachten Rollenklischees und internalisiert sie die bestehenden Herrschaftsstrukturen.[98] Statt ökologisch sensibel werden zu lassen, motiviert sie zu einem Denken und Verhalten, das die Umwelt dem Diktat destruktiven Verfügens ausliefert.[99]

Religiöse Erziehung steht darum nicht zufällig unter dem Verdacht, daß sie Menschen deformiere und dies noch um so nachhaltiger leiste, weil sie entsprechend auf die Tiefenstrukturen des Bewußtseins und des Verhaltens einwirke. Für diesen Verdacht

---

97 Vgl. *G. Fuchs*, Die Ökumene der Seligpreisungen und der horror concreti in Theologie und Kirche, in: ders. (Hg.), Glaube als Widerstandskraft, Frankfurt/M. 1986, 11–44, bes. 22 ff.

98 Vgl. *W. Bartholomäus*, Fehlformen religiöser Erziehung, in: HbRP 1 (1986) 106–110.

99 Vgl. *J. Moltmann*, Gerechtigkeit schafft Zukunft, München-Mainz 1989, 96 ff.

lassen sich zu viele Lebensschicksale anführen, als daß er einfach abgetan werden könnte. Will sie darum nicht weiterhin einer Religion der Angst Vorschub leisten, die sich zur Motivation und Legitimation unterdrückender psychischer und gesellschaftlicher Strukturen vereinnahmen läßt, muß sich die religiöse Erziehung die Vermittlung eines religionskritischen Bewußtseins als ureigene Aufgabe angediegen sein lassen.[100] Darauf unnachgiebig aufmerksam zu machen, ist eins der wichtigen Verdienste der feministischen Religionspädagogik[101]; ist es ihr Anliegen doch, das Befreiungspotential des christlichen Glaubens – auch in der Erziehung – wirksam werden zu lassen, was allerdings erst möglich ist, wenn die im Namen dieses Glaubens geschehene Unterdrückungs- und Leidensgeschichte (keineswegs nur von Frauen) in selbstkritischer Trauer- und Umkehrarbeit offen angegangen wird.

3.3 Erziehung, Bildung, Institution – zur Entfaltung einer religionspädagogischen Handlungstheorie

»Es kann nicht Ziel religiöser Erziehung sein, den Glauben selbst herbeiführen zu wollen, wenn nicht die grundlegende Bedeutung theologischer Rede vom Geschenkcharakter des Glaubens verkannt werden soll. Religiöse Erziehung hat vielmehr die Aufgabe, den Schritt zum Glauben in einer für die Heranwachsenden nachvollziehbaren Weise zu (exemplifizieren, NM) und zu explizieren. Somit werden nicht die Bedingungen aufgezeigt, die Glauben von seiten des Menschen ermöglichen, sondern es wird auf Erfahrungen verwiesen, die eine Gewißheit des Glaubens aussagbar machen.«[102] Sie sind es, die zu lernen aufgeben und Bildung nicht unberührt lassen.

Von dem so umrissenen Ziel religiöser Erziehung und Bildung her ergeben sich für eine religionspädagogische Handlungstheorie – in dem hier grundgelegten Sinn – drei prinzipielle Problemstellungen

---

100 Vgl. *H. Peukert*, Kontingenzerfahrung und Identitätsfindung, a. a. O., bes. 97 ff.
101 Siehe oben, Abschn. 1.5.4.
102 *G. Sauter*, Erziehung, religiöse, in: D. Lenzen (Hg.), Pädagogische Grundbegriffe. Bd. 1, Reinbek 1989, 456–464, hier: 461.

zur weiteren Bearbeitung[103]: In erziehungstheoretischer Hinsicht
gilt es, jene Weise einer pädagogisch-sozialisatorischen Interaktion näherhin zu bestimmen, in der die identitätsstiftende Kraft
des Glaubens erfahrbar wird, die also ermöglicht, »Identität aus
der Erfahrung der Befreiung zu einer nicht begrenzten, universalen Solidarität«[104] zu finden. In bildungstheoretischer Hinsicht ist
Rechenschaft darüber abzulegen und zu vermitteln, warum und
inwiefern der christliche Glaube zum Einsatz für die Ermöglichung
eines gemeinsamen Lebens auf Zukunft hin anhält und die Möglichkeit sowie die Orientierungen zu einer entsprechenden kommunikativen Praxis eröffnet. In institutionstheoretischer Hinsicht
sind schließlich die sozialen und damit besonders auch ekklesialen
Rahmenbedingungen einer religiösen Erziehung zu klären, die gegeben sein sollten, sollen sie nicht faktisch jene Freiheit widerrufen, für die sie programmatisch stehen.

3.3.1 Identitätsstiftende religionspädagogische Interaktion

Religiöse Erziehung im dargelegten Verständnis ist – wie Erziehung überhaupt – als ein intersubjektives Handeln zu konzipieren,
»das dem anderen Freiheit als seine ursprüngliche Möglichkeit nie
abspricht, sondern immer schon vorgreifend voraussetzt und darin
seine unantastbare Würde sieht«[105]. Ein solches Handeln bewegt
sich, wie ausgeführt, gewissermaßen zwischen zwei Grundsätzen:
Auf der einen Seite bedarf es bestimmter Vorleistungen seitens der
Erziehenden im Umgang mit den Heranwachsenden, wie beispielsweise ihnen die Erfahrung ihrer Bejahung und Bejahungs-
würdigkeit zukommen zu lassen oder sich zurückzunehmen, damit
die Kinder und Jugendlichen frei werden und zu sich selbst kom-

103 Im Anschluß an *D. Benner*, Allgemeine Pädagogik, München 1987, 107–181.
104 *H. Peukert*, Kontingenzerfahrung und Identitätsstiftung, a. a. O., 96.
105 *Ders.*, Praxis universaler Solidarität, a. a. O., 176. – Als »kategorischen Indikativ
     gläubiger Praxis« formuliert Th. Pröpper: »Begegne jeder möglichen Freiheit so,
     daß du sie schon anerkennst und zuvorkommend als wirklich behandelst«, sowie
     »Gib niemals einen Menschen auf und verweigere ihm deine Anerkennung nicht,
     auch wenn er sie (noch) nicht erwidert hat oder erwidern kann« (*Th. Pröpper*,
     Erlösungsglaube und Freiheitsgeschichte, a. a. O., 224).

men können. Auf der anderen Seite bedeutet das, daß das Kind von Anfang an aktiv auf die Gestaltung der erzieherischen Interaktion einwirken können muß.

Es ist naheliegend, daß die Religionspädagogik, um ein entsprechendes Handeln bestimmen und orientieren zu können, auf Einsichten zurückgreift, wie sie in verschiedenen humanwissenschaftlichen Theoriesträngen gewonnen worden sind. Nur ist bei deren Rezeption und Weiterführung, wie im folgenden Kapitel noch ausführlicher darzulegen sein wird, darauf zu achten, daß sie der Grundbestimmung religionspädagogischen Handelns als einer freiheitsstiftenden und -fördernden kommunikativen Praxis entsprechen. Daraus ergibt sich dann auch, daß der Glaube nicht als eine isolierte und gar zusätzliche Größe innerhalb des ansonsten kaum davon tangierten Erziehungsvorgangs zu berücksichtigen ist, sondern er als konstituierendes Moment für die Subjektwerdung zur Geltung gebracht wird.

Die Grundstruktur pädagogischen Handelns wird damit nicht außer Kraft gesetzt, sondern bleibt bestehen. Dieses Handeln gewinnt allerdings die Möglichkeit seiner konsequenten Einlösung, insofern es angesichts seiner Aporien nicht für vergeblich erklärt zu werden braucht, sondern für es neue Horizonte offengehalten werden. Gläubige Praxis findet ja gerade seine Bewährung etwa
– in der Fähigkeit, »sich ohne Angst um die eigene Identität auf die widerspruchsvolle Wirklichkeit und noch so ausweglos scheinende Situation einlassen zu können«[106],
– in der Fähigkeit, »Anerkennungsverhältnisse nicht nur zu respektieren, sondern auch innovieren und einseitig durchhalten zu können«[107],
– in der Fähigkeit, schuldig werden und Schuld eingestehen zu können,[108]
– in der Fähigkeit, sich Vergebung und damit die Möglichkeit des Neu-Anfangenkönnens zusagen zu lassen.[109]

---

106 Ebd., 223.
107 Ebd.
108 Vgl. ebd.
109 Vgl. ebd. – Vgl. zum Ganzen ausführlicher ebd., 194–224.

So erweisen sich der christliche Glaube und seine Vermittlung zutiefst als ein praktischer Transformationsprozeß, von dem alle Beteiligten betroffen sind. Was für die Erziehung generell zutrifft, nämlich daß sie ein intergenerationelles Handeln ist, das als solches auch die Erwachsenen nicht unberührt läßt, gilt für die religiöse Erziehung um so mehr; hat sie es doch in besonderer Weise mit dem Problem zu tun, das im Verhältnis der Generationen untereinander für beide Seiten aufgeworfen wird – dem Problem nämlich der Begrenztheit und Endlichkeit menschlicher Existenz und damit verbunden die Frage nach einer koexistentiellen Praxis, in der diese Gegebenheit nicht einfach verdrängt, sondern bewußtgehalten und gestaltet wird. Damit sind auch und gerade die Erwachsenen unausweichlich selbst zur reflexiven Vergewisserung ihrer Weise, mit anderen zu handeln, sowie ihres Umgangs mit der dabei sich aufdrängenden religiösen Problematik herausgefordert – woraus auch für sie die Chance neuer Identitätsbildung und wachsender Veränderung in einer mit den Heranwachsenden gemeinsam gestalteten Praxis erwächst.

Solche Praxis erschöpft sich allerdings nicht nur in Aktion. Als befreiend erweist sich der christliche Glaube ja nicht zuletzt darin, daß er sich in Handlungsformen vollzieht, in denen – in Gebet und Liturgie vor allem – der Dank für und die Freude über die geschenkte Freiheit Gott gegenüber symbolisch zum Ausdruck gebracht werden und die gerade in ihrer Zwecklosigkeit menschlichem Dasein nochmals zugute kommen.[110] Das verbietet es allerdings auch, sie für die religiöse Erziehung verzwecken zu wollen. Umgekehrt soll damit jedoch nicht gesagt sein, man müsse es Kindern und Jugendlichen verwehren, ihre – nicht selten spontane und kreative – Weise des Dankes und der Freude Gott gegenüber authentisch darstellen zu können. Im Gegenteil, sie sind auf solche Möglichkeiten und Freiräume angewiesen, in denen sie auch ausdrücklich ihre Umgangsformen mit Gott suchen und erproben können.[111]

110 Vgl. ebd., 211f.
111 Vgl. dazu z. B. *N. Mette*, Kinder, in: Chr. Bäumler/ders. (Hg.), Gemeindepraxis

3.3.2 Religiöse Bildung als »Sprachschule für die Freiheit« (E. Lange)

So sehr gerade für die religiöse Erziehung in Anschlag zu bringen ist, daß der Mitteilung des christlichen Glaubens (fides qua) die Weise seiner intersubjektiven Vermittlung zu entsprechen hat und darum die interaktive Dimension von seiten der Religionspädagogik gebührend beachtet werden muß, kann das doch nicht bedeuten, daß im Gegenzug zu ihrer früheren Überbetonung – oder auch in Absetzung zu hermeneutisch und didaktisch fragwürdigen Bemühungen, über das Prinzip der »inhaltlichen Vollständigkeit« der sogenannten Tradierungskrise des Glaubens entgegenzuwirken – die inhaltliche Dimension völlig dispensiert wird. Im Gegenteil, die Wahrheit des Glaubens will nicht nur vollzogen, sondern will auch explizit bewußtgemacht und reflexiv entfaltet werden. Das entspricht zudem seiner freiheitlichen Struktur. Denn der Glaube hat es wesentlich mit einer Entscheidung zu tun, mit einer Wahl zwischen Alternativen. Und die Gründe für diese Wahl müssen – vor sich selbst und vor anderen – angegeben werden können. Gerade die Heranwachsenden haben ein Recht darauf, solche Gründe mitgeteilt zu bekommen und sich kritisch mit ihnen auseinandersetzen zu können. Religion will also, wie K. E. Nipkow es formuliert hat, mit Bildung zusammen buchstabiert sein, um »– bei allem Gemeinschaftsbezug – persönlich ergriffen, frei angeeignet, selbständig durchdacht und durchgebildet«[112] zu werden.

Soll religiöse Bildung als auch inhaltlich bestimmtes Mitteilungsgeschehen des Glaubens konzipiert werden, das »auf die Unbedingtheit des individuellen Freiheitsvollzugs im Angesicht einer absolut befreienden Freiheit«[113] zielt und darum je eigen vollzogen können werden muß, bedeutet das zum einen, daß sie dem Verlauf der individuellen Freiheitsgeschichte Rechnung tragen muß. Die

in Grundbegriffen, München-Düsseldorf 1987, 228–238; *H. Luther*, Jugend/Jugendliche, in: ebd., 218–227.

112 *K. E. Nipkow*, Bildung in religiösen und ethischen Lernpozessen, in: Bildung (Friedrich Jahresheft VI), Seelze 1988, 26–28, hier: 26.

113 *H. Peukert*, Tradition und Transformation, a. a. O., 21. – Als einen entsprechenden Entwurf vgl. *H. P. Siller*, Handbuch der Religionsdidaktik, Freiburg 1991.

Wahrheit des christlichen Glaubens erweist sich in dem Maße als Quelle der Freiheit, wie Gott als jene Wirklichkeit erfahrbar und zur Sprache gebracht wird, »auf die hin der Heranwachsende in den Reifungskrisen seiner physisch-psychischen Entwicklung unterwegs ist«[114] und die Möglichkeit einer authentischen Identitätsfindung auf je neuem Niveau verbürgt. Eine solche Elementarisierung des Glaubens in den lebensgeschichtlichen Kontext hinein ist nicht mit seiner Reduktion auf vordergründige menschliche Bedürfnisse zu verwechseln. Sondern er erweist gerade darin seine kritische, innovative und transformatorische Kraft, daß er den Menschen in seiner Biographie mit Erinnerungen und Verheißungen in Berührung bringt, die ihm neue, alternative Lebensmöglichkeiten eröffnen und ihn zu ihrer Einlösung herausfordern.[115]

Auf der anderen Seite kann die individuelle Freiheitsgeschichte nicht aus ihrem soziohistorischen Kontext herausgelöst und isoliert gefördert werden. Das widerspräche auch dem christlichen Glauben, der die Erfahrung des den Menschen von Gott geschenkten Heils an die konkrete Leidens- und Befreiungsgeschichte bindet und darum durch Versuche zu einem mythologischen Ausstieg aus der Geschichte oder zu deren gnostischen Entwertung in seinem Kern verfälscht wird.[116] Der genuine Beitrag vom christlichen Glauben her im aktuellen Streit um die Bildung des Menschen besteht also wesentlich auch darin, daß er sich hartnäckig allen Tendenzen widersetzt, die der Gleichschaltung auf eine »zweite Unmündigkeit« (J. B. Metz) hin Vorschub leisten. Von Jesus Christus, den »durch Gott selbst und nach dem Bilde Gottes selbst ›gebildete(n)‹ Menschen«[117], freigesetzt, einer Bildung zu dienen, »in der der Mensch den Raum seiner Menschlichkeit als solchen wahrt und tätig erfüllt«[118], läßt der christliche Glaube es nicht zu, den

---

114 J. *Werbick*, Glaubenlernen aus Erfahrung, a. a. O., 92.
115 Vgl. hierzu ausführlicher ebd., passim, sowie *ders.*, Glaube im Kontext, Zürich-Einsiedeln-Köln 1983.
116 Vgl. *M. Lutz-Bachmann*, Kirche und Theologie vor der Herausforderung des »postmodernen Denkens«, in: ders./B. Schlegelberger (Hg.), Krise und Erneuerung der Kirche, Berlin 1989, 128–151; vgl. auch *H. Schmidt*, Vertrauen und Verlernen. Glaubensdidaktik am Ende der Moderne, in: EvTh 50 (1990) 90–103.
117 *K. Barth*, Evangelium und Bildung, Zollikon 1938, 9.
118 Ebd.

Menschen von klein an zu einem »Antibild« verbilden zu wollen. Umgekehrt können die von diesem Glauben angeleiteten Bildungs- und Befähigungsprozesse zu einem Wahrnehmen, Urteilen und Handeln in der – durch die verschärften Krisenerfahrungen geprägten – konkreten geschichtlichen Situation wie folgt umrissen werden:

»Der Glaube nimmt die Wirklichkeit als Ort der Gegenwart Gottes wahr. Deshalb vermag er auch dem Bedrohlichen in der Wirklichkeit unserer Welt standzuhalten: nüchtern und leidenschaftlich zugleich. Befreiung zur Angst und Befreiung von der Angst gehören im Glauben zusammen.

Der Glaube unterscheidet die Wirklichkeit dieser Welt von der Wirklichkeit Gottes. Deshalb kann er jeder religiösen Verklärung und Überhöhung der Wirklichkeit entgegentreten. Er entfaltet eine religionskritische Kraft.

Der Glaube stellt die Wirklichkeit dieser Welt unter die Verheißung des Reiches Gottes. Deshalb tritt er in die Verantwortung für die Zukunft des Lebens ein.«[119]

Solche Bildung konkretisiert sich in dem Mut zum Querdenken, in der schöpferischen Infragestellung der vorherrschenden Plausibilitäten, in der Kritik bestehender Erblindungs- und Verblendungzusammenhänge, in der Weigerung, vergangene Leiden und Opfer zu vergessen sowie gegenwärtige Unterdrückungen und Ungerechtigkeiten zu verdrängen, in der gefährlichen Erinnerung kreativer Antitraditionen, in Initiativen für Suchbewegungen nach einer Praxis universaler Solidarität.[120] Es handelt sich also um alles andere als um eine »Weitergabe des Glaubens« in Form von abgeschlossenen Überlieferungsbeständen von einer Generation an die nächste, sondern um einen die Generationen miteinander verbin-

---

119 *W. Huber*, Bedrohte Welt und christlicher Glaube, a.a.O., 65.
120 Vgl. *G. Fuchs*, Kulturelle Diakonie, in: Concilium 24 (1988) 324–329. Vgl. weiterführend *D. Benner*, Zur Bedeutung von Religion für die Bildung, in: J. Schneider (Hg.), Bildung und Religion, Münster 1993, 99–108; *R. Englert*, Glaubensgeschichte und Bildungsprozeß, a.a.O.; *N. Mette*, Bildung und verbindliches Handeln, in: StdZ 212 (1994) 453–464; *K. E. Nipkow*, Bildung als Lebensbegleitung und Erneuerung, a.a.O.; *R. Preul* u.a. (Hg.), Bildung – Glaube – Aufklärung, a.a.O.; *H. Rumpf*, Abschied vom Bescheidwissen. Über Bildung und Sterblichkeit, in: KatBl 119 (1994) 232–238.

denden Lernprozeß, in dem die überlieferten Erzählungen und Wissensbestände immer neu gemeinsam so angeeignet werden, daß sie in schöpferischer Weise umgesetzt und fortgeschrieben werden.

3.3.3 Kirche als solidarische Weg- und Lerngemeinschaft

Erziehungsprozesse und Lernvorgänge, die an der freien Selbstbestimmung und Entfaltung der Betroffenen orientiert sind und zu deren Ermöglichung beitragen möchten, sind nach P. Freire an eine bestimmte Lebensform gebunden, die im Anschluß an ihn »Konvivenz« genannt werden kann.[121] Damit ist ursprünglich eine vor allem in den Kulturen des einfachen Volkes beheimatete Weise des Zusammenlebens bezeichnet, die insgesamt als »solidarisches Teilen« umschrieben werden kann. Im einzelnen drückt sich das in einer vielfältigen Praxis des Einander-Helfens, Voneinander-Lernens und Miteinander-Feierns aus. Im Rahmen der Pädagogik Freires bezeichnet Konvivenz »die Lerngemeinschaft derer, die voneinander und miteinander für ein menschliches Leben lernen wollen. In einer Gemeinschaft der Konvivenz hat das Lernwissen keinen Vorrang vor dem Erfahrungswissen. Im Prozeß gemeinsamen Lernens wird das latente Wissen freigelegt und neues Wissen erzeugt. Kreative Möglichkeiten und soziale Sensibilität werden entdeckt und in gemeinsame Vorhaben eingebracht. Lehrende und Lernende haben gemeinsam an dieser Konvivenz teil.«[122] Kurz: Sie ist praktizierte intersubjektive Kreativität.

Bevor nun – was in diesem Kontext naheliegen könnte – der Begriff der Konvivenz auf die Kirche direkt übertragen wird, muß daran erinnert werden, wie sehr der Prozeß der »Kolonialisierung der Lebenswelten« gerade auch die Möglichkeit betrifft, überhaupt noch Freiräume für eine Lerngemeinschaft der Konvivenz zu be-

---

121 Zu Herkunft und Hintergründen dieses Begriffs vgl. *Th. Sundermeier*, Konvivenz als Grundstruktur ökumenischer Existenz heute, in: W. Huber u. a., Ökumenische Existenz heute 1, München 1986, 49–100, bes. 52 ff.

122 *W. Huber*, Bedrohte Welt und christlicher Glaube, a. a. O., 82.

wahren oder zu schaffen. Sie werden zunehmend eingeengt und zerstört. Das gilt auch für die Kirche. Und sie hat an solchen Zerstörungsprozessen innerhalb ihrer eigenen Reihen nicht unbeträchtlichen Anteil, wenn sie sich den herrschenden Systemmechanismen anpaßt. Von daher ist Konvivenz nichts anders denn als kritische Kategorie gegen den in Gesellschaft und Kirche sich durchsetzenden Prozeß der systemischen Expansion in Anschlag zu bringen.

Konkret heißt das, daß das hier dargelegte Konzept von religiöser Erziehung und Bildung Konsequenzen zeitigt sowohl für den institutionellen Kontext als auch für die gesamtgesellschaftlichen Dimensionen, innerhalb derer sie sich vollziehen und von denen sie betroffen sind. Ort der Freiheit zu sein und zur Freiheit zu befähigen, dürfte sich jedenfalls in der Kirche nur schwerlich realisieren lassen, solange sie in ihren eigenen Strukturen und Organisationsformen diesem Anspruch widerspricht. Umgekehrt zeigt sich, daß, wo Menschen – Frauen und/oder Männer, Junge und/oder Alte, Kranke und/oder Gesunde etc. – beginnen zu begreifen, was es heißt, zur Freiheit der Kinder Gottes berufen zu sein und einander annehmen zu können, wie Christus uns angenommen hat, Lern- und Solidarbewegungen entstehen, die die genuine Identität von Kirche und so ihre Glaubwürdigkeit wiedergewinnen lassen – nämlich Zeichen von Gottes erlösendem und befreiendem Handeln mit den Menschen zu sein. Nicht zufällig können hier auch die originären Charismen der Heranwachsenden zur Auferbauung von Gemeinde und Kirche zur praktischen Geltung gebracht werden. Denn die Verheißung von der gleichen Würde aller Geschöpfe Gottes führt zu einem Bewußtsein und einer Praxis der Gleichheit und Solidarität, die im Gegensatz und im Widerstand zu Bestrebungen von systemkonformer Gleichschaltung stehen und mit Phantasie Möglichkeiten und Formen eines gemeinsamen Lebens auf Zukunft hin erproben lassen. Die geschenkte Freiheit findet ihren Ausdruck in einer bestimmten und verbindlichen Weise des Umgangs miteinander sowie des Daseins für andere und mit ihnen, in der – wie fragmentarisch auch immer – die verheißene Ausbreitung von Freiheit, Gerechtigkeit und Liebe antizipiert wird, in der erfahrbar wird, »daß wir einander so gerecht werden, wie Gott uns gerecht werden will, unverdient und ohne Gegenrechnung von Leistung und Gegenleistung«[123].

Was so innerhalb der Kirche – wenigstens anfänglich – praktiziert wird, kann dann glaubwürdig auch über sie hinaus geltend gemacht werden – nämlich jene Freiräume einzuklagen und zu verteidigen, in denen die Lerngemeinschaft der Konvivenz gelebt werden kann und die um der Schaffung und Gestaltung einer humanen und ökologisch ausgeglichenen Zukunft willen immer dringlicher erforderlich sind.

123 *F. Kamphaus*, Gottes Ja – unsere Freiheit, a. a. O., 59. – Zu dem hier zugrunde gelegten Kirchen- und Gemeindeverständnis vgl. weiterführend *F. X. Kaufmann / J. B. Metz*, Zukunftsfähigkeit, a. a. O.

4   Subjekte

4.1   Identität in Solidarität – praktische Bestimmungen einer Religionspädagogik des Subjekts

Nach G. Bitter und R. Englert lassen sich mit Blick auf die Frage, von welchem Erkenntnisinteresse sich die religionspädagogische Reflexion im Lauf ihrer bisherigen Geschichte hat leiten lassen, zwei Grundmodelle unterscheiden, die auch heute noch teilweise nebeneinander existieren[1]: In dem einen Konzept, wie es etwa seinen typischen Niederschlag bereits in der katechetischen Schrift von Augustinus »De catechizandis rudibus« (um 400)[2] erfahren hat, geht es vorrangig um die Befähigung und Anleitung zur religiösen bzw. kirchlichen Unterweisung, also um die Vermittlung von Kenntnissen und didaktisch-methodischen Fertigkeiten, wie sie in der katechetischen Praxis benötigt werden. Von dieser Praxis her gewinnen Religionspädagogik und Katechetik ihre Problemstellungen; ihre ordentliche Gestaltung zu gewährleisten bzw. sie zu verbessern, ist ihre vorrangige Sorge.»Das zweite, jüngere und christentumsgeschichtlich nur in den letzten beiden Jahrhunderten gelegentlich stärker in den Vordergrund tretende Modell akzentuiert nicht die kirchliche, sondern sozusagen die ›menschheitliche‹ Bedeutung religiöser Erziehung und Bildung und weitet den Horizont religionspädagogischer Aufmerksamkeit auf grundsätzliche Fragen des Verhältnisses von Religion und Gesellschaft aus. Vor allem in den die europäische Aufklärung offensiv rezipierenden Strömungen des Protestantismus war man bemüht zu zeigen, daß eine dem Ideal der Humanität verpflichtete (allgemeine) Erziehung auf die versittlichende Kraft der Religion nicht verzichten könne. Wenn der Staat in seinen Erziehungs- und Unterrichtsein-

---

1 Vgl. zum folgenden G. Bitter / R. Englert, a. a. O., 357 ff.
2 Vgl. A. Augustinus, Vom ersten katechetischen Unterricht, München 1985.

richtungen Pestalozzis Maxime der ›Emporbildung der menschlichen Kräfte zu reiner Menschenweisheit‹ folgen solle, so müsse er sich auch die Kultivierung der menschlichen Religiosität als des höchsten menschlichen Vermögens angelegen sein lassen, argumentiert beispielsweise der evangelische Religionspädagoge Richard Kabisch...«[3] Die religionspädagogische Fragestellung ist nach diesem Konzept also integraler Bestandteil der allgemeinen pädagogischen Aufgabe, sich die Sorge um eine dem Menschen angemessene und damit der Gesamtgesellschaft förderliche Erziehung und Bildung angelegen sein zu lassen.

Beide Modelle haben ihre Berechtigung; und sie schließen sich auch nicht unbedingt gegenseitig aus. Aber ihnen wohnen jeweils spezifische Gefahren inne, die sich aufgrund einseitiger Akzentuierungen leicht ergeben können: Während das erste Modell die Tendenz zu einer ekklesiozentrischen Verengung aufweist und der Versuchung ausgesetzt ist, hauptsächlich auf eine Selbstreproduktion der institutionellen Kirche bedacht zu sein, kann sich das zweite Modell von gesellschaftlichen Interessen um die Legitimation und sakrale Überhöhung des status quo gefangennehmen lassen und trägt so zur bloßen Reproduktion bestehender Verhältnisse bei. Häufig genug ist es auch zu dem einen oder anderen gekommen – bis heute.

Vermieden werden kann das nur, wenn sich die Religionspädagogik sowohl in ihrer Theorie als auch in ihrer Praxis konsequent darauf besinnt, daß ihr Tun »um der Menschen willen« zu erfolgen hat. Die sogenannte »anthropologische Wende« hat seit etwa der Mitte dieses Jahrhunderts einen für die Religionspädagogik folgenreichen Bewußtwerdungsprozeß auch in der katholischen Theologie eingeleitet. In der gleichsam zum Motto gewordenen Bestimmung von religiöser Erziehung als »Hilfe zur Menschwerdung« kommt das treffend zum Ausdruck.[4]

Bis in kirchenoffizielle Programmtexte zur Bildungsverantwortung der Kirche hinein hat diese Wende mittlerweile Eingang ge-

---

3 *G. Bitter/R. Englert*, a. a. O., 358.
4 Vgl. z. B. *A. Exeler*, Religiöse Erziehung als Hilfe zur Menschwerdung, München 1982; *ders.*, Jungen Menschen leben helfen, Freiburg 1984.

funden: Während die für lange Zeit einflußreiche Erziehungsenzyklika »Divini illius magistri« Pius' XI. (1929) und zum Teil die »Erklärung über die christliche Erziehung« des II. Vatikanischen Konzils (1965) noch stark institutionenfixiert waren und dem Muster einer katholischen Erziehungslehre folgten, die von bestimmten (naturrechtlich oder biblisch abgeleiteten) Prinzipien aus die Erziehung zu normieren versucht und das maßgebliche Gestaltungsrecht der Kirche in diesem Bereich (Kirche als Lehrmeisterin) reklamiert, wird im Anschluß an die in den beiden zentralen Konstitutionen des letzten Konzils (Kirchenkonstitution »Lumen gentium« und Pastoralkonstitution »Gaudium et spes«) zum Ausdruck kommende Neuorientierung der Kirche ihr religionspädagogisches Handeln stärker mit ihrem sakramentalen und diakonischen Charakter in Verbindung gebracht. Genau auf dieser Linie liegt es, wenn es etwa in dem Beschluß der Gemeinsamen Synode der Bistümer in der Bundesrepublik Deutschland zur kirchlichen Jugendarbeit heißt, daß diese den jungen Menschen behilflich sein wolle, »sich in einer Weise selbst zu verwirklichen, die an Jesus Christus Maß nimmt«[5], oder wenn das Arbeitspapier dieser Synode zur kirchlichen Katechese formuliert, es sei deren oberstes Ziel, »dem Menschen zu helfen, daß sein Leben gelingt, indem er auf den Zuspruch und den Anspruch Gottes eingeht«[6]. Hier kommt eine umfassende Sicht religiöser Erziehung zum Ausdruck, die den integralen Zusammenhang des christlichen Glaubens mit der persönlichen Entwicklung des einzelnen hervorhebt, zugleich dann aber auch gegen eine verhängnisvolle Tendenz, nur noch auf die eigene Selbstverwirklichung bedacht zu sein, die soziale Dimension einer Erziehung im Geist des Evangeliums anmahnt und diese bisweilen erstaunlich kritisch akzentuiert. So stellt etwa das Schlußdokument der Römischen Bischofssynode »De iustitia in mundo« (1971) fest: »Die heute noch vorwiegende Art der Erzie-

---

5 Beschluß: Ziele und Aufgaben kirchlicher Jugendarbeit, in: L. Bertsch u. a. (Hg.), Gemeinsame Synode der Bistümer in der Bundesrepublik Deutschland. Bd. I, Freiburg 1976, 288–311, hier: 295.

6 Arbeitspapier: Das katechetische Wirken der Kirche, in: L. Bertsch u. a. (Hg.), Gemeinsame Synode der Bistümer in der Bundesrepublik Deutschland. Bd. II, Freiburg 1977, 37–97, hier: 41.

hung begünstigt einen engstirnigen Individualismus« (51), und fordert eine radikale Umkehr: »Die Erziehung muß dringen auf eine ganz und gar menschliche Lebensweise in Gerechtigkeit, Liebe und Einfachheit. Sie muß die Fähigkeit wecken zu kritischem Nachdenken über unsere Gesellschaft und über die in ihr geltenden Werte sowie die Bereitschaft, diesen Werten abzusagen, wenn sie nicht mehr dazu beitragen, allen Menschen zu ihrem Recht zu verhelfen.« (52)[7]

Spätestens an dieser Stelle wird deutlich, daß es nicht um ein unbedachtes Sich-Anhängen an den Prozeß der Individualisierung und Privatisierung geht, wenn innerhalb der Religionspädagogik nunmehr so emphatisch das Subjekt – der bzw. die unverwechselbare einzelne – herausgestellt wird, sondern daß es vielmehr darum geht, dieses gerade angesichts der verschiedensten und teilweise sehr sublim vonstatten gehenden Tendenzen zu seiner Bemächtigung und Entfremdung zu retten.[8] Ergänzend sei bemerkt, daß natürlich auch seiner vordergründigen Vereinnahmung seitens der Kirche zu wehren ist.

Für die Religionspädagogik ist damit – so wie für die Praktische Theologie insgesamt, wie es H. Luther zu Recht betont hat[9] – ein zweifacher Perspektivenwechsel verbunden: Zum einen hat sie wahr- und ernstzunehmen, daß sich auch eine Individualisierung im Bereich des Religiösen vollzieht und daß es darum die Aufmerksamkeit darauf zu richten gilt, aufzuspüren, »wie die einzelnen im Kontext ihrer je verschiedenen Lebenswelt und Lebensgeschichte mit religiöser Tradition umgehen«[10], welche Bedeutung sie der Religion in der alltäglichen Praxis beimessen und in welcher Beziehung diese subjektive Religiosität etwa zur kirchlich-institutionellen Auslegung des christlichen Glaubens steht. Zum erkenntnisleitenden Interesse der Religionspädagogik wird somit, sich mit den Problemstellungen der verschiedenen Lebenswelten

---

7 Zu den neueren kirchlichen Dokumenten zu Fragen der (religiösen) Erziehung und Katechese vgl. ausführlicher *N. Mette*, Glauben-lernen in der Welt von heute, Würzburg 1989, 20–27.
8 Siehe oben, Kap. 3.
9 Vgl. *H. Luther*, Religion und Alltag, a. a. O.
10 Ebd., 12.

und -geschichten der Menschen zu befassen und – auf hermeneutische und empirische Weise – die Bedingungen zu klären, unter denen »die durch die Individualisierung der Religion bedingte Pluralisierung kommunikativ fruchtbar«[11] gemacht werden kann. Die Religionspädagogik macht sich damit in besonderer Weise zum Anwalt einer »Theologie des Volkes« (A. Exeler).[12] Zum anderen wird es zu einer für die Religionspädagogik zentralen Frage, »was Religion zur Subjektwerdung des einzelnen beitragen kann«[13] – gerade angesichts der Gefährdung seiner Individualität. Vorrangige Sorge der Religionspädagogik ist es dann nicht länger, zur – sei es kirchlichen, sei es gesellschaftlichen – Reproduktion beizutragen, sondern im Streit um die Bildung Anwalt des unverfügbaren und zugleich leicht »versehrbaren Geheimnisses von Individualität«[14] zu sein.

Bevor die allgemeine Rede vom Subjekt und von seinen theologischen Konstitutionsbedingungen auf einzelne Altersstufen hin konkretisiert wird, seien zunächst noch jeweils in gebotener Kürze einige für eine am Subjekt orientierte Religionspädagogik charakteristische Merkmale und damit verbundene theoretische Konzepte, die zugleich der praktischen Orientierung dienen, vorgestellt und erläutert:

4.1.1 »Ganzheitliches« Lernen

Wie ausgeführt, hat insbesondere unter der Vorherrschaft der Neuscholastik in Theologie und Kirche ein instruktionstheoretisches Verständnis von Offenbarung auch die katechetischen Konzeptionen geleitet: Es kommt dementsprechend darauf an, den lehrhaft bestimmten und ausformulierten Glauben, über dessen Orthodoxie das dafür eingesetzte kirchliche Lehramt zu wachen hat, möglichst unverfälscht und ungekürzt an die Adressaten der

11 Ebd., 13.
12 Vgl. *A. Exeler/N. Mette* (Hg.), Theologie des Volkes, Mainz 1978; *R. Englert*, Glaubensgeschichte und Bildungsprozeß, a. a. O., 327–332; *M. Blasberg-Kuhnke*, Erwachsene glauben, a. a. O., 111–126.
13 *H. Luther*, Religion und Alltag, a. a. O., 12.
14 Ebd., 18.

katechetischen Unterweisung (in der Regel Kinder) weiterzugeben. Katechese geriet so unweigerlich zu einem additiven Erlernen von Lehrsätzen des Glaubens.[15]

Nur nebenbei sei vermerkt, daß der »Erfolg« dieses Vorgehens, der ihm rückblickend aus der Konfrontation mit der »Krise der Katechese« von bestimmten kirchlichen Kreisen gern bescheinigt wird, wohl weniger auf die erteilte Katechese zurückzuführen ist, sondern auf die Tatsache, daß sie eingebettet war in ein insgesamt noch weitgehend kirchlich geprägtes Milieu. Schon dieser Hinweis läßt klarwerden, daß ein solches katechetisches Konzept unter den Bedingungen der gegenwärtigen Gesellschaft zum Scheitern verurteilt ist, es sei denn, die Kirche zöge sich in ein wiederum von ihr bestimmtes gesellschaftliches Reservat zurück.

Doch sind es keineswegs nur »externe« Gründe, die dieses Modell von Katechese fragwürdig erscheinen lassen. Es sind die ihm zugrunde liegenden fundamentaltheologischen und dogmatisch-kerygmatischen Bestimmungen von Offenbarung und Glaube, die einer grundlegenden Revision bedürfen:[16] Offenbarung ist biblischem Verständnis zufolge nicht bloße Mitteilung von geheimnisvollen Lehren, sondern Selbstmitteilung Gottes, die Gegenwärtigsetzung und das Erfahrbar-werden-Lassen seiner heilshaften Zuwendung zur Welt und zu den Menschen. Demzufolge ist Glaube kein bloßes Fürwahrhalten von Glaubenssätzen, sondern ein die gesamte Existenz umfassender Daseinsentwurf, neutestamentlich ausgedrückt »Nachfolge«. Treffend wird darum zu Beginn »Catechesi tradendae« (bevor die Enzyklika einer lehrhaften Verengung unterliegt!) mit Blick auf die Katechese unterstrichen, daß wir in ihrem Kern »wesentlich eine Person vorfinden, nämlich Jesus von

---

15 Entsprechend ist jüngst wieder der »Katechismus der katholischen Kirche« (1993) konzipiert worden. Er bezieht sich dabei auf die Katechese-Enzyklika von Papst Johannes Paul II. »Catechesi tradendae« (1979), in der die Katechese als »eine Glaubenserziehung von Kindern, Jugendlichen und Erwachsenen« bestimmt wird, »die vor allem eine Darlegung der christlichen Lehre umfaßt, wobei man im allgemeinen organisch und systematisch vorgeht, um die Schüler in die Fülle des christlichen Lebens einzuführen« (18; hier zitiert nach: Katechismus der katholischen Kirche, a. a. O., 39).

16 Vgl. zum folgenden auch *J. Werbick*, Was das Christsein ausmacht, a. a. O., bes. 8ff.

Nazareth«, der als Weg, Wahrheit und Leben in die Nachfolge weist;»Endziel der Katechese« sei es,»jemanden nicht nur in Kontakt, sondern in Gemeinschaft, in Lebenseinheit mit Jesus Christus zu bringen; er allein kann zur Liebe des Vaters im Heiligen Geiste hinführen und uns Anteil am Leben der Heiligsten Dreifaltigkeit geben« (5).

Mit diesen Bestimmungen ist daran festgehalten, daß der Glaube einerseits Geschenk ist, über das der Mensch nicht verfügen kann, sondern das ihm zuteil wird, daß er andererseits aber darauf gerichtet ist, angeeignet zu werden und in der Weise gelebter Existenz zur Darstellung zu kommen. Wer glaubt, weiß nicht mehr als andere, kann nicht besser die Welt erklären, sondern er lebt anders und verhält sich anders zur Welt. Katechese hat es also damit zu tun,»das Leben selbst zu erlernen, und zwar ein Leben, das wert und befähigt ist, immer zu bleiben«[17]. Der Glaube gibt also zu lernen, und zwar zu lernen nicht nach Art eines kumulativen, sondern eines dialektischen Lernens. Während jenes nach H. Peukert heißt, daß»im Rahmen eines gegebenen Grundgerüsts von Orientierungen und Verhaltensweisen immer mehr Einzelheiten gelernt« werden, hat dieses es mit der Verarbeitung von Erfahrungen zu tun,»die – werden sie wirklich zugelassen – bisher erworbene Weisen des Umgangs mit Wirklichkeit sowie das eigene Selbstverständnis sprengen« und die darum »zur Selbstfindung und zum Aufbau von Handlungskompetenzen auf einem neuen Niveau«[18] herausfordern.

Ein solcher Bezug des Glaubens auf eine bestimmte Orientierung des Lebens ist mit der Charakterisierung des Glaubens als »Lebenswissen« (P. M. Zulehner) bzw. als »identitäts-verbürgendes Wissen« (J. Werbick) auszudrücken versucht worden.[19] Damit soll insbesondere der Unterschied zu anderen Wissensformen markiert werden, etwa einem »Bescheidwissen« (wie etwas funktioniert) oder einem »Fertigkeitswissen« (wie man etwas macht) oder einem

---

17 *J. Ratzinger*, Die Krise der Katechese und ihre Überwindung, Einsiedeln 1983, 25.
18 *H. Peukert*, Kontingenzerfahrung und Identitätsfindung, a. a. O., 101.
19 Vgl. *P. M. Zulehner*, Helft den Menschen leben, Freiburg 1978; *D. Emeis / K. H. Schmitt*, Handbuch der Gemeindekatechese, Freiburg 1986; *J. Werbick*, Glaubenlernen aus Erfahrung, a. a. O.

»Informationswissen« (über Daten und Fakten). Darüber hinaus können mit der Umschreibung des Glaubens als »Lebenswissen« einige problematische Entgegensetzungen vermieden werden, etwa wenn die Möglichkeit der lehrhaften Artikulation des Glaubens zugunsten seines geschehnishaften Charakters gänzlich zurückgewiesen wird. Glauben hat sehr wohl auch mit Wissen zu tun, aber einem Wissen, das leben läßt. Doch genau dieses – »was leben läßt« – liegt nicht ohne weiteres auf der Hand. Es kann natürlich auch nicht von irgendeiner Instanz gleichsam rezeptmäßig verordnet werden; es muß – gemeinsam mit anderen – erkundet, an anderen »abgelesen«, erprobt und gedeutet werden. Die Katechese kann dann zur Entdeckung verhelfen, wie im Kontext solcher Suchbewegungen von Menschen sich der biblisch überlieferte Gott als ein »Gott des Lebens«[20] kundgetan hat, eines Lebens allerdings, das nicht unbedingt nach vordergründigen Maßstäben einfach gelingt, sondern zu einer zutiefst widersprüchlichen und gefährlichen Angelegenheit werden kann. Ein so existentiell gelebter Glaube artikuliert sich als Zeugnis – ein Zeugnis, das einlädt, nicht überredet. Kriterium der Angemessenheit dogmatischer Bestimmungen und kerygmatisch-katechetischer Entfaltungen ist darum, daß sie von solchem Zeugnis – vorab dem Zeugnis Jesu Christi – ihren Ausgang nehmen und dahin wieder zurückführen. Theologie ist immer auch als eine Art Existentialbiographie zu entziffern.[21]

Beim Versuch einer Entfaltung und Vermittlung des Glaubens als »Lebenswissen« unter den gegenwärtigen Bedingungen ist allerdings mit Schwierigkeiten zu rechnen, wie sie in den vorhergehenden Überlegungen bereits zur Sprache gekommen sind und an die darum nur nochmals erinnert werden soll:

1. Nicht zufällig tun sich viele Zeitgenossen schwer, den christlichen Glauben ausgerechnet mit einem »Wissen« in Verbindung zu bringen, das sinnvoll zu leben helfen soll. Nicht zuletzt bedingt durch die Weise, wie er vermittelt worden ist, hat dieser Glaube für viele Menschen in Theorie und Praxis einen glaubwürdigen Zu-

---

20 Vgl. dazu vorbildlich *G. Gutiérrez*, El dios de la vida, Lima 1989.
21 Vgl. *J. B. Metz*, Theologie als Biographie, in: Concilium 12 (1976) 311–315; zur Weiterführung vgl. auch Kap. 6.

sammenhang zu dem verheißenen »Leben in Fülle« verloren. Statt dessen hat er für sie, so wie er in kirchlicher Verkündigung und Praxis ausgelegt worden ist, einem sehr reduzierten und einseitigen Verständnis von Leben (z. B. Leben nach dem Tod) Vorschub geleistet. Dieses belastende Erbe darf nicht einfach überspielt werden.

2. Die gegenwärtige Gesellschaft ist durch eine Konkurrenz unterschiedlicher »Lebenswissen« gekennzeichnet. Es gilt darum, sich auf einen praktisch folgenreichen Streit um Lebensauffassungen und -deutungen einzulassen. Nicht durch normative Vorgaben, sondern nur durch praktischen Erweis kann heutigen Zeitgenossen plausibel gemacht werden, daß und inwiefern der christliche Glaube eine Lebensverheißung ist, die einer weit um sich greifenden Verarmung und Zerstörung von Leben wehrt.

3. Bei allem Existenzbezug des christlichen Glaubens ist das Prinzip der »Ganzheitlichkeit« auch auf seine sozialen und politischen Implikationen und Konsequenzen hin ernst zu nehmen, soll der Glaube nicht bloß in »ökologische Nischen« abgedrängt werden. Formen einer umfassenden und integralen Selbst- und Weltbegegnung müssen vor einer totalen Verzweckung der Menschen und anderen Einschränkungen geschützt werden.

4.1.2   Glaubenlernen im Lebenslauf

Es versteht sich von selbst, daß der Glaube als »Lebenswissen« zutiefst mit dem Gang der biographischen Entwicklung der Betroffenen verwoben ist und auf diese einwirkt bzw. auch von ihr geprägt wird. Intuitiv ist darum schon immer gewußt worden, etwa von Paulus, wenn er von sich etwa feststellt: »Als ich ein Kind war, redete ich wie ein Kind, dachte wie ein Kind und urteilte wie ein Kind. Als ich ein Mann wurde, legte ich ab, was Kind an mir war.« (1 Kor 13,11) Es war dann K. Rahner, der angesichts einer allzusehr auf immer gleich gültige Wahrheiten fixierten Theologie und Katechese darauf nachhaltig aufmerksam machte, daß, wenn es nicht nur eine biologische, sondern auch eine geistige Entwicklung des Menschen gebe, dies auch für das Religiöse zuträfe: »Bestimmte religiöse Vollzüge haben in einer bestimmten Lebensphase ihren eigentlichen und richtigen Platz und in einer andern nicht. Nicht alles Religiöse ist in jeder Lebensphase fällig, nicht alles kann in jeder Phase echt und ursprünglich vollzogen werden.«[22] Und dies, so betonte er, gelte nicht nur für die religiösen Vollzüge, sondern auch für die Beziehung zu den Wahrheiten des Glaubens, und zwar nicht nur in der Weise, daß es »eine kindliche, jugendliche und erwachsene Auffassung des Ganzen dieser Lehre gibt, die, wenn auch jeweils in ihrer Art, die einzelnen Inhalte des Glaubens doch alle in gleicher Ausdrücklichkeit und existentieller Nähe auffassen würde. Es gibt auch in den verschiedenen Altern zu den verschiedenen Wahrheiten ein näheres oder ferneres existentielles Verhältnis, eine größere oder geringere Realisationsmöglichkeit, eine stärkere oder schwächere Aufnahmefähigkeit. Die Ansprechbarkeit durch die einzelnen Wirklichkeiten ist nicht nur individuell verschieden, sie verändert sich auch durch die Altersstufen hindurch.«[23]

Was hier erst umrißhaft vorgetragen und in phänomenologisch gehaltenen Lebensalter-Konzepten näher darzustellen versucht worden ist[24], ist in den letzten Jahrzehnten gewissermaßen zu einem Brennpunkt religionspädagogischen Interesses geworden und hat zu einer Reihe von systematisch konzipierten Forschungsansätzen geführt.[25] Insbesondere zwei Zugänge zu einer Rekonstruktion des Zusammenhangs von Lebenslauf und Glaubensentwicklung verdienen in diesem Zusammenhang Beachtung und sollen kurz vorgestellt werden:[26] Es handelt sich einerseits um den psychosozialen

---

22 *K. Rahner*, Meßopfer und Jugendaszese, in: ders., Sendung und Gnade, Innsbruck 1959, 151–186, hier: 166.

23 Ebd., 168.

24 Vgl. z. B. *F. Pöggeler*, Die Lebensalter, Mainz 1973.

25 Vgl. u. a. *A. Grözinger/H. Luther* (Hg.), Religion und Biographie, München 1987; *K. E. Nipkow*, Erwachsenwerden ohne Gott?, München 1987; *W. Sparn* (Hg.), Wer schreibt meine Lebensgeschichte?, Gütersloh 1990; *F. Schweitzer*, Lebensgeschichte und Religion, in: ZfPäd 38 (1992) 235–252. Vgl. auch *K. E. Nipkow*, Religion in Kindheit und Jugend. Forschungsperspektiven und -ergebnisse unter religionspädagogischen Interessen, in: G. Hilger/G. Reilly (Hg.), Religionsunterricht im Abseits?, a. a. O., 183–223.

26 Ausdrücklich sei hier verwiesen auf *F. Schweitzer*, Lebensgeschichte und Religion. Religiöse Entwicklung und Erziehung im Kindes- und Jugendalter, München ²1991; es handelt sich um eine gediegene und lehrbuchartig konzipierte umfas-

165

Zugang, der innerhalb der Tradition der Psychoanalyse zu verorten ist, und um den kognitionspsychologischen Zugang, der die Befunde von J. Piaget, L. Kohlberg u. a. zur Stufenfolge des (logischen) Denkens, moralischen Urteils, sozialer Kompetenz etc. um die – im weitesten Sinn – religiöse Dimension der Entwicklung zu erweitern versucht.

Für die Religionspädagogik sind diese Zugänge und Ansätze gerade deswegen von Interesse, weil sie näheren Aufschluß darüber geben, »wie die menschliche Freiheit in ihren jeweiligen Entwicklungsphasen aus ihrer Ermöglichung im Glauben ›hervorgeht«‹[27], und wie sie von daher für die Ausbildung einer »genetischen Theorie der Freiheit« (J. Werbick) höchst bedeutsam und gehaltvoll sind.

Nach psychoanalytischer Auffassung, wie sie im Anschluß an Freud vor allem von E. H. Erikson ausgearbeitet worden ist, ist die Entwicklung des Menschen ein lebenslanger Prozeß, der durch die Auseinandersetzung von in bestimmten Lebensphasen sich einstellenden Krisen vorangetrieben wird.[28] Daß und wie diese mit der möglichen Ausbildung von Religion zusammenhängen, hatte bereits Freud aufgezeigt, wobei er diese allerdings als Symptom für eine nicht gelungene Bewältigung der Krisen interpretierte.[29] Inzwischen wird differenzierter gesehen, daß Religion beides sein kann, sowohl ein entwicklungshemmender als auch ein entwicklungsfördernder Faktor.[30] So gesehen erweisen sich bestimmte Etappen als für die religiöse Entwicklung besonders bedeutsam. Mit Blick auf das Kindes- und Jugendalter handelt es sich um drei Etappen, die hier in der knappen Charakterisierung von F. Schweitzer wiedergegeben seien: »Erstens wird der Beginn der religiösen Entwicklung – anders noch als bei S. Freud – schon in der *frühesten Kindheit* gesehen, nämlich im Zusammenhang der kind-

sende Darstellung der einschlägigen psychologischen Ansätze, verbunden mit einer aus religionspädagogischem Interesse geleiteten Aufarbeitung ihrer Befunde.

27 *J. Werbick*, Glaube im Kontext, a. a. O., 51.
28 Vgl. vor allem *E. H. Erikson*, Identität und Lebenszyklus, Frankfurt/M. 1974.
29 Siehe oben, Abschn. 2.4.2.
30 *Vgl. G. Klosinski* (Hg.), Religion als Chance oder Risiko, a. a. O.

lichen Vertrauensbildung (E. H. Erikson) und der narzißtischen Einheitserfahrung bzw. korrespondierenden Allmachtsphantasien (H. Kohut, A.-M. Rizzuto). Psychoanalytisch ist Gott das ›Erbe‹ des frühkindlichen ›verlorenen Paradieses‹ (H. Müller-Pozzi). – Zweitens gilt die bereits von Freud als ödipale Phase hervorgehobene *mittlere Kindheit*, in der sich das Gewissen als innere Instanz herausbildet und die Elternbilder sich von den Gottesbildern zu unterscheiden beginnen, als eine zentrale Phase der religiösen Entwicklung. In vieler Hinsicht scheint sich in dieser Zeit zu entscheiden, ob die Gottesbeziehung einen Menschen befreien kann oder ob sie ihn etwa mit Drohungen und Strafängsten einengt. – Und drittens ist es dann die sich in der *Adoleszenz* vollziehende Identitätsbildung, die für die religiöse Entwicklung bedeutsam wird: Identität ist in dieser Sicht angewiesen auf eine sinnhafte Deutung von Welt und Geschichte, wie sie in besonderer Weise von der Religion gegeben werden kann.«[31]

Im Erwachsenenalter stehen weitere spezifische Entwicklungsaufgaben an, die ihrerseits weitere Aspekte religiöser Erfahrung beinhalten: das bedingungslose Sich-Öffnen auf einen anderen hin, das Wagnis schöpferischer Kreativität sowie schließlich die unabänderliche Konfrontation mit der Begrenztheit des eigenen Lebens.[32]

In einem wie engen Zusammenhang der christliche Glaube mit den »Stationen menschlicher Freiheitsgeschichte« (J. Werbick) steht, läßt sich anhand verschiedener zentraler Symbole dieses Glaubens aufzeigen, die die Ambivalenzen einzelner Krisenerfahrungen aufnehmen, ihnen Ausdruck verleihen und gerade so zu einer gelingenden Auseinandersetzung mit ihnen beitragen können. Als Beispiel sei hier lediglich auf das Hin- und Hergerissen-Sein des Kleinkindes zwischen Symbiose und Loslösung verwiesen, ein elementarer innerseelischer Konflikt, dessen Bilder sich insbesondere im Paradies-Symbol und im Abrahams- bzw. Exodus-Motiv wider-

---

31 *F. Schweitzer*, Religiöse Entwicklung und Sozialisation von Mädchen und Frauen, in: EE 45 (1993) 411–421, hier: 416f; vgl. ausführlicher *ders.*, Lebensgeschichte und Religion, a. a. O., 61–105.
32 Vgl. hierzu die zusammenfassende Darstellung von *M. Blasberg-Kuhnke*, Erwachsene glauben, a. a. O., 365–435.

spiegeln.[33] Die Glaubenssymbole derart auf die relevanten Lebensthemen hin zu entschlüsseln, so daß ihr Hoffnungspotential nachvollziehbar wird – was keineswegs ihre völlige Psychologisierung zur Folge haben muß –, ist eine unerläßliche theologische und religionspädagogische Aufgabe, die ein enges Kooperieren mit der Tiefenpsychologie notwendig macht.[34]

In der kognitionspsychologischen Forschungstradition stehend, haben J. W. Fowler und F. Oser – wenngleich mit unterschiedlichen Akzentuierungen – den Nachweis einer stufenmäßig festzumachenden religiösen Dimension im Verlauf der Ich-Entwicklung zu erbringen versucht. Angeregt wurden ihre Forschungen nicht zuletzt durch entsprechende Hinweise im frühen Werk von J. Piaget zur Weltbildentwicklung[35] einerseits und von L. Kohlberg zu Grenzfragen eines prinzipienorientierten moralischen Bewußtseins[36] andererseits. Was insbesondere Kohlberg hypothetisch in die Diskussion über die moralische Entwicklung eingebracht hatte, nämlich ob nicht insbesondere auf der höchsten Stufe eines postkonventionellen ethischen Bewußtseins sich die prinzipielle Frage »Warum moralisch handeln?« aufdränge und ob nicht zu ihrer Beantwortung ein umfassenderer Horizont erforderlich sei, wie er klassischerweise in den Religionen thematisiert werde, nehmen Fowler und Oser zum Anlaß, zu prüfen, ob nicht eine solche prinzipielle Problematik, die auf eine religiöse Dimension menschlichen

---

33 Vgl. ausführlicher D. Funke, Im Glauben erwachsen werden. Psychische Voraussetzungen der religiösen Reifung, München 1986.

34 Vgl. hierzu bes. J. Werbick, Glaube im Kontext, a. a. O., sowie ders., Glaubenlernen aus Erfahrung, a. a. O.; vgl. auch G. Baum, Man Becoming. God in Secular Experience, New York 1971. Daß in diesem Zusammenhang besonders auch auf die Schriften von E. Drewermann zu verweisen ist, auch wenn darin einige Grundfragen im Verhältnis von Theologie und (Tiefen-)Psychologie als noch nicht hinreichend geklärt angesehen werden müssen, versteht sich von selbst.

35 Vgl. J. Piaget, Das Weltbild des Kindes, Frankfurt-M./Berlin/Wien 1980; R. L. Fetz/F. Oser, Weltbildentwicklung, moralisches und religiöses Urteil, in: W. Edelstein/G. Nunner-Winkler (Hg.), Zur Bestimmung der Moral, Frankfurt/M. 1986, 443–469.

36 Vgl. L. Kohlberg, Eine Neuinterpretation der Zusammenhänge zwischen der Moralentwicklung in der Kindheit und im Erwachsenenalter, in: R. Döbert u. a. (Hg.), Entwicklung des Ichs, Köln 1977, 225–252; ders./C. Power, Moral Development, Religious Thinking and the Question of a Seventh Stage, in: Zygon 16 (1981) 203–259.

Denkens und Handelns verweist, koextensiv zu allen Stufen der Ich-Entwicklung gegeben sei.

Dabei befaßt sich Osers Theorie schwerpunktmäßig mit der Entwicklung des »religiösen Urteils«.[37] Sie geht davon aus, daß es ein solches Urteil gibt, das einen relativ eigenständigen Bereich menschlicher Wirklichkeitserschließung darstellt. Ihm liegen Erfahrungen zugrunde, nach denen der Mensch sich in einer für ihn lebensbedeutsamen Weise in Beziehung zu einem Letztbestimmten (Oser verwendet hierfür den Begriff »Ultimates«, den er bisweilen auch synonym mit »Gott« gebraucht) gestellt erlebt. Dieses religiöse Urteil wird insbesondere in der Auseinandersetzung mit Kontingenzsituationen, Sinnfragen u. ä. aktiviert; und es zeigt sich dann, daß der Mensch bestrebt ist, seine Beziehung zum Ultimaten unter Zuhilfenahme transzendenzbezogener Vorstellungen in einen kognitiv befriedigenden Zustand zu bringen. Die so erreichte Äquilibrationsstruktur weist unterschiedliche Niveaus auf, die insbesondere in der Frage der Anerkennung von menschlicher Autonomie und in der Einbeziehung des kommunikativen Umfeldes in der Beziehung zum Ultimaten differieren. Das ist darauf zurückzuführen und darin kommt zugleich zum Ausdruck, daß es eine Entwicklung des religiösen Urteils gibt, die in fünf Stufen erfolgt und für die sich eine Logik rekonstruieren läßt:[38]

Stufe 1: Orientierung an absoluter Heteronomie (Deus ex machina),

Stufe 2: Orientierung an »Do ut des«,

Stufe 3: Orientierung an absoluter Autonomie (Deismus),

Stufe 4: Orientierung an vermittelter Autonomie und Heilsplan,

Stufe 5: Orientierung an religiöser Intersubjektivität.

Es zeigt sich in dieser Stufenfolge, daß die Beziehung zwischen dem Ultimaten und dem Individuum jeweils inniger und universeller wird. Ob es zu der ausdrücklichen Ausformung von solchen als religiös zu identifizierenden Urteilen kommt, hängt von der reli-

---

37 Vgl. grundlegend *F. Oser/P. Gmünder*, Der Mensch – Stufen seiner religiösen Entwicklung, Gütersloh ²1988; vgl. auch *F. Schweitzer*, Lebensgeschichte und Religion, a. a. O., 121–137.

38 Vgl. die Kurzfassung der Stufenbeschreibung in *F. Oser/P. Gmünder*, a. a. O., 80.

giösen Sozialisation ab. Die religiöse Entwicklung wird dann vorangetrieben durch gezielte Förderung in der Erziehung einerseits
sowie durch die Intensität der eigenen Auseinandersetzung mit religiös bedeutsamen Erfahrungen andererseits.[39]
Für Fowler ist nicht allein die Entwicklung des religiösen Urteils,
sondern die Glaubensentwicklung insgesamt Gegenstand seines
theoretischen Konzepts.[40] Dabei geht Fowler zunächst einmal von
einem psychologischen Glaubensbegriff aus, der formal gefaßt ist
und sich allgemein auf die Sinnfindung bzw. -stiftung als Aktivität
des Menschen bezieht.[41] Zugleich hält er aber daran fest, daß sein
Glaubensbegriff auch theologisch interpretiert, d. h. inhaltlich bestimmt werden kann. Glaubensentwicklung ist gemäß diesem
Konzept »ein lebenslanger, sich über krisenhafte Erfahrungen der
frühen Kindheit bis zum reifen Erwachsenenalter vollziehender
Prozeß, der die gesamte Persönlichkeitsentwicklung umfaßt. Der
Entwicklungsverlauf vollzieht sich idealtypisch über sechs qualita-
tiv verschiedene, hierarchisch geordnete Stufen und kennzeichnet
eine Transformation von der Heteronomie zur Autonomie. Glaubensentwicklung geht einher mit einer zunehmenden Dezentrie-
rung der im frühen Kindesalter noch egozentrischen Weltsicht bis
hin zur Ausbildung eines universalen Standpunktes.«[42] Es handelt
sich um eine ganzheitliche Entwicklung, die neben den kognitiven
auch die moralischen, affektiven, kommunikativen und imaginati-
ven Fähigkeiten des Menschen umfaßt und von Fowler wie folgt
umschrieben wird:
Stufe 0: Erster Glaube,
Stufe 1: Intuitiv-projektiver Glaube,
Stufe 2: Mythisch-wörtlicher Glaube,
Stufe 3: Synthetisch-konventioneller Glaube,

39 Vgl. hierzu insbesondere *F. Oser*, Das Verhältnis von religiöser Erziehung und
   Entwicklung: ein religionspädagogisches Credo, in: RPB 21/1988, 12–29.
40 Vgl. grundlegend *J. W. Fowler*, Stufen des Glaubens, Gütersloh 1991.
41 K. E. Nipkow übersetzt den von Fowler als »faith« apostrophierten Untersuchungsgegenstand mit »Lebensglaube« (vgl. *K. E. Nipkow*, Grundfragen der Religionspädagogik. Bd. 3, Gütersloh 1982, 51).
42 *G. Bußmann*, Stufenmodelle zur Entwicklung religiösen Bewußtseins. Theologische und religionspädagogische Anfragen, in: RPB 21/1988, 30–49, hier: 42.

Stufe 4: Individuierend-reflektierender Glaube,
Stufe 5: Verbindender Glaube,
Stufe 6: Universalisierender Glaube.

Ausdrücklich weist Fowler es als Mißverständnis zurück, wenn man sich den Übergang von einer Glaubensstufe zur anderen wie das Ersteigen einer Treppe oder Leiter vorstellen würde. Zwei Gründe verwehren eine solche Vorstellung: Zum einen würde so leicht einer Wertung nach Art eines »Höher«-»niedriger«-Schemas Vorschub geleistet. Die Stufen charakterisieren jedoch eine Abfolge von immer komplexeren, differenzierteren und umfassenderen »Stilen« des Wissens und Wertens; sie kennzeichnen eine Folge von typischen Mustern der Gestaltung und des Engagements, die angeben, wie jeweils die Welt in Relation zu den Bedingungen der Existenz gesehen wird und mit welchen Folgerungen für die Sinngebung und Gestaltung des Lebens das verbunden ist. Zum anderen fördert das Bild der Treppe oder Leiter die Vorstellung, daß jemand von einer Stufe auf die nächste steigt, ohne davon existentiell betroffen zu werden. Die Übergänge zwischen den Glaubensstufen markieren demgegenüber tiefgreifende Wechsel in den Strukturen des Denkens und Wertens; die bisher gewohnte Art der Sinnfindung wird preisgegeben, eine neue muß aufgebaut werden, was mit Erfahrungen der Dissonanz und der Desorientierung verbunden ist. Erst allmählich wird ein neues Gleichgewicht wiedergefunden, und es fällt damit ein anderes Licht auf die eigene Vergangenheit, indem die neue Stufe mit den früheren in eine sinnvolle Verbindung gebracht werden kann.

Aus theologischer Sicht ist zu ergänzen, daß der Mensch in jedem Lebensalter und auf jeder Glaubensstufe unmittelbar zu Gott ist. Mit einer höheren oder niedrigeren Würde oder Vollkommenheit hat so gesehen die menschliche Entwicklung nichts zu tun.[43]

Ohne daß der theoretische Status sowie die Leistungsfähigkeit der beiden Ansätze hier so detailliert, wie es angemessen wäre, gewürdigt werden können[44], ist jedoch in theologischer Hinsicht eine an-

---

43 Vgl. *J. W. Fowler*, Eine stufenweise geschehende Einführung in den Glauben, in: Concilium 20 (1984) 309–315.

44 Vgl. hierzu die entsprechenden Abschnitte in: *F. Schweitzer*, Lebensgeschichte

dere entscheidende Frage an sie zu richten: Ist die religiöse Dimension menschlichen Handelns in der Weise konzeptualisiert, daß sie in einem konstitutiven Zusammenhang mit dem Prozeß der »Subjektwerdung« (J. B. Metz) auf der Grundlage gemeinsam gewährter, befreiter menschlicher Existenz steht?

Exkurs: Religion und Individuation – theologisch

Welchen religionstheoretischen und theologischen Grundannahmen eine Theorie der religiösen Entwicklung Rechnung zu tragen hätte, wollte sie der in der gestellten Frage enthaltenen Anforderung genügen, sei thesenartig erläutert. Vieles spricht dafür, daß dafür eine integrierende Zusammenschau der verschiedenen psychologischen Zugänge, ergänzt um sozialisationstheoretische Perspektiven, als weiterführend vonnöten ist:[45]

Wie deformiert angesichts der eigenen wirkungsgeschichtlichen Praxis auch immer, enthalten religiöse Traditionen Lebensentwürfe und -bilder, in denen die Sehnsucht von Menschen nach Ganzheit und Heilsein, ihre Hoffnung, daß das Leben nicht zerteilt, sondern eins sei, daß die erlittenen Verstümmelungen des Lebens nicht alles seien, aufbewahrt sind und ihre Konturen finden. Religionen können mit solchen Bildern über das erfahrene Elend in dieser Welt auf ein besseres Jenseits hin vertrösten. Sie können aber auch – und davon haben religiöse Traditionen ihren Ausgang genommen – einladen und ermutigen, bestehende Verhältnisse der Zusammenhanglosigkeit, Zerrissenheit und Zerstö-

und Religion, a.a.O., sowie *A. A. Bucher/K. H. Reich* (Hg.), Entwicklung von Religiosität, Freiburg/Schweiz 1989; *K. E. Nipkow u.a.* (Hg.), Glaubensentwicklung und Erziehung, Gütersloh 1988, und die Beiträge in RPB 21/1988: Wachsen im Glauben. – Ein weitgehendes Forschungsdesiderat stellt noch die Frage nach der geschlechtsspezifischen religiösen Entwicklung und Sozialisation dar; vgl. hierzu die Beiträge in EE 45 (1993) Heft 4: Frauen: Religion und Sozialisation.

45 Vgl. *F. Schweitzer*, Auf der Suche nach eigenem Glauben, in: Comenius-Institut (Hg.), Religion in der Lebensgeschichte, Gütersloh 1993, 104–120, hier: 117f. Vgl. zum folgenden auch: *G. Bußmann*, Vertrauen als Handlungskompetenz. Vorüberlegungen zu einer religiösen Entwicklungstheorie dargestellt in Auseinandersetzung mit den religiösen Entwicklungstheorien von F. Oser und J. W. Fowler, Diss.masch. Münster 1990, und *F. Oser/A. A. Bucher*, Konvergenz von Religiosität und Freiheit, in: ZfPäd 38 (1992) 253–276.

rung des Lebens nicht das letzte Wort sein zu lassen, sondern sie auf eine »neue Welt« hin zu transformieren und diese zu antizipieren, die – wie fragmentarisch auch immer – mehr von dem ersehnten Ganz- und Heilsein-Können aller Menschen erfahrbar werden läßt.

Religion – so gesehen – hat es demnach mit der Erfahrung der Widersprüchlichkeit des individuell und kollektiv Gegebenen im Licht der Offenbarung Gottes als des Schöpfers, Erhalters und Vollenders allen Lebens zu tun. Sie erhebt somit Einspruch, wo immer psychisch und strukturell Entfremdung, Unterdrückung und Zerstörung von Menschen begünstigt, wo Vernichtungen als unabdingbar deklariert werden. Religiöse Praxis hat es also zutiefst mit dem Bemühen um Transformation des Bestehenden angesichts solcher Krisenerfahrungen zu tun. Es ist ein Handeln, das »unter erfahrenen und erlittenen, die eigene Lebenswelt deformierenden systemischen Widersprüchen und damit unter Entfremdung auf eine nicht entfremdete Lebensform hin« zielt, »auf eine Lebensform hin, in der Identitäten gemeinsam gefunden werden können, so daß mit den Verhältnissen sich Subjekte ändern können und mit den Subjekten Verhältnisse«[46]. Angesichts biographischer Krisen und Brüche, die die bisher erworbenen Vorstellungen über sich selbst und den Sinn des eigenen Lebens grundlegend in Frage stellen, gibt solche Religion die Zuversicht und Kraft, sich auf den Prozeß der Findung des Selbst und eines Umgangs mit der Wirklichkeit auf neuem Niveau einzulassen. Angesichts der gesellschaftlichen Krisen spornt sie dazu an, eine gemeinsame Welt und entsprechende gesellschaftliche Institutionen aufzubauen, »in denen die unbedingte gegenseitige Anerkennung Bedingung der eigenen Identität und Ort der Erfahrung jener absoluten befreienden Freiheit ist, die in der christlichen Tradition Gott genannt wird«[47].

Identitätstheoretisch gewendet heißt das, daß die religiöse Dimension in der Identitätsbildung insbesondere dort sich als elementare Herausforderung einstellt, wo es darum geht, ernst zu nehmen und

---

46 *H. Peukert*, Kontingenzerfahrung und Identitätsfindung, a. a. O., 99.
47 *Ders.*, Was ist eine praktische Wissenschaft?, a. a. O., 77.

in der Weise der Umgangs miteinander einzulösen, daß zum eigenen Selbstwerden die Anerkennung des freien Selbstwerdens und -seins des anderen konstitutiv hinzugehört. Wie eine entsprechende Interaktion, die die Lebensmöglichkeiten des anderen fördert – selbst wenn diese Anerkennung des anderen nicht auf gleiche Weise beantwortet wird, angestoßen und durchgehalten oder zu ihr zurückgefunden werden kann, erweist sich somit als eine die religiöse Dimension tangierende Problematik im Rahmen der Debatte um Identitätsbildung.[48]

Welche Glaubensdynamik sich in diesem Zusammenhang auf individueller Ebene abspielen kann, hat G. Fuchs unter Rückgriff auf in der christlichen Mystik auffindbare Erfahrungen wie folgt umschrieben: »Es handelt sich ... um ein koextensiv wachsendes, sich wechselseitig bereicherndes Entwicklungsgeschehen, bei dem der wohlwollende Unterschied zwischen Gott und Mensch immer radikaler erfahren, erlitten und als solcher bejaht wird. Je mehr der glaubende Mensch sich vor Gott erkennt und sich ihm gegenüber wahrnehmen darf, desto mehr bricht der unendliche Graben von Unendlichkeit und Sündhaftigkeit auf – aber nicht im Modus der Selbstanklage allein, sondern vor allem in der Haltung der jubelnden und schöpferischen Anerkennung der vergebenden Treue Gottes... Dieser Glaube..., in dem sich fortschreitend genauer und schärfer herausdifferenziert, daß Gott allein ist, damit wir wirklich Menschen werden können im Sinne Jesu und dank seines Geistes, ist eine gleichsam unendliche Geschichte: Es gibt die Stadien des Anfängertums, des Fortschreitens, der Reife – und Reife heißt wiederum Wachsen im Ziel oder gehen in ihm.«[49]

48 Vgl. hierzu die wichtigen Beiträge H. Luthers zur theologischen Bestimmung von Subjekt bzw. Identität, in: ders., Religion und Alltag, a. a. O., bes. 62–182. Siehe zum Ganzen auch oben, Abschn. 3.2.4.

49 G. Fuchs, die »Hierarchie der Wahrheiten« als lebenspraktisches und katechetisches Korrelationsprinzip, in: LK 9 (1987) 83–91, hier: 88.

4.1.3 Austausch zwischen den Generationen

Aus dem Gesagten ergibt sich eine weitere Folgerung: So sehr das Glauben-Lernen in dem hier skizzierten Sinn eine subjektive Angelegenheit ist, so vollzieht sie sich doch wesentlich intersubjektiv, im Austausch mit anderen, als wechselseitiges Lernen der Beteiligten miteinander und voneinander. Denn wenn jedes Lebensalter und jede Entwicklungsstufe eine eigene Weise kennen, den Glauben zu verstehen und zu praktizieren, vermag die Fülle des Glaubens erst zur Geltung zu kommen, wenn seine verschiedenen Weisen miteinander in Berührung gebracht werden und sich so gegenseitig bereichern. Hier handelt es sich, aus paulinischer Sicht betrachtet, um einen keineswegs nebensächlichen Aspekt der verschiedenen Charismen, die sich gegenseitig zur Auferbauung der Gesamtgemeinde wertschätzen und ergänzen sollen. Indem sich die verschiedenen Glaubensweisen der einzelnen Alters- und Entwicklungsstufen gleichberechtigt nebeneinander verwirklichen können und gegenseitig bereichern, wird etwas von der Fülle der Inspiration des Evangeliums sichtbar.

Daß das Glauben-Lernen als ein wechselseitiger Prozeß zu verstehen und zu konzipieren ist, von dem nicht nur die Heranwachsenden, sondern auch die Erwachsenen betroffen sind, gelangt in seiner Bedeutung erst allmählich in das religionspädagogische und katechetische Bewußtsein. Bedeutet es doch eine nachhaltige Korrektur der lange Zeit vorherrschenden Sicht von Glaubensunterweisung als einer »Eingliederung in die Kirche« (kirchliche Sozialisation), bei der ausschließlich die ältere Generation es ist, die der jüngeren das »Erbe« weiterreicht.

Vor allem der evangelische Religionspädagoge K. E. Nipkow hat nachhaltig einen entsprechenden Perspektivenwechsel gefordert. Nach ihm hat Glaubensweitergabe als »gemeinsam leben und glauben lernen zwischen den Generationen« zu erfolgen.[50] Folgende Gründe führt er dafür an:

Aus sozialwissenschaftlicher Sicht ergibt sich, daß aufgrund des be-

---

50 Vgl. *K. E. Nipkow*, Grundfragen der Religionspädagogik. Bd. 3, a. a. O., 33 f. 233 ff.

schleunigten sozialen Wandels sich die Lebensprobleme schneller ändern, als mit Lernkonzepten darauf reagiert bzw. Einfluß genommen werden kann; seine Zuspitzung erfährt das in dem Phänomen, daß die Jugendlichen schneller als die Erwachsenen sich mitverändern. Ein undialektisches Verständnis von Sozialisation als Eingliederung der heranwachsenden Generation in die Gesellschaft und ihre überlieferten Wertvorstellungen vermag nach Nipkow dem nicht nur nicht gerecht zu werden, sondern wird auch durch die vorhandenen Fakten und Verhältnisse problematisiert. Vielfach steht in Frage, ob sich Jugendliche und Erwachsene in wichtigen Dingen heute überhaupt noch verständigen können. Als Folgerung ergibt sich daraus, daß die Erwachsenen mit den Jugendlichen zusammen weiterlernen müssen, daß das Lernen insgesamt generationenübergreifend zu konzipieren ist.[51]

Aber auch in pädagogischer Sicht spricht nach Nipkow vieles für einen solchen Ansatz. Denn Erziehen bedeutet ja nicht, auf die Entwicklung des Heranwachsenden bestimmenden Einfluß zu nehmen, sie so zu formen und zu prägen, wie es den eigenen Vorstellungen und Erwartungen entspricht, sondern ihm die Chance anzubieten und ihn dazu zu befähigen, selbst zu bestimmen, wer er sein will. Das bleibt nicht folgenlos auch für die Identität der Erziehenden und ihrer Generation.

Darüber hinaus ist generationenübergreifendes Lernen theologisch geboten. Nipkow verweist auf den biblischen Befund, dem gemäß alle Menschen vor Gott gleichermaßen der »Belehrung« über die Wahrheit ihres Lebens bedürftig sind. Jesu Umgang mit den Kindern impliziere sogar eine völlige Umkehrung der geläufigen Lehr-Lernsituation.

Ebenfalls mit Verweis darauf hat der Psychoanalytiker T. Brocher eindrucksvoll ausgeführt, was Lernen zwischen den Generationen konkret heißt: »Das Prinzip guter Erziehung ist, daß ich mich kleiner mache – ich werde weniger benötigt im Laufe der Zeit –, damit der andere wachsen kann und größer wird. Das bedeutet im Grunde mehr Respekt vor der Eigenständigkeit des Kindes. Für den Erwachsenen bedeutet das ›Sich-öffnen‹ und ›Sein wie Kinder‹

---

51 Vgl. *ders.*, Erziehung, a. a. O., 25.

nicht etwa kindisch werden. ›Werden wie die Kinder‹ bedeutet, jene Offenheit, Wißbegier, Zukunftsgläubigkeit, Vertrauen und Opferbereitschaft wieder zu gewinnen, um für einen anderen da zu sein und die Welt so zu erleben, als das Geschenk, das mir gegeben wurde. Es bedeutet, Kind sein und wie ein Kind werden, um zu begreifen, daß ich in diese Schöpfung berufen bin, nicht als Prometheus, nicht als Schöpfer dieser Welt, sondern als Geschöpf, das ich bleibe. Geschöpflichkeit muß ich im Kinde anerkennen, da sie mir meine eigene Geschöpflichkeit widerspiegelt.«[52]

4.2   Lebensalter

Wenn im folgenden auf die drei Lebensalter Kindheit, Jugend und Erwachsensein eingegangen wird, so geschieht das wegen der gebotenen Kürze konzentriert auf einige zentrale Aspekte.[53]

4.2.1   Kinder

»Nein – kein Kind – kein Kind, das mit der Welt redlich fertig werden kann –, wird je wesentlich im Stande sein, Gott ›zu erfinden‹... Nur wo Gott dem Kinde offenbart wird, dort kann das Kind Ihn entdecken, dann aber auch unmittelbar verstehen.«[54] Dieses Zitat des niederländischen Pädagogen M. J. Langeveld wäre mißverstanden, würde man aus ihm folgern, es gelte, die kindliche Disposition zur Religiosität von früh an möglichst breit und intensiv inhaltlich zu füllen. Das wäre eine einseitige Beeinflussung, die Langeveld entschieden ablehnt. Denn auch wenn die Religion als eine »ganz neue Tatsache« in das Leben des Kindes

---

52 *T. Brocher*, Die Probleme des Kindes sehen, verstehen und lösen helfen, in: J. Wiener/H. Erharter (Hg.), Kinderpastoral, Wien 1982, 55–74, hier: 72.

53 Vgl. umfassender *K. E. Nipkow*, Erwachsenwerden ohne Gott?, a. a. O.; *F. Harz/ M. Schreiner* (Hg.), Glauben im Lebenszyklus, München 1994.

54 *M. J. Langeveld*, Was hat die Anthropologie des Kindes dem Theologen zu sagen?, in: H. Diem/ders., Untersuchungen zur Anthropologie des Kindes, Heidelberg 1960, 19–33, hier: 31 f; vgl. auch *ders.*, Das Kind und der Glaube. Einige Vorfragen zu einer Religions-Pädagogik, Braunschweig 1959. Vgl. zum folgenden auch *N. Mette*, Voraussetzungen christlicher Elementarerziehung, a. a. O., 231–236.

gebracht werden müsse, so habe das Kind im Verlauf seiner Entwicklung den eigenen Glauben selbständig zu entdecken und auszugestalten. Wo die religiöse Erziehung das nicht zulasse, komme es unweigerlich zur Vorstellung eines kindischen Glaubens, der spätestens im Erwachsenenalter abgeworfen werden müsse. Umgekehrt könne ein Verzicht auf religiöse Erziehung dazu führen, daß das Kind sich – ähnlich wie viele Erwachsene – die Vorstellung zu eigen mache, die Welt vermeintlich durch und durch zu kennen. Religiöse Erziehung habe so gesehen die Aufgabe, in einen offenen Sinngebungsprozeß einzuweisen und dadurch, daß die Wirklichkeit nicht abgeschlossen werde, sondern geheimnisvoll bleibe, schöpferische Zukunftsperspektiven zu eröffnen.

Die phänomenologisch gewonnene Einsicht Langevelds, daß der Mensch von Anfang an, also bereits als Kind, aktiv seine Entwicklung vorantreibt, hat inzwischen aufgrund neuerer entwicklungspsychologischer Einsichten eine einhellige Bestätigung gefunden.[55] Förderlich ist es natürlich darüber hinaus, wenn der soziale und ökologische Kontext für eine solche Entwicklung entsprechende Anregungen gibt.

Diese Einsicht vom Kind als aktivem Konstrukteur seiner Wirklichkeit auch in ihrer theologischen Relevanz zu rezipieren und ernst zu nehmen, tut man sich innerhalb der Religionspädagogik offensichtlich schwer. Erst in jüngster Zeit wird der genuinen »Religion des Kindes«[56] vermehrt Aufmerksamkeit geschenkt und finden die Kinder als »Theologen« Beachtung[57]. Zwar hat W. Lochs Verdikt von der »Verleugnung des Kindes in der evangelischen Religionspädagogik«[58] bereits Mitte der sechziger Jahre eine Diskussion um das Recht des »Kinderglaubens« ausgelöst[59] und dazu

---

55 Vgl. z. B. die einschlägigen Beiträge in *M. Markefka/B. Nauck* (Hg.), Handbuch der Kindheitsforschung, Neuwied 1993.
56 Vgl. die gleichnamige historische Studie in systematischer Absicht von *F. Schweitzer*, a. a. O.
57 Vgl. bes. *A. A. Bucher*, Kinder als Theologen?, in: RL 21 (1992) 19–22; *ders.*, Kinder und die Rechtfertigung Gottes? – Ein Stück Kindertheologie, in: schweizer schule 79 (1992) Heft 10, 7–12.
58 Essen 1964.
59 Vgl. dazu *N. Mette*, Voraussetzungen christlicher Elementarerziehung, a. a. O., 236 ff.

geführt, daß das Kind in der religionspädagogischen Theorie und Praxis mehr Aufmerksamkeit fand. Allerdings blieb die Auffassung vorherrschend, daß entsprechend *für* das Kind etwas getan werden müsse, möglicherweise auch *mit* ihm; aber daß *durch* das Kind selbst etwas getan werden könne und solle, wurde als unmöglich empfunden. Aufgrund der Art, wie nicht selten dieser »Kinderglaube« bestimmt wurde – als in besonderer Weise empfänglich, offen, auf andere angewiesen etc. –, konnte es auch gar nicht anders sein.

Legt man den heutigen Wissensstand über die kindlichen Anfänge der Religion im Zusammenhang mit der psychischen Geburt des Menschen und seiner weiteren Entwicklung zugrunde[60], ergibt sich zusammenfassend: »Die religiösen Vorstellungen entwickeln sich in einer ersten Form schon lange, bevor das Kind zwischen sich selbst und seiner Umwelt zu unterscheiden vermag. Das frühkindliche Erleben einer Einheit oder Verschmelzung mit den Eltern (sog. ›ozeanisches Gefühl‹ oder ›primärer Narzißmus‹) scheint den Anfangspunkt der religiösen Vorstellungen zu bilden. Im weiteren ist es dann die Wahrnehmung der Eltern als scheinbar allmächtigen Quellen von Zuwendung und Versorgung, die als psychologische Wurzel besonders der Gottesbilder anzusehen ist... In dieser frühen Zeit sind Elternbild und Gottesbild noch nicht voneinander unterschieden. Beides fällt zusammen. Ein ausdrückliches Gottesbild gibt es noch nicht. Vorhanden sind jedoch Elternbilder mit religiösen Eigenschaften, die später dann auf ein bewußtes Gottesbild übertragen werden. Von welchem Alter an die bewußte Unterscheidung zwischen Gottesbild und Elternbild vom Kind vollzogen wird, ist eine schwierige Frage. Es ist jedoch anzunehmen, daß diese Unterscheidung als Ergebnis eines längeren Prozesses anzusehen ist und daß sie etwa zwischen dem vierten und sechsten Lebensjahr auftritt. Auch dann steht das Gottesbild dem Elternbild noch sehr nahe, aber es ist doch auch eine zunehmende Unabhängigkeit des Gottesbildes gegenüber dem Elternbild zu beobachten. Zugleich ist dies die Zeit, in der sich beim Kind das Gewissen herauszubilden beginnt. In den ersten Lebensjahren begegnen Ge-

60 Siehe dazu auch das bereits oben, in Abschn. 4.1.2 Ausgeführte.

bote und Verbote dem Kind nur von außen her. Erst ab etwa dem fünften Lebensjahr tritt das Gewissen als innere Instanz in Erscheinung. Die Gebote und Verbote der Eltern werden verinnerlicht und werden von nun an als ›innere Stimme‹ erfahren.«[61]

Mythologische Vorstellungen prägen die kindlichen Weltbilder.[62] Entsprechend ist auch der Glaube, insofern er ausdrücklich wird, mythologisch-wörtlich geformt. Gott ist allmächtig, d.h. er kann alles und greift auch belohnend oder strafend in die Welt ein; er schützt aber auch in Gefahren und gibt den Menschen vor, was gut und böse ist. Auf der nächsten Stufe, die in der späteren Kindheit erreicht werden kann, wird die Vorstellung des »Deus ex machina« abgelöst durch die Vorstellung eines Gottes, auf den auch der Mensch einwirken kann – beschwichtigend, auf seine Seite ziehend etc. Entsprechend verändert sich die Beziehung zu Gott; man gibt ihm, damit er gibt.

Inwieweit auch für die religiöse Entwicklung von Mädchen und Jungen geschlechtsspezifische Unterschiede in Anschlag zu bringen sind, ist noch nicht hinreichend erforscht. Daß aber Unterschiede bestehen, die allerdings nicht allein von dem psychischen Werdegang her, sondern entscheidend auch soziokulturell bedingt sind, läßt sich nicht übersehen.[63]

Als Konsequenz für einen angemessenen religionspädagogischen Umgang mit Kindern ergibt sich nunmehr:

– Kinder sind für religiöse Fragen ansprechbar; sie sind – wie man es heute gerne nennt – »kleine Philosophen«, die sich mit sehr tiefgründigen Fragen beschäftigen und auch zu eigenen Antworten fähig sind.[64] In dieser ihrer Kompetenz sind sie entwicklungsgerecht

---

61 F. *Schweitzer*, Kind und Religion – Religiöse Sozialisation und Entwicklung im Grundschulalter, in: ders./G. Faust-Siehl (Hg.), Religion in der Grundschule, Frankfurt/M. 1994, 38–47, hier: 41f. Vgl. auch umfassend N. *Mette*, Voraussetzungen christlicher Elementarerziehung, a.a.O., bes. 138–227.

62 Vgl. auch A. A. *Bucher*, Gottesvorstellungen in der kindlichen Entwicklung, in: LK 13 (1991) 19–24; vgl. zum Ganzen auch D. A. *Blazer* (Ed.), Faith Development in Early Childhood, Kansas City 1989.

63 Vgl. F. *Schweitzer*, Religiöse Entwicklung und Sozialisation von Mädchen und Frauen, a.a.O.; *ders.*, Mutter und Vater: Wandel der Elternrolle und die Entwicklung des Gottesbildes, in: KatBl 119 (1994) 91–95.

64 Vgl. u.a. die Diskussionseinheit »Philosophieren mit Kindern« in: EuS 4 (1993) Heft 3. Eine Fülle von kindlichen Äußerungen enthalten R. *Coles*, Wird Gott naß,

anzuregen und zu begleiten.[65] Dabei ist ernst zu nehmen, daß Kinder auch zu den religiösen Überlieferungen nur entsprechend ihrer eigenen Deutungsweisen und ihrer spezifischen Weltzugänge einen Zugang finden. Darum sind die Deutungen und Vorstellungen, die die Kinder eigenständig entwickeln, anzuerkennen und nicht gleich zu korrigieren. Kinder haben – wie A. A. Bucher es postuliert hat – ein Recht auf ihre »erste Naivität«.[66]

– Neben dieser Festigung und Begleitung des Kindes in seiner Kompetenz gilt es diese jedoch auch zu fördern, indem der Entwicklung folgend weiterführende Impulse vermittelt werden. Aber es kann ebenfalls notwendig sein, korrigierend oder »gegenwirkend« einzugreifen, wo etwa dem Kind eine Religion vermittelt worden ist, die pathologische Auswirkungen zeitigt, oder wo auf verhängnisvolle Weise dort, wo keine explizite religiöse Erziehung erfolgt, gleichwohl von den Eltern oder Erziehern »Säkularisate« (z. B. Strafängste), die aus der eigenen unverarbeiteten religiösen Erziehung herrühren, bei der Erziehung zu Hilfe genommen werden.

– In diesem Zusammenhang ist an den konstitutiven Zusammenhang von religiöser Entwicklung und Entwicklung zu einem humanen Menschsein überhaupt zu erinnern. Religiöse Erziehung von Kindern muß darum auch fragen und mit dazu beitragen, daß ein tragfähiges Grundvertrauen, eine positive Lebenseinstellung sowie ein prosoziales Empfinden vermittelt und grundgelegt werden.[67]

– Darüber hinaus ist gerade angesichts der Gefährdungen der

wenn es regnet? Die religiöse Bilderwelt der Kinder, Hamburg 1992, sowie *M. Fay*, Brauchen Kinder Religion?, Hamburg 1994.

65 Vgl. z. B. *F. Oser*, Die Entstehung Gottes im Kinde. Zum Aufbau der Gottesbeziehung in den ersten Schuljahren, Zürich 1992; vgl. auch *L. W. Barber*, The Religious Education of Preschool Children, Birmingham (Al.) 1981; *D. E. Ratcliff* (Hg.), Handbook of Children's Religious Education, Birmingham (Al.) 1992.

66 Vgl. *A. A. Bucher*, »Wenn wir immer tiefer graben... kommt vielleicht die Hölle«. Plädoyer für die Erste Naivität, in: KatBl 114 (1989) 654–662; vgl. dazu die Repliken in: ebd., 790–793 (*B. Grom*) und KatBl 115 (1990) 170–190 (*F. Oser/H. Reich, R. Oberthür, L. Kuld, K. Wegenast*).

67 Vgl. dazu vor allem *B. Grom*, Religionspädagogische Psychologie des Kleinkind-, Schul- und Jugendalters, Düsseldorf-Göttingen 1981; *ders.*, Religionspsychologie, München-Göttingen 1992; *H.-J. Fraas*, Glaube und Identität, Göttingen 1983.

Kindheit heute auch seitens der religiösen Erziehung soviel wie möglich dafür zu tun, daß die Voraussetzungen für eine sinnorientierende Sozialisation erhalten bzw. geschaffen werden.[68] Für die Kinder heißt das insbesondere[69], daß sie Angebote vorfinden, »die Möglichkeiten zu Sinnübernahme bereitstellen«, daß sie sich in Räumen bewegen können, »die die objekthafte und sinnbestimmte Umwelt selbständig, auf eigene Initiative hin entdecken lassen«, daß sie Beziehungen mit Erwachsenen eingehen können, »die dem Kind seine Besonderheit zugestehen und ihm Achtung entgegenbringen«, und daß sie herausgefordert werden und Gelegenheit haben, »sowohl mit Erwachsenen als auch unter Gleichaltrigen Sinn auszuhandeln«.

Daß bei all dem als erste die Kirche herausgefordert ist, sich von den Kindern prüfen zu lassen, ob hier wenigstens die Option Jesu befolgt wird, das Kind »in die Mitte« zu stellen, braucht wohl nicht eigens begründet zu werden, auch wenn dieser Test für sie angesichts der weithin vorfindlichen Realität riskant sein dürfte.[70]

4.2.2   Jugendliche und junge Erwachsene

»Muß die Kirche die Jugend verlieren?«[71] Vor über zehn Jahren hatte A. Exeler besorgt jene Entwicklung vorausgesehen und sie mit seiner leidenschaftlichen Aufforderung an die Kirche, sich endlich zur Jugend zu »bekehren«, aufzuhalten versucht, die inzwischen eingetreten ist: In der gegenwärtigen Jugendkultur stellen Kirche und Christentum nur noch für eine verschwindende Minderheit eine bedeutungsvolle Größe dar.[72] Die Mehrheit reibt sich

---

68 Vgl. *N. Mette*, Macht Sozialisation Sinn? – Kindheit in der Risikogesellschaft, a. a. O.

69 Nach *L. Krappmann*, Kann sinnorientierende Sozialisation noch gelingen?, in: RPB 19/1987, 2–15.

70 Vgl. *N. Mette*, Kinder, in: Chr. Bäumler/ders. (Hg.), Gemeindepraxis in Grundbegriffen, München-Düsseldorf 1987, 228–238; vgl. auch die Dokumente der EKD-Synode von 1994, die unter dem Thema »Aufwachsen in schwieriger Zeit« stand (bes. den Abschnitt: Welche Kirche braucht das Kind?).

71 So der Titel eines Buches von *A. Exeler* (Freiburg 1981). Vgl. auch *E. Feifel*, Kirche der Jugend entfremdet?, in: KatBl 110 (1985) 832–842.

72 Siehe detailliertere Angaben im »Exkurs: Jugend und Religion« im 1. Kapitel.

nicht einmal mehr an ihnen; sondern für sie ist alles, was mit der Religion möglicherweise noch ihrer Eltern und Großeltern zu tun hat, schlicht und einfach unbekannt, zu einem fremden und exotisch anmutenden Terrain geworden – in das man möglicherweise gelegentlich aus Neugier heraus eine Exkursion hinein unternimmt.

Diese Befunde lassen davor warnen, aus der immer noch zahlreichen Präsenz von Jugendlichen auf Katholiken- oder Kirchentagen sich ein neues Come-back zu versprechen. Das Gegenteil ist wohl eher der Fall. Denn hier kommen großteils gerade die Jugendlichen zusammen, die sich noch in Gemeinden und Verbänden engagieren und diese Treffen als Gelegenheit sehen, eine Kirche zu erleben, die einladend und offen ist und noch zu begeistern vermag. Um so stärker und frustrierender erfahren sie dann vielfach die Differenz zum kirchlichen Alltag.

Ein Fehlschluß wäre es allerdings, aus der Distanz der Jugendlichen den Kirchen gegenüber zu folgern, sie seien überhaupt nicht mehr religiös ansprechbar. Zwar läßt zunächst einmal ein an der Oberfläche bleibender Eindruck in den meisten Fällen dagegen sprechen. Lautet doch die Auskunft über die in der jungen Generation vorherrschende Orientierung, sie bezöge sich in erster Linie auf das eigene Ich als dem letzten Sinnhorizont, ziele auf die Selbstverwirklichung im Sinn eines individuellen Glücksstrebens, was in den Werten, die die meiste Zustimmung fänden – bewährte Freundschaft, Geborgenheit in der Partnerbeziehung und Familie, gehobener Lebensstandard, Freiheit und Selbstkongruenz sowie Zufriedenheit im Beruf – sich deutlich niederschlage.[73] Es wäre demnach das »Diesseits« und nichts mehr, das den Jugendlichen »heilig« wäre.

Daß unter Jugendlichen und jungen Erwachsenen ein solcher selbstreferentieller Eudämonismus eine weithin antreffbare Lebenseinstellung ist, kann nicht geleugnet werden. Er muß allerdings im Zusammenhang mit der erheblichen Verschärfung der Voraussetzungen für die gerade im Jugendalter anstehende Auf-

---

73 Vgl. *H. Barz*, The pursuit of happiness. Empirische Befunde zur Religion der ungläubigen Jugend in Deutschland, in: Praktische Theologie 29 (1994) 106–116.

gabe der Identitätsbildung infolge des Prozesses der sogenannten »Individualisierung« gesehen werden.[74] Jugendliche heute können für die Gestaltung ihrer Biographie nicht mehr wie frühere Generationen auf sozial vorgegebene Lebensläufe zurückgreifen; sie müssen Konsistenz und Sinnstiftung für die eigene Lebensführung selbständig herstellen.

Dieser neuen Situation, bei der Selbstvergewisserung darüber, wer man – oder frau – ist und möglicherweise werden will und welche Wertorientierungen, Ausdrucksformen etc. dabei Geltung haben sollen, weitgehend auf sich allein gestellt zu sein, entspricht jene Vielfalt an Selbstinszenierungen, wie sie für die Jugendkultur heute typisch sind. Überhaupt ist es Kennzeichen für das Bemühen, die Biographie individuell zu gestalten, daß das Selbst immer wieder neu gestaltet und erprobt wird. Insofern kommt es heute nicht selten gewissermaßen »bastelbiographisch und patchworkartig zu einem schnellen Wechsel von Identitätsmontagen«[75]. Wechseln können lautet die »Logik« der jugendlichen Suche nach Selbstverwirklichung und kultureller Szenenzugehörigkeit.

Das bedeutet nun nicht unbedingt, daß Traditionen, die Leitbilder und Lebensmodelle repräsentieren, von vornherein abgelehnt werden. Im Gegenteil, sie erweitern den zur Verfügung stehenden Möglichkeitshorizont und damit auch den subjektiv wahrnehmbaren Spielraum von Optionen. Ob auf sie zurückgegriffen und was aus ihnen ausgewählt wird, hängt allerdings davon ab, ob sie als für die eigene Lebensführung bedeutsam erlebt und kreativ weiterentwickelt werden können.

In diesem Zusammenhang ist es bemerkenswert, daß bei genauerem Hinschauen sich doch mehr Jugendliche existentiell mit den »uralten Menschheitsfragen« auseinandersetzen, als gemeinhin angenommen wird. Aufgrund von zahlreichen »Zeugnissen« Jugendlicher und junger Erwachsener kommt K. E. Nipkow zu dem Schluß: »In den Aussagen der Jugendlichen spiegelt sich oft ein

---

74 Vgl. *G. Bittner*, Von den Schwierigkeiten Jugendlicher, eine sinnvolle Lebens- und Zukunftsperspektive aufzubauen, in: Neue Sammlung 31 (1991) 82–96.

75 *W. Ferchhoff*, Jugend und Jugendforschung – Jugendkulturen unter der Lupe der Wissenschaft, in: deutsche jugend 39 (1991) 103–112, hier: 107; vgl. auch *ders.*, Jugend im Wandel, in: Diakonia 23 (1992) 366–377.

schwer entwirrbares Ineinander von tiefen Enttäuschungen, abgestorbenen Erwartungen, bestehenbleibenden Hoffnungen, mißverstandenen Aneignungen und neuen Suchbewegungen. Den Bodensatz bilden hierbei jene ›letzten‹, existentiell hochbedeutsamen und zugleich metaphysisch irritierenden Fragen, die aus verschiedenen Untersuchungen erhoben werden konnten. Sie kreisen um die Gottesfrage:

– Gott und der Anfang des Seins (Schöpfungsglaube gegenüber naturwissenschaftlicher Welterklärung)

– Gott und das Ende des Lebens (Weiterleben nach dem Tod? Auferstehung? Reinkarnation?)

– Gott und das Leiden zwischen Anfang und Ende (Theodizeefrage, Sinn des Kreuzes?)

– Gott und die Vielfalt der Religionen (Absolutheitsanspruch des Christentums?)

– Gott selbst zwischen Realität und Fiktion (Religionskritik und Atheismus gegenüber Gotteserfahrung in und mit Jesus von Nazareth)

– Gott und die Kirche (Gott ja – Kirche nein)

– Gott und seine Funktion im Leben (Halt, Trost, befreiende Orientierung oder Drohung und Unterwerfung?).«[76]

Daß man solche Fragen nicht zu tabuisieren braucht, wie es die Jugendlichen unter Erwachsenen normalerweise erleben, sondern daß man sich bewußt mit ihnen auseinandersetzen kann – theoretisch und praktisch, allerdings weniger abstrakt als vielmehr in konsequenter Rückbindung an die Lebenswelten der Betroffenen und die darin gemachten Alltagserfahrungen[77], das zu ermöglichen und dazu anzuhalten, ist vordringliche religionspädagogische Aufgabe. Die Jugendlichen und jungen Erwachsenen erfahren es als für sie wichtige Hilfe, wenn sie bei der Suche und dem Entdecken ihres eigenen »Glaubens« begleitet werden (statt auf ein vorgelegtes Bekenntnis verpflichtet zu werden), wenn sie Sinn selbständig

---

76 *K. E. Nipkow*, Religion in Kindheit und Jugendalter, a.a.O., 211; vgl. pädagogisch weiterführend *ders.*, Jugendliche und junge Erwachsene vor der religiösen Frage, in: G. Klosinski (Hg.), Religion als Chance oder Risiko, a.a.O., 111–136.

77 Vgl. dazu beispielhaft *M. Veit*, Alltagserfahrungen von Jugendlichen, theologisch interpretiert, in: JRP 1 (1984), Neukirchen-Vluyn 1985, 3–28.

erfinden können (statt nur schon vorgegebenen Sinn zu finden), wenn sie Traditionen kommunikativ verflüssigen können (statt sie als starre Doktrinen zu übernehmen), wenn sie alternative Sinnentwürfe erproben können (statt ein festes System indoktriniert zu bekommen), wenn sie Verantwortung für sich und andere wahrnehmen können (und nicht länger bevormundet werden), wenn sie bei gesellschaftlichen Problemen, vor allem solchen, die die Zukunft betreffen, mitentscheiden und mitwirken können (statt daß ständig für sie »gesorgt« wird), wenn sie der Kirche offen begegnen können (ohne damit schon vereinnahmt zu werden), wenn sie neue Wege für die Kirche erschließen und sie gestalten können (und sich nicht bloß in den eingefahrenen Bahnen zu bewegen brauchen).[78]

Wichtig ist es darum, einerseits aufmerksam zu sein für die Weise, wie die Jugendlichen ihrerseits mit religiösen (oder quasi-religiösen) Deutungsbeständen umgehen und etwa bei der Bewältigung lebenspraktischer Fragen bearbeiten[79], andererseits aber auch sie

---

78 A. Feige hat die unter Jugendlichen antreffbaren Erwartungen an die Kirchen instruktiv wie folgt zusammengefaßt:
»– Begleitung ohne doktrinären Herrschaftsanspruch,
– Glaubensangebote ohne eiserne Abonnementverpflichtung,
– Tröstung ohne versteckte Drohung,
– Bestätigung des Menschseins statt permanenter Verunsicherung bei dem Bedürfnis nach menschlicher Lebenslust,
– Praktizierung von Alltagswahrhaftigkeit statt Abforderung umfassender Gelöbnisse und fundamentaler Bekenntnisse,
– Christlich sein wollen und christlich sein dürfen, ohne ständig den Leistungsschein ›biblischer Christ‹ sonntäglich abliefern zu sollen,
– Respektierung des persönlichen Freiheits- und Entscheidungsspielraums bei gleichzeitiger Nutzung von Veranstaltungen, die Gemeinschaft, Gruppenleben und Geborgenheit anbieten, aber nicht aufdrängen,
– die orientierende Behandlung von Problemen, die in der Welt, vor allem aber im persönlichen Lebensablauf augenscheinlich und dringlich sind, auf eine nüchterne und sachverständige Weise, ohne die vereinnahmenden ›kirchlichen‹, die ›frommen Patentsprüche‹, die nach dem Urteil der Zuhörer an der Sache vorbeireden, das Problem nicht treffen« (A. Feige, Erfahrungen mit Kirche, Hannover 1982, 159).
79 Vgl. hierzu die Fallstudien von D. Fischer/A. Schöll, Lebenspraxis und Religion. Fallanalysen zur subjektiven Religiosität von Jugendlichen, Gütersloh 1994; H. Schmid, Religiosität der Schüler und Religionsunterricht, Bad Heilbronn 1989; A. Schöll, Zwischen religiöser Revolte und frommer Anpassung. Die Rolle der Religion in der Adoleszenzkrise, Gütersloh 1992.

»von außen her« anzuregen, in ihrer religiösen Entwicklung voran-zukommen[80].

Es wäre also zu vordergründig, würde man den Jugendlichen ihren vermeintlichen Subjektivismus und Relativismus zum Vorwurf machen. Die entscheidende Frage ist vielmehr, wie sie bei ihrem prekären Bemühen, eine Identität auszubilden, unterstützt werden können. Prekär ist dies Bemühen ja darum, weil es – nicht zuletzt bedingt durch gegenläufige Tendenzen in der Gesellschaft – den einzelnen tendenziell überfordert. Um so verführerischer ist die Flucht in irgendwelche Gruppen- oder Systemkonformitäten. Auch wenn dabei gewöhnlich auffällige Verhaltensmuster – wie etwa der Zulauf zu rechtsradikalen Gruppen oder religiösen Sekten – besondere Beachtung finden, sollte nicht übersehen werden, daß in einem viel breiteren Ausmaß die kommerzialisierten Lebensstilangebote, durch Musik und Mode erfolgreich propagiert, es sind, die unter dem verheißungsvollen Vorzeichen der »Individualisierung« in Wirklichkeit die Auflösung des Individuums betreiben.

Hinzu kommt die mit dem Individualisierungsprozeß verbundene Kehrseite, insofern der mit diesem Prozeß einhergehende Zerfall solidarischer Lebenszusammenhänge nicht wenige soziale Opfer kostet – auch unter Jugendlichen. Neue Formen von Ungleichheit und sozialer Benachteiligung entstehen: Die, die den Anforderungen der Gesellschaft mit ihren Leistungen in Produktion und Konsum nicht entsprechen können, weil sie aufgrund ihrer Herkunft die gesetzten Standards nicht haben erreichen können, müssen erleben, daß sie ausgegrenzt werden. Hinzu kommen die, die aufgrund ihrer Erziehung nicht den notwendigen psychisch-emotionalen Rückhalt vermittelt bekommen haben, um den Herausforderungen einer individualisierten Lebensführung gerecht zu werden, und daran scheitern.

Nicht gegen ein Zuviel an Individualität ist also anzugehen; sondern es ist alles daranzusetzen, um den vom Individualisierungsprozeß Betroffenen wirkliche Autonomie – im Sinn eines Mehr an

---

80 Vgl. *F. Schweitzer*, Wer sind die Konfirmanden?, in: Pastoraltheologie 82 (1993) 119–136; *N. Copray*, Jung und trotzdem erwachsen. 2 Bde., Düsseldorf 1987f.

Selbstbewußtsein und Selbstbestimmung – zu ermöglichen. Sich dafür solidarisch einzusetzen, Jugendliche zu befähigen, sich selbst zu finden und Verantwortung für ein gemeinsames Leben auf Zukunft hin zu übernehmen, und sie dabei zu begleiten, ist eine Herausforderung, die sich auch an die Kirchen und Gemeinden richtet. Wo sie sich dem stellen, wo sie im Sinn einer »Option für die Jugend« diakonisch tätig werden und so den Glauben als »geschenkte Identität« konkret werden lassen, dürften sie – gerade auch unter den Jugendlichen – neue Glaubwürdigkeit erlangen. Ob sie dazu fähig sind, hängt allerdings davon ab, ob sie es verstehen, sich in die heutigen Lebenswelten Jugendlicher zu inkulturieren.[81] Wie das auszusehen hätte, hat K. Gabriel wie folgt in Form von einigen Empfehlungen umrissen: »Als ein ›Zeichen der Zeit‹ scheint mir die gegenwärtige Jugend der Kirche folgende Signale zu geben:
1. Wage den ›Exodus‹ aus der eigenen überkommenen Sozialgestalt wie aus einem festgefügten Bild von Jugend.
2. Verkörpere einen Raum befreiten und befreienden Glaubens.
3. Gewinne deine ›Gottesnähe‹ wieder, indem du – wie Gott – ›Menschlichkeit predigst‹, gütig bist, verzeihst und Geborgenheit gibst.
4. Nimm Jugendliche ernst als Subjekte des Glaubens und betrachte dein Handeln als Dienst am Glauben.«[82]

4.2.3 Erwachsene Frauen und Männer

Wie im 2. Kapitel dargelegt, waren es vor allem erwachsene Menschen, die in der Frühzeit der Kirche zu den Christengemeinden stießen und für die, sofern sie sich um die Taufe bewarben, ein sorgfältig ausgearbeiteter und gestufter Prozeß der katechumenalen Initiation konzipiert worden ist. Daß die Erwachsenen schon bald aus dem Blickfeld der Katechese gerieten, hängt mit mehre-

---

81 Vgl. Jugendpastoral und Inkulturation des Glaubens, Düsseldorf 1994; *J.-G. Nadeau*, Evangelisierung und Jugendkultur, in: Concilium 30 (1994) 61–68.
82 *K. Gabriel*, Das Unbehagen an der Wirklichkeit. Jugend als Zeichen der Zeit, in: A. Biesinger/P. Braun (Hg.), Jugend verändert Kirche, a.a.O., 29–44, hier: 42.

ren Faktoren zusammen: die Verschiebung der katechetischen Unterweisung in die Kindheit, die weitgehende Klerikalisierung der kirchlichen Praxis insgesamt sowie schließlich die Verlagerung der Katechese in die Schule. Die vorherrschende Auffassung vom Erwachsenenalter als der Phase, in der man »ausgelernt« hat, trug das Ihrige dazu bei, die Möglichkeit und Notwendigkeit religiösen Lernens in diesem Lebensalter nicht ernsthaft in Betracht zu ziehen. Daß bei all dem Frauen nochmals erheblich weniger als Männer berücksichtigt wurden – diese konnten immerhin als Kleriker eine theologische Ausbildung absolvieren –, ist zusätzlich zu erwähnen.

Die Folgen einer solchen Vernachlässigung der Erwachsenen machen sich immer stärker bemerkbar: Gerade im katholischen Raum haben sie über Jahrhunderte hinweg nachhaltig internalisiert bekommen, daß sie als Laien in Sachen von Glaube und Kirche nichts zu sagen haben, im wahrsten Sinn des Wortes also »unmündig« sind und den Lehren und Weisungen der Hierarchie zu folgen haben. Dermaßen auf dem Niveau eines Kindheitsglaubens festgehalten, liegen mit zunehmender Bewußtwerdung unter den Erwachsenen zwei Reaktionsweisen nahe: Auf der einen Seite wird der Glaube spätestens mit Eintritt in die Erwachsenenphase als Ballast der Kindheit abgeworfen. Auf der anderen Seite wird er zwar beibehalten, aber gerade als Relikt der Kindheit beibehalten, an das man sich biographisch gern – nicht selten verklärend – erinnert, das jedoch im übrigen für die aktuelle Lebensführung keine Bedeutung hat.[83] Wie sich das auswirkt, zeigt sich dann vor allem im Bereich der religiösen Erziehung der Heranwachsenden; sind hier doch weniger die Kinder und Jugendlichen das eigentliche Problem, sondern die erwachsenen Mütter und Väter, die sich hilflos der Aufgabe gegenüber sehen, in ihre Erziehung eine religiöse Dimension einzubeziehen.

Im katholischen Raum war es vor allem das 2. Vatikanische Konzil, das eine Neubesinnung auch in diesem Bereich auslöste. Das

---

83 Vgl. *W. Grünberg*, Kindheit ohne Kirche? Beitrag anläßlich des Expertenkolloquiums zur Auswertung der neuen Mitgliedschaftsstudie der EKD, unveröffentl. Manuskr. 1994.

Erfordernis eines mündigen und reflektierten Glaubens gerade in der heutigen Zeit wurde bewußt.[84] Und entsprechend wurden viele Anstrengungen in die religiöse und theologische Erwachsenenbildung investiert – bis hin zur Herausgabe von Erwachsenenkatechismen.[85]

Sicher ist in dieser Hinsicht einiges erreicht worden. Die Zahl der erwachsenen Laien, die sich bewußt auch in ihrem Glauben orientieren und fortbilden – bis hin zur Teilnahme an theologischen Fernkursen, ist beachtlich. Aber es gibt auch zurückhaltendere Einschätzungen. Die große Hoffnung, die man auf das Interesse der Erwachsenen gesetzt hatte, hat sich sicherlich so nicht erfüllt; vielerorts ist gerade die Erwachsenenkatechese zum Problemfeld geworden, da schlicht und einfach die Teilnehmer ausbleiben.[86]

Die Gründe dafür sind vielfältig. Sie können hier nicht im einzelnen erörtert werden. Ein Faktor soll jedoch namhaft gemacht werden: Vielfach ließ man sich bei den Konzepten der Erwachsenenbildung in den Kirchen von der Auffassung leiten – in den Erwachsenenkatechismen findet das seinen deutlichsten Niederschlag –, es gelte, bei der Unterweisung der Erwachsenen jener Systematik der Glaubenslehre zu folgen, wie sie in der Theologie gängig ist. Die Eigenart des Lernens – und auch des Glaubens – von Erwachsenen fand bestenfalls in methodischen Überlegungen Berücksichtigung. Letztlich blieben und bleiben die Teilnehmer in diesem Konzept Objekte der Belehrung und werden nicht als Subjekte ihres eigenen Lernens ernst genommen. Eine Verbindung vom Glauben her mit dem sonstigen Leben zu schaffen, gelingt so nur in Ausnahmefällen. Wie stark demgegenüber viele Erwachsene gerade auf eine Einbeziehung des subjektiven Faktors Wert

84 Vgl. hierzu die zusammenfassenden und dabei unterschiedlich akzentuierten Überblicke in: *M. Blasberg-Kuhnke*, Erwachsene glauben, a.a.O., und *R. Englert*, Religiöse Erwachsenenbildung, a.a.O.; für den evangelischen Raum vgl. ergänzend *J. Lott*, Erfahrung – Religion – Glaube, Weinheim 1991, 129–171; *Chr. Meier*, Kirchliche Erwachsenenbildung, Stuttgart u.a. 1979.
85 Vgl. vor allem: Glaubensverkündigung für Erwachsene (Deutsche Ausgabe des Holländischen Katechismus), Nijmegen-Utrecht 1968; Katholischer Erwachsenenkatechismus. Das Glaubensbekenntnis der Kirche, Kevelaer u.a. 1985; Evangelischer Erwachsenen-Katechismus. Kursbuch des Glaubens, Gütersloh 1975.
86 Vgl. dazu die Beiträge in: KatBl 116 (1991) Heft 4: Erwachsenenkatechese.

legen, um auf solche Weise allererst sich selbst zu erlernen, zeigt der Boom, den die verschiedenen Formen psychologisch geleiteter Selbsterfahrung in den letzten Jahren erreicht haben.

Nicht zuletzt im Zusammenhang damit ist überhaupt das Erwachsenenalter stärker in den Blickpunkt psychologischer, soziologischer, pädagogischer und schließlich auch theologischer Forschung gerückt.[87] In Absetzung von der Vorstellung des »fertigen« Erwachsenen wurde erkannt, daß die Menschen auch in dieser Lebensphase noch Entwicklungsphasen durchlaufen. Diese Entwicklung hängt einerseits mit der Möglichkeit zu einem weiteren psychischen Wachstum zusammen und ergibt sich andererseits von bestimmten gesellschaftlichen Anforderungen her. Wo diese beiden »Pole« sich nicht zureichend miteinander vereinbaren lassen, werden teilweise tiefreichende Krisen ausgelöst. Es sind nicht zuletzt solche Erfahrungen der Krise, des Scheiterns, des An-eine-Grenze-Stoßens, aber auch das Erleben unvorstellbaren Glücks u. ä., kurz: Erfahrungen, die die eingefahrenen Routinen des Alltagslebens »unterbrechen«, anläßlich derer bewußt die religiöse Frage zum Vorschein kommen kann und nach einer ausdrücklichen Verarbeitung verlangen läßt.

Im Anschluß an die Lebenslaufforschung von D. J. Levinson hat K. E. Nipkow den Wandel des Glaubens in den verschiedenen Lebensaltern zu rekonstruieren versucht[88]: In den Zwanzigerjahren »schwanken Leben und Glauben zwischen dem Streben nach Unabhängigkeit und Abhängigkeit«[89]. Eine »Krise um 30« wird durch aufkommende »Zweifel an der Richtigkeit der gefällten Entschei-

---

87 Vgl. allgemein R. *Nave-Herz* (Hg.), Erwachsenensozialisation, Weinheim-Basel 1981; zur religiösen Dimension vgl. K. *Stokes* (Ed.), Faith Development in the Adult Life Cycle, New York a.o. 1982; M. *Böhnke* u. a. (Hg.), Erwachsen im Glauben, Stuttgart 1992; zusammenfassend K. E. *Nipkow*, Religion in Kindheit und Jugendalter, a. a. O., 183–188 (Erwachsene und Religion als Gegenstand der Forschung).

88 Vgl. K. E. *Nipkow*, Erwachsenwerden ohne Gott?, a. a. O., 96 ff. – Zu unterschiedlichen Akzentuierungen in der Entwicklung von Frauen und Männern und sich daraus ergebenden religions(päd)agogischen Konsequenzen vgl. H. *Pissarek-Hudelist*, Frauen/Männer, in: G. Bitter/G. Miller (Hg.), Handbuch religionspädagogischer Grundbegriffe. Bd. 1, 29–34; EE 45 (1993) Heft 4: Frauen: Religion und Sozialisation.

89 K. E. *Nipkow*, Erwachsenwerden ohne Gott?, a. a. O., 96.

dung«[90] ausgelöst. Mit Übergang zum vierten Jahrzehnt sind viele Erwachsene zu Eltern geworden und mit der Frage konfrontiert, welche Hoffnung auf Zukunft sie der nachfolgenden Generation weiterzugeben vermögen. Mit dem Übergang in die Fünfzigerjahre wird die Erfahrung der eigenen Endlichkeit drängender. Und mit fortschreitendem Alter wird es entscheidend, ob rückblickend das so erlebte und geführte Leben sich als annehmbar erweist und mit dem Tod die Hoffnung auf Vollendung verbunden werden kann. So wie der Lebensweg Höhen und Tiefen kennt, so macht auch der Glaubensweg Höhen und Tiefen durch, ist immer neuen Anfechtungen ausgesetzt. Das wird auch von der Rekonstruktion des Glaubens Erwachsener her ersichtlich, wie sie M. Blasberg-Kuhnke vorgenommen hat, indem sie im Anschluß an S. Freud und D. Sölle die lebensweltliche Sinnkonstitution im Verlauf des Erwachsenenalters in enge Verbindung mit den menschlichen Grundakten des Liebens und Arbeitens bringt.[91] Zusätzliche Einsichten können von den vorgestellten kognitionspsychologischen Stufentheorien her gewonnen werden, indem sie aufzeigen, welche möglichen Stufen des Glaubens bzw. des religiösen Urteils erreicht werden können.[92]

In diesem Zusammenhang spielt in der neueren religionspädagogischen Diskussion das von P. Ricoeur geprägte Stichwort von der »zweiten Naivität« eine große Rolle.[93] So konzipiert beispielsweise R. Englert »die Ermutigung zu einer Naivität zweiten Grades« als die dritte religionspädagogische Grundaufgabe – im Anschluß an die beiden vorhergehenden, nämlich als erste die »Provokation produktiver Unterbrechungen« und als zweite die »Animation zu Fragen nach der Vernunft«.[94] Es wäre falsch, an diese Grundaufgaben das Schema Kindheit, Jugend und Erwachsenenalter anzulegen; gerade im Erwachsenenalter erweisen sich beide, sowohl die Ermutigungen, Unterbrechungen des Alltags zuzulassen und nicht

90 Ebd., 97.
91 Vgl. *M. Blasberg-Kuhnke*, Erwachsene glauben, a. a. O., bes. 365–465.
92 Vgl. *K. E. Nipkow*, Erwachsenwerden ohne Gott?, a. a. O., 99 ff, sowie die aufgeführte einschlägige Literatur.
93 Vgl. ebd., 101 f.
94 Vgl. *R. Englert*, Glaubensgeschichte und Bildungsprozeß, a. a. O., bes. 388–692.

zu überspielen oder zu verdrängen, wie auch die Herausforderung zu einer bewußten Auseinandersetzung mit Fragen des Lebenssinns, des Glaubens etc., als wichtig. Aber, so schreibt R. Englert, es »zeigt sich, daß der Hoffnungsgrund des Glaubens rational eben doch nicht vollends einholbar ist und daß Glauben deshalb letztlich immer den Charakter einer persönlichen Option behält. Von daher schieben sich jetzt Fragen nach dem praktischen Sinn und nach der persönlichen Bedeutung des Glaubens in den Vordergrund. Diese lassen sich im Grunde nur beantworten, wenn man sich auf das Wagnis einer persönlichen Nachfolgegeschichte einläßt. Ein solches praktisches Sich-Einlassen auf den Zuspruch und Anspruch des Glaubens – und zwar im Bewußtsein, daß christlicher Existenz etwas Ungesichertes und Kontingentes anhaftet – hat m. E. etwas zu tun mit dem Mut zu einer ›Naivität zweiten Grades‹: einer Naivität, die anders als der naive Kinderglaube zu Beginn des glaubensgeschichtlichen Prozesses durch den Zweifel hindurchgegangen ist. Auf der Grundlage einer solchen zweiten Naivität entwickelt sich dann vielleicht allmählich so etwas wie eine im Glauben begründete Identität.«[95]

Noch weniger als für die früheren Altersstufen läßt sich für das Erwachsenenalter so etwas wie ein Curriculum religiöser bzw. theologischer Bildung konzipieren. Zu verschieden sind die Lebenswelten, auf die Rücksicht genommen werden muß, zu verschieden die biographischen Anlässe, die einen Auslöser bilden können. Lernprozesse Erwachsener, wo es not-wendig sein könnte, anzuregen, sie, wo sie in Gang gekommen sind, zu begleiten sowie durch Einbringen von alternativen Deutungsmustern und Lebenskonzepten zur (Selbst-)Kritik von Plausibilitäten und zur bewußten Entscheidung (Bekehrung) herauszufordern, sollte und könnte sich eine religions(päd)agogische Praxis im Umgang mit Erwachsenen in besonderer Weise angelegen sein lassen. Daß und wie solche Lernprozesse sich in den Dimensionen Gesellschaft, Religion bzw. Kirche sowie Individuum vollziehen, wird im

---

95 *Ders.*, Plädoyer für »religionspädagogische Pünktlichkeit«, a. a. O., 167; vgl. weiterführend *ders.*, Warum ist Erwachsenenkatechese so schwierig?, in: ThQu 174 (1994) 107–120.

Abschnitt über Erwachsenenbildung noch ausführlicher erläutert.

Wenigstens erwähnt sei abschließend, daß dieses subjekt- und partizipationsorientierte Konzept nicht zuletzt Auswirkungen auch für den Umgang mit den älter gewordenen Menschen zeitigt.[96] »Ich werde mein Fleisch ausgießen über alles Fleisch. Eure Söhne und eure Töchter werden Propheten sein, eure jungen Männer werden Visionen haben, und eure Alten werden Träume haben« – treffender als mit diesen Sätzen des Propheten Joel (Joel 3, 1f), die Petrus bekanntlich in seiner Pfingstpredigt zitiert (Apg 2, 17), läßt sich nicht ausdrücken, daß jedes Lebensalter und jedes Geschlecht ihr je eigenes Charisma haben, das aktiv in das gemeinsame Nachfolge-Lernen – im Sinn eines intergenerationellen Austausches – einzubringen ist. So gesehen geschieht Glauben-Lernen, indem alle das, was sie vom Evangelium ergriffen hat, einander mitteilen und miteinander – und mit anderen – teilen (vgl. 1 Joh 2,27).

96 Vgl. ausführlich M. *Blasberg-Kuhnke*, Gerontologie und Praktische Theologie, Düsseldorf 1985; *dies.*, Erwachsene glauben, a. a. O., bes. 423 ff; Leben im Alter (Arbeitshilfen 104), Bonn o. J. (1993).

5 *Lernorte*

Aufgrund der Tatsache, daß mit Einführung der allgemeinen Schulpflicht der schulische Religionsunterricht (als Pflichtfach) eine allgemeine und systematisch konzipierte religiöse Unterweisung aller Kinder und Jugendlichen gewährleistete, gerieten andere »Lernorte des Glaubens«, die vormals einen hohen Stellenwert besaßen, ins Hintertreffen. Man denke etwa daran, welche Bedeutung M. Luther der Familie beigemessen hatte. Oder es sei an den Stellenwert der frühen Christengemeinden bei den Prozessen der Glaubensvermittlung erinnert.

Es darf allerdings auch nicht übersehen werden, daß bei aller Vorrangstellung, die jeweils ein bestimmter »Lernort« in den verschiedenen Epochen der christlichen Unterweisung innehatte, dieser jeweils eingebettet war in ein größeres Geflecht christlich gelebter Praxis. So »profitierte« etwa der schulische Religionsunterricht lange Zeit davon, daß er von einem konfessionell geprägten Milieu mitgetragen wurde, das alternative weltanschauliche Einstellungen und Praktiken in seiner näheren Reichweite jedenfalls nicht kannte. Umgekehrt stößt der bestmöglich konzipierte Religionsunterricht leicht an seine Grenzen, wenn er nicht auf eine überzeugend gelebte Praxis in den Gemeinden verweisen kann – eine für viele Religionslehrerinnen und Religionslehrer momentan leidvolle Erfahrung. Damit ist deutlich, daß es nicht ausreicht, das Augenmerk ausschließlich auf die »formellen« Orte religiöser Unterweisung und Katechese zu richten, sondern daß auch die ihnen korrespondierenden »informellen« Orte und Prozesse in den Blick genommen werden müssen.

Spätestens die Einbrüche, die die veränderten gesellschaftlichen Bedingungen auf die bisherige Weise der religiösen Sozialisation und Erziehung genommen haben, lassen es nicht mehr zu, weiterhin so gut wie ausschließlich auf den schulischen Religionsunterricht als »Garanten« einer »gelingenden« Unterweisung in Sachen des Glaubens zu setzen. Hinzu kommt die aus der Entwicklungspsychologie gewonnene und auch theologisch fundierte Einsicht, daß Christsein-Lernen und -Werden ein lebenslanger Prozeß ist, der also nicht mit dem Erreichen des Erwachsenenalters abgeschlossen ist.

Entsprechend ist ernst zu nehmen, daß es eine große und vielfältige Bandbreite von »Lernorten des Glaubens« gibt, ja daß im Grunde alle möglichen Felder, in denen Christen gemeinsam handeln, zu solchen Lernorten werden können. Innerhalb der neueren religionspädagogischen und katechetischen Diskussion spiegelt sich diese Erkenntnis in der Weise wieder, daß über den schulischen Religionsunterricht hinaus nunmehr verstärkt auch beispielsweise der Familie, der kirchlichen Jugendarbeit, den Verbänden, der Erwachsenenarbeit und der Gemeinde Beachtung geschenkt wird.

Zweifelsohne trägt eine solche Vielfalt von Lernorten der Tatsache Rechnung, daß der Mensch in der modernen Gesellschaft in verschiedenen Bezugskreisen lebt und darin unterschiedliche – auch für seinen Glauben relevante – Erfahrungen macht. Es kann jedoch auch mit dem Nachteil verbunden bleiben, daß die einzelnen Lernorte, sofern sie unverbunden nebeneinander stehen bleiben, sich nicht gegenseitig bereichern, sondern voneinander keine Kenntnis nehmen oder gar in eine unheilvolle Konkurrenz zueinander treten; das hat dann zur Folge, daß sie sich in ihren Wirkungen lähmen. Dringend erforderlich ist darum eine stärkere Verschränkung der Lernorte untereinander sowie gegebenenfalls eine Neustrukturierung der Felder möglichen Glauben-Lernens.

Mit diesen Bemerkungen soll jedoch auf keinen Fall einer völligen »Pädagogisierung« oder gar »Katechetisierung« kirchlichen Lebens Vorschub geleistet werden. Einerseits bedarf es der Möglichkeiten zu einer bewußt konzipierten und systematisch vorgehenden Vermittlung und Unterweisung; dafür sind entsprechende Einrichtungen vorzusehen. Andererseits wäre es verhängnisvoll, würden alle Bereiche kirchlichen Handelns katechetisch vereinnahmt werden; dies gilt insbesondere für die diakonischen Handlungsfelder – die gleichwohl zu bedeutsamen Begegnungs- und Lernorten des Glaubens werden können.

Im folgenden sollen einige der zentralen »Lernorte des Glaubens«

mit ihren jeweiligen spezifischen Möglichkeiten und Grenzen unter den heutigen Bedingungen religiöser Sozialisation und Erziehung zur Sprache gebracht werden. Zugleich soll damit die Notwendigkeit einer stärkeren Verschränkung der Lernorte untereinander – ohne damit ihre Eigenständigkeit aufheben zu wollen – bewußtgemacht werden.[1]

5.1 Elternhaus und Familie

»Weil meine Eltern Christen waren«, so lautete eine vielfach vorgetragene »Begründung« in den Antworten verschiedener Zeitgenossen auf die von W. Jens an sie gerichtete Frage, warum sie Christen seien. So gab etwa der mittlerweile verstorbene evangelische Pfarrer und langjährige Politiker H. Albertz eine Situationsschilderung, die als typisch für viele andere angeführt werden kann: »Zuerst werde ich von meinen Eltern berichten müssen, wenn ich die in diesem Buch gestellte Frage beantworten soll. Die Wege des Lebens sind vorgegeben, und hätte ich einen anderen Vater gehabt als einen königlich-preußischen Geheimen Konsistorialrat und Hofprediger und nicht diese Mutter, die aus einer Familie stammte, die seit der Reformation Pfarrer über Pfarrer gestellt hat – sie hieß übrigens Meinhof –, wäre es mit meinem Christwerden wohl ganz anders gelaufen. Ich wuchs also in einer Welt auf, die völlig von frommer, konservativer Kirchlichkeit geprägt war: vom Lesen der Losungen der Brüdergemeinde beim spartanischen Frühstück bis zum Abendgebet, vom selbstverständlichen sonntäglichen Kirchgang bis zu dem im wesentlichen aus Pastoren und evangelisch-deutschnationalen Bürgern bestehenden Freundeskreis des Elternhauses. Die Luft, die ich atmete, war ›christlich‹. Die biblischen Geschichten und die Lieder des Gesangbuches waren die erste Literatur des Kindes, die Maßstäbe der zehn Gebote der Kodex der Familie.«[2]

---

1 Vgl. zum folgenden auch: *W. Simon/M. Delgado* (Hg.), Lernorte des Glaubens, Berlin-Hildesheim 1991.
2 *H. Albertz*, Glauben als Erfahrung, in: W. Jens (Hg.), Warum ich Christ bin, München 1979, 17–24, hier: 17.

In solchen Lebenserinnerungen zeigt sich zunächst einmal, was generell gilt: Der Familie kommt in der Sozialisation des Menschen eine herausragende Rolle zu; sie ist der Ort, wo die ersten und grundlegenden Prägungen und Weichenstellungen für das gesamte Leben erfolgen. Die Eltern sind für das heranwachsende Kind die stärksten Identifikationspartner. In ihrer Möglichkeit, einen Raum der Zuneigung und Solidarität bereitzustellen, der die Ichfindung und Persönlichkeitsentwicklung des einzelnen entscheidend bestimmt, ist die Familie kaum ersetzbar.

Dies gilt auch für die Grundlegung des Glaubens. Der Synodenbeschluß »Christlich gelebte Ehe und Familie« führt dazu treffend aus: »Die Familie ist fast immer das Glaubensschicksal des Kindes. Glauben ist Geschenk, das man in der Gemeinschaft empfängt, in der Gemeinschaft wachsen läßt und das in der Gemeinschaft zur Wirkung kommt. Die Eltern bekennen sich bei der Taufe vor der Gemeinde zu der Verpflichtung zur Weitergabe des Glaubens an ihre Kinder. Ihre eigene Gläubigkeit schafft die Atmosphäre, in der ein Christ für das Leben heranwachsen kann. In der Familie kann der Mensch Befreiung von Angst und Einsamkeit und damit ein Stück ›Erlösung‹ erfahren. Hier umfangen ihn das Vertrauen, die Geborgenheit und die Fürsorge, die auf das Angenommensein durch Gott und auf Gottes Treue hinweisen. Die Eltern schaffen durch ihre Haltung den Zugang zu dem Gott, der sich von uns ›Vater‹ nennen läßt; Vater und Mutter leben durch ihre Hingabe vor, daß Leben nicht Selbstbehauptung, sondern Dienst am anderen zum Inhalt hat; die Geschwister erziehen sich gegenseitig zu Brüderlichkeit und Verständnis füreinander. Die Alltäglichkeiten des Familienlebens bahnen in ihrer Prägekraft den Weg zu einem gläubig-religiösen Leben. Das gemeinsame Mahl, Gespräch, Fest und Feier, Spiel, Umgangsformen, gerne gewährte Vergebung, gelebtes Brauchtum. All dies erfährt seine Vertiefung und Verklärung im Gottesdienst, in den Sakramenten, im Gebet und bewährt sich im rechten Stehen in der Welt.«[3]

3 Beschluß: Christlich gelebte Ehe und Familie, in: L. Bertsch u. a. (Hg.), Gemeinsame Synode der Bistümer in der Bundesrepublik Deutschland. Bd. I, a. a. O., 423–457, hier: 437.

So sehr man diesen Ausführungen im Grundsätzlichen zustimmen möchte, so muten sie zugleich mit Blick auf die heutige Situation von Familien doch weltfremd an.[4] Denn sie gehen zum einen von der Intaktheit einer bestimmten familiären Lebensform aus, die sich in der Wirklichkeit jedoch als höchst prekär erweist und neben die sich eine Pluralität verschiedener Familienformen gesellt hat, und unterstellen zum anderen ein ungebrochenes Verhältnis der Familien zur Kirche, das in der Realität so nur bei einer Minderheit zu verzeichnen ist. Die mehrheitlich zweifelsohne antreffbare »Entkirchlichung« des familiären Lebens bedeutet allerdings nicht seine gleichzeitige völlige religiöse Entleerung. Im Gegenteil, einiges spricht dafür, daß die Familie unter den heutigen Lebensbedingungen dermaßen mit Sehnsüchten und Hoffnungen aufgeladen und emotional besetzt wird, daß ihr gleichsam eine religiöse Dignität zugeschrieben wird. C. und K. Gabriel schreiben dazu: »Je schwieriger, unlösbarer die Aufgabe geworden ist, unsere hyperkomplexe Welt als Ganzes als einen sinnvollen Kosmos zu interpretieren und zu erleben, desto stärker hat sich das Bedürfnis nach Sinnerleben dem privat-familiären Bereich zugewandt. Seitdem richtet sich die bange Frage, ›wer bin ich und wo gehöre ich hin?‹, nicht mehr primär an einen weisen Schöpfergott, sondern an die Partnerin oder den Partner als Mitbewohner und Mitstifter einer kleinen Welt geteilten Sinns. Das Außeralltägliche bricht herein im Funken des partnerschaftlichen Liebeserlebnisses und im Schauer, der das Neugeborene und das Kind umgibt. Daraus haben die Beteiligten einen Kosmos zu bauen, der dem alltäglichen Sinnverbrauch standhält und die Menschen mit jener Basiszugehörigkeit und -identität ausstattet, die sie in der sinnarmen und identitätswidrigen Welt draußen zum Überleben benötigen.«[5]
Vor diesem Hintergrund ist es kurzschlüssig, den heutigen Fami-

4 Vgl. zum folgenden u. a. die Beiträge in EB 40 (1994) Heft 1 und in JRP 9 (1992), Neukirchen-Vluyn 1993, zum »Thema 2: Familie und neue Lebensformen« sowie *S. Keil*, Lebensphasen – Lebensformen – Lebensmöglichkeiten. Sozialethische Überlegungen zu den Sozialisationsbedingungen in Familie, Kirche und Gesellschaft, Bochum 1992.
5 *C. Gabriel/ K. Gabriel*, Familie im gesellschaftlichen Überdruck, in: EB 40 (1994) 9–11, hier: 10.

lien ein weitgehendes Versagen bei der Weitergabe des Glaubens anzulasten. Vielmehr hat sich – wie sich die Familie insgesamt gewandelt hat – auch ein Wandel der von ihr ausgehenden religiösen Sozialisation und Erziehung vollzogen, die durch eine stärkere Privatisierung und Individualisierung gekennzeichnet sind, wobei deren nähere Ausprägung noch weitgehend unerforscht ist.[6] Ein Merkmal dieses neuen Typs von »Familienreligiosität«[7] scheint zu sein, daß sie keineswegs jegliche Beziehung zur Kirche abbricht, daß sie umgekehrt vielmehr von sich aus die Kontakte zur Kirche reguliert. Das meint, daß »die Familien auf die Kirchen als Anbieter von Symbolen, Ritualen und anderen Dienstleistungen zurück(greift, NM), um den eigenen Familienzyklus und die identitätsgefährdenden Lebenswenden rituell zu begleiten und das Familienleben symbolisch zu heiligen. Kirchlichkeit scheint heute zu einer wichtigen Ressource zu werden, auf die junge Familien bei der Stabilisierung und Sakralisierung ihrer stets gefährdeten familialen Sinnwelt zurückzugreifen geneigt sind.«[8]

Dieser Entwicklung folgt zwar die unverkennbare Familienzentrierung, die für einen großen Teil pastoraler Bemühungen offiziellerseits gerade in der katholischen Kirche kennzeichnend geworden ist; aber sie trägt ihr nur bedingt Rechnung.[9] Denn deutlich ist bei all dem das Bestreben festzustellen, die Familie kirchlicherseits zu okkupieren und sie gerade nicht in ihrer Eigenständigkeit anzuerkennen. Von seiten der Kirche ist nicht zu verlangen, daß sie alle möglichen Entwicklungen im Bereich der Familie lediglich affir-

---

6 Vgl. *R. Lachmann*, Familie als »Instanz der Glaubensvermittlung«?, in: Nachrichten der Evangelisch-Lutherischen Kirche in Bayern 47 (1992) 427–430; *F. Schweitzer*, Wandel der Familie – Wandel der religiösen Sozialisation, in: rhs 32 (1989) 219–227.

7 Vgl. dazu vor allem *M. J. Ebertz*, Heilige Familie? Die Herausbildung einer anderen Familienreligiosität, in: Deutsches Jugendinstitut (Hg.), Wie geht's der Familie?, München 1988, 403–414; vgl. auch *J. Zinnecker*, Jugend, Kirche und Religion, a. a. O., 140f.

8 *C. Gabriel/K. Gabriel*, a. a. O.

9 Vgl. *U. Schmälzle*, Kirche und Familie: Zur Wahrnehmung gelebter Wirklichkeit, in: EB 40 (1994) 12–16; *ders.*, Ehe und Familie im Blickpunkt der Kirche, Freiburg/Br. 1979; *H. Tyrell*, Familie und Religion im Prozeß der gesellschaftlichen Differenzierung, in: V. Eid/L. Vascovics (Hg.), Wandel der Familie – Zukunft der Familie, Mainz 1982, 19–74.

miert und daß sie sich – um es pointiert zu sagen – nur noch als Ritenmeisterin für Familienfeiern zur Verfügung stellt. Aber sie muß sich allererst dazu verstehen, endlich ihren Anspruch auf Bevormundung der Familie aufzugeben und sie in ihrer Eigenständigkeit anzuerkennen – um sie so angesichts der vielfältigen Gefährdungen, denen sie ausgesetzt ist, schützen zu können. Nur auf einer solchen Basis der Gegenseitigkeit wird ein neues und für beide Seiten ertragreiches Verhältnis möglich.

Dann nämlich würde nicht länger »von außen« in die Familien »hineingeredet«; sondern die Familien würden ermutigt, von sich aus zu entdecken, daß und inwiefern ihr Zusammenleben etwas Heilsames und von daher Heilsbedeutsames hat. Ihnen würden nicht mehr kirchliche Leistungen abverlangt; sondern sie könnten in ihrer eigenen Erfahrungs- und Lebenswelt als Subjekte des Glaubens und der Kirche tätig werden und würden als solche ernst genommen.[10]

Die besondere Bedeutung der Familie für das Glauben-Lernen besteht demnach – so hebt der oben zitierte Abschnitt aus dem Synodenbeschluß zu Recht hervor – darin, daß in ihr grundlegend die Erfahrung unbedingten Erwünscht- und Anerkanntseins gemacht werden kann. Insofern kommt ihr eine für das Glücken menschlicher Lebensentfaltung entscheidend wichtige Aufgabe zu: »Nämlich die Aufgabe, in der unverstellten Dichte und Unmittelbarkeit der personalen Beziehungen zwischen Mann und Frau, zwischen Eltern und Kindern jene Liebe zu praktizieren und Wirklichkeit werden zu lassen, die sich in unbedingter gegenseitiger Annahme, Förderung, in Fürsorge, Treue, aber auch in Hilfe, partnerschaftlicher Konfliktbewältigung und vor allem in gemeinsamer Schuldverarbeitung und in Versöhnung bewährt. Indem Familie dies gerade im Bewußtsein der Zuwendung und des Wohlwollens Gottes und in der befreienden Annahme der befreienden Liebe Jesu Christi leistet, realisiert sie in schöpferischer Weise die Liebe Gottes konkret.«[11]

10 Vgl. *N. Mette*, Die Familie als Kirche im kleinen, in: ebd., 263–283.
11 *V. Eid*, Elemente einer theologisch-ethischen Lehre über die Familie, in: ders./L. Vascovics (Hg.), a. a. O., 179–200, hier: 184.

Familie ist so Ort erfahrener Versöhnung und Solidarität; sie ist in der gelebten bedingungslosen Zuwendung zueinander und darüber hinaus eine Form zwischenmenschlichen Zusammenlebens, die über sie hinausdrängt auf Verwirklichung auch in anderen Bereichen. Allerdings kann die in den Evangelien ebenfalls antreffbare familienkritische Tendenz davor bewahren, die Familie absolut zu setzen, was leicht dazu führt, daß ihre Angehörigen sich in pathologische Beziehungsnetze verstricken und unfähig werden, ihre eigenen Wege zu gehen.[12]

5.2 Kindergarten

Im Vergleich zu den anderen Handlungsfeldern ist die Elementar- und Vorschulerziehung lange Zeit in der religionspädagogischen Diskussion vernachlässigt worden. Das mag damit zusammenhängen, daß der Kindergarten als selbstverständlicher und unproblematischer Ort der Glaubensweitergabe angesehen wurde, zumal diese Institution überwiegend in kirchlicher Trägerschaft ist. Seit einiger Zeit wird jedoch verstärkt die Frage nach dem »katholischen bzw. evangelischen Profil« des Kindergartens gestellt.[13] Das hat mehrere Gründe: Zum einen hat sich die bildungspolitische und pädagogische Diskussion in den vergangenen Jahren stark mit dem Kindergarten befaßt und sein Selbstverständnis verändert, wovon die Frage nach der religiösen Erziehung in ihm unweigerlich mitbetroffen ist.[14] Zum anderen läßt sich immer weniger der Tatbestand leugnen, daß viele Kinder aus kirchlich desinteressierten Familien kommen und von daher das Verlangen nach einer religiösen Erziehung nicht ausschlaggebend ist für die Wahl des kirch-

12 Vgl. *N. Mette*, Voraussetzungen christlicher Elementarerziehung, a. a. O., 335–345.
13 Vgl. etwa als offiziöse Stellungnahmen: Zum Selbstverständnis von Tageseinrichtungen für Kinder in katholischer Trägerschaft, hg. vom Zentralverband katholischer Kindergärten und Kinderhorte Deutschlands e. V., Freiburg 1989; Evangelische Tageseinrichtungen für Kinder, hg. vom Diakonischen Werk der Evangelischen Kirche in Deutschland, Stuttgart 1992. Zum Ganzen vgl. *H. Manderscheid*, Kirchliche und gesellschaftliche Interessen im Kindergarten, Freiburg 1989.
14 Vgl. *W. Tietze*, Vorschulerziehung, in: D. Lenzen (Hg.), Pädagogische Grundbegriffe. Bd. 2, Reinbek 1989, 1590–1604.

lichen Kindergartens. Eine neue Situation ist zusätzlich dadurch eingetreten, daß Kinder aus Familien ausländischer Mitbürger mit möglicherweise völlig anderem religiösen Hintergrund vermehrt in die kirchlichen Kindergärten angemeldet werden. Das alles bedingt, daß nach Auffassung mancher der kirchliche Kindergarten als Ort der Glaubensvermittlung gefährdet ist und darum die Frage gestellt werden muß, ob am Prinzip der Offenheit für alle weiterhin festgehalten werden kann.[15]

Daß es sinnvoll ist, wenn im Kindergarten gebetet oder von Gott und Jesus erzählt wird, wenn mit den Kindern religiöses Brauchtum gefeiert wird oder mit ihnen religiöse Lieder gesungen werden, soll nicht bestritten werden. Doch wäre es zu vordergründig, allein daran die Intensität der religiösen Erziehung und somit das »Profil« eines kirchlichen Kindergartens zu messen. Glauben-Lernen im Kindergarten muß umfassender verstanden und konzipiert werden. Denn hier gilt wie auch sonst: Die explizite religiöse Erziehung muß, soll sie nicht zu Fehlentwicklungen führen, eingebunden sein in eine entsprechende Atmosphäre. Das bedeutet, daß Kinder nur dann das frohmachende und befreiende Evangelium wirklich kennenlernen, wenn sie an sich und miteinander erfahren – und zwar mit Verstand und Herz, in Wort und Tat –, wie Jesus mit den Menschen umgegangen ist. Demnach besteht die Weitergabe des christlichen Glaubens allererst in der Vermittlung gegenseitiger vorbehaltloser Bejahung und Anerkennung, die den anderen frei werden läßt. »Ich glaube, daß Gott dich liebt« – wo dieses Sprachgeschehen zwischen Erziehern und Kindern im Umgang miteinander erfahrbar wird, kommt bereits eine religiöse Dimension in der Erziehung zum Vorschein. Wo Kinder in der Begegnung mit Erwachsenen oder untereinander ein Klima der Geborgenheit und Liebe erleben, das auch die Unzulänglichkeiten anzunehmen vermag und immer wieder einen neuen Anfang zuläßt, können sie ihr Selbstwertgefühl entwickeln, können sie ler-

---

15 Vgl. zum folgenden außer der in Anm. 12 genannten Lit.: Zentralverband katholischer Kindergärten und Kinderhorte Deutschlands e. V. (Hg.), Der katholische Kindergarten, Freiburg 1986; *K. E. Nipkow*, Bildung als Lebensbegleitung und Erneuerung, a. a. O., 301–332.

nen, sich selbst und andere zu bejahen. Und so können alle Beteiligten gemeinsam immer wieder neu lernen, was es heißt, von Gott bejaht und geliebt zu sein. Dazu benötigen Kinder Raum, in dem sie ihre geistigen und emotionalen Fähigkeiten entwicklungsgemäß entfalten können. Zugleich brauchen sie die Begegnung mit Personen, die sie fördern und herausfordern, an die sie sich mit ihren Fragen nach dem Woher und Wohin von allem wenden können, von denen sie verstanden werden.

Dabei können die überlieferten religiösen Symbole, wie sie in den biblischen und anderen religiösen Geschichten aufbewahrt sind oder auch Riten und Brauchtum prägen, eine Hilfe sein, die gemachten Erlebnisse den eigenen Vorstellungsmöglichkeiten gemäß zu deuten und zu vertiefen. Wichtig ist allerdings, daß das Kind dabei spürt, daß diese Symbole auch den Erwachsenen etwas bedeuten, daß sie ihnen wichtig sind. So werden sie Freude daran gewinnen und bereit sein, die empfangene Freundlichkeit und Liebe Gottes anzunehmen und an andere weiterzugeben.

Kindergärten tragen also dann zur Weitergabe des Glaubens bei, wenn sie Begegnungsräume sind, in denen die Kinder einen Umgangsstil erfahren und einüben können, der ein gemeinsames Leben in Freiheit und Liebe eröffnet. Religiöse Erziehung wird so ein integraler Bestandteil der für das Kindergartenalter so wichtigen Sozialerziehung.

Darüber hinaus gilt es ernst zu nehmen, daß es nicht nur die Kinder sind, mit denen es die Kindergartenarbeit zu tun hat. Sondern sie vollzieht sich in einem Interaktionsgeflecht zwischen Kindern, Eltern, besonders Müttern und Erzieherinnen (bzw. Erziehern). Von daher gilt es auch, neben den Kindern die beiden anderen Gruppen zu berücksichtigen. Was das heißt, ist in den vom Zentralverband katholischer Kindergärten und Kinderhorte erstellten »Leitvorstellungen für einen katholischen Kindergarten in der modernen Gesellschaft« programmatisch wie folgt formuliert worden: »Diese Leitlinien verdeutlichen, daß es im Kindergarten darum geht, die gewöhnlichen Lebensverhältnisse der Welt zum Ausgangspunkt aller Überlegungen und Konzeptionen zu machen. Diese gewöhnlichen Lebensverhältnisse gilt es, radikal ernst zu nehmen, sie als Situation zu begreifen und von dort her Zeugnis zu geben für Zukunft und Hoffnung. Dieses Zeugnisgeben zielt auf den Menschen. Der Weg der Kirche ist der Mensch. Es geht also um die konkrete Solidarität mit den Menschen, die Wege zu einem Leben in Fülle zu zeigen vermag. Eine solche Praxis baut einen Lebens- und Erfahrungsraum auf, in dem von Gott gesprochen werden kann. Kirche bildet sich also auf der Grundlage der Erfahrungen in Tat und Wort... Zusammengefaßt ergeben sich folgende Leitlinien:

– Der katholische Kindergarten orientiert sich an der Lebenswirklichkeit der Kinder und Familien, insbesondere auch der Mütter.

– Der katholische Kindergarten zielt auf die Subjektwerdung aller Kinder, Familien und Mütter ab (zu ergänzen wäre: sowie der Erzieherinnen und Erzieher!) und baut so ein heilendes Milieu auf.

– Der katholische Kindergarten ist eine nach allen Seiten seines Einzugsgebiets offene Einrichtung.»[16]

Gerade im letzten Satz wird klar das umstrittene Prinzip bekräftigt, daß kirchliche Kindergärten für alle Kinder des betreffenden Einzugsgebietes offen sind. Denn sonst würde die Kirche ihren Auftrag verraten, rückhaltlos allen Menschen zu dienen, und zwar insbesondere den kleinsten und schwächsten, zu denen gerade viele Kinder in unserer Gesellschaft zählen. Im übrigen bewährt sich, was Solidarität heißt, im Umgang mit den Fremden, so daß den Kindern eine wichtige Lernchance vorenthalten würde, wenn sie sich nur unter Gleichgesinnten träfen.

So konzipiert, bilden die Kindergärten für Kirchen und Gemeinden nicht bloß eine Instanz zur Sicherung der Glaubensvermittlung an die nächste Generation, sondern die Kindergärten bilden ihrerseits einen wichtigen Lernort für die Gemeinden und Kirchen. Das allerdings setzt die Bereitschaft zur Änderung einer weit verbreiteten Mentalität voraus: Ein Gemeindeklima und eine Pastoral, der

---

16 Zum Selbstverständnis von Tageseinrichtungen für Kinder in katholischer Trägerschaft, a. a. O., 15. Zur Auseinandersetzung mit diesem Konzept vgl. die Beiträge von *J. Hofmeier* und *H. Manderscheid* in: caritas 91 (1990) 118–131, sowie *J. Hofmeier*, Der Kindergarten in der Pfarrgemeinde, Würzburg 1992.

man Kinderfreundlichkeit bescheinigen könnte, ist bis heute eher die Ausnahme von der Regel.[17]

5.3 Religionsunterricht in der Schule

Wohl kein religionspädagogisches Handlungsfeld ist seit dem 2. Weltkrieg dermaßen strittigen Diskussionen und dauernden konzeptionellen Veränderungen ausgesetzt gewesen wie der schulische Religionsunterricht.[18] Das hängt vor allem mit der exponierten Stellung zusammen, die dieses Schulfach einnimmt: Für die Kirche ist es gewissermaßen zu einem »Vorposten« in einem gesellschaftlichen Bereich geworden, an dem sie mit Kindern und Jugendlichen in Berührung kommt, von denen der Großteil ansonsten so gut wie keinen aktiven Kontakt mehr zur Kirche hat. Für die Schule bildet es in ihrem ansonsten weitgehend säkular geprägten Umfeld und Selbstverständnis einen Fremdkörper.

Das war nicht immer so. Im Gegenteil, historisch gesehen sind die rechtliche Verankerung des Religionsunterrichts in der Schule und das weitreichende Gestaltungsrecht der Kirchen in diesem Bereich gewissermaßen das Erbe einer Epoche, in der Schule und Kirche so gut wie identisch waren. In dem Maße, wie diese Identität aufgrund des allgemeinen Entkirchlichungsprozesses brüchig geworden ist und wird, wurde und wird die Existenzberechtigung des Religionsunterrichts als Schulfach strittig. Das war, wie im 2. Kapitel aufgezeigt[19], bereits im Zusammenhang mit der Verfassungsdiskussion zu Beginn der Weimarer Republik der Fall, die schließlich in eine Kompromißformel zur von der Verfassung garantierten Stellung dieses Faches in der doppelten Verantwortung von Staat und Kirche gemündet ist. Daß diese Formel dann in das Grundgesetz der Bundesrepublik Deutschland übernommen worden ist,

---

17 Vgl. *N. Mette*, Kinder, a. a. O.; Kinder und Gemeinde. Ein Werkbuch, Düsseldorf 1990.
18 Zum Überblick vgl. u. a. *U. Hemel*, Religionspädagogik im Kontext von Theologie und Kirche, a. a. O., bes. 73–94; *G. Lämmermann*, Grundriß der Religionsdidaktik, Stuttgart 1991, bes. 126–171; *K. Wegenast*, Religionsdidaktik Sekundarstufe I, Stuttgart 1993, 35–49.
19 Vgl. auch ebd., 27 ff.

hängt nicht zuletzt mit dem Sinnvakuum zusammen, in dem sich Deutschland nach Ende der nationalsozialistischen Diktatur vorfand. Die Stellung der Kirchen war dermaßen unangefochten, daß sie problemlos den Religionsunterricht als Ort der Kirche in der Schule begreifen konnten und auch – in Form des kerygmatischen Unterrichts bzw. der evangelischen Unterweisung – entsprechend konzipierten. Das so geprägte Selbstverständnis dieses Faches geriet jedoch spätestens in den sechziger Jahren in eine Krise, und zwar sowohl aus »internen« als auch aus »externen« Gründen: Zum einen ließ nämlich die damalige theologische Diskussion, insbesondere im Bereich der Exegese, manche Inhalte und Vorgehensweisen fragwürdig werden, die im Religionsunterricht bis dahin als selbstverständlich vorausgesetzt und vermittelt bzw. angewendet wurden. Zum anderen war man mit einer zunehmenden Kirchenfremdheit in der Schülerschaft konfrontiert; immer mehr Schüler kommen nur noch mit einer rudimentären vorausgegangenen und begleitenden religiösen Sozialisation und Erziehung in die Schule.

Es kann hier nicht die durch diese Krise bedingte Diskussion um Begründung und didaktische Konzeption des Religionsunterrichts als Schulfach nachgezeichnet werden.[20] Hermeneutischer Religionsunterricht, problemorientierter Unterricht, Unterricht in Religion, sozialtherapeutischer Religionsunterricht, ideologiekritischer Religionsunterricht etc. waren die maßgeblichen didaktischen Ansätze, die teilweise einander ablösten, teilweise nebeneinander existierten. Verkündigung oder Information, Emanzipation oder Tradition u. ä. lauteten die Gegenüberstellungen, um die in der religionspädagogischen Diskussion gestritten wurde. Dabei bewegte sich diese auf einem durchaus beachtlichen Niveau; und manches, was damals an Einsichten gewonnen worden ist, ist es wert, heute noch beachtet zu werden. Auch die Praxis des Religionsunterrichts profitierte von dieser Debatte; wohl in kaum einem anderen Schulfach wurden so qualifizierte Unterrichtsmaterialien entwickkelt, wie es im Religionsunterricht der Fall gewesen ist.

Auf katholischer Seite brachte Mitte der siebziger Jahre der da-

20 Vgl. dazu die Überblicke in der in Anm. 18 genannten Literatur.

mals von der Synode der Bistümer in der Bundesrepublik Deutschland verabschiedete Beschluß »Der Religionsunterricht in der
Schule«[21] eine gewisse Beruhigung für die Diskussion um dieses
Fach mit sich. Das hing damit zusammen, daß es dem Text gelungen war, verschiedene Diskussionsstränge zu integrieren, und er
insofern für die Religionspädagogen in einem hohen Maß konsens-
fähig war. Für kirchenoffizielle Verlautbarungen stellt dieser Beschluß deshalb ein beachtliches Novum dar, weil er nicht deduktiv
argumentiert, d. h. von bestimmten theologischen Axiomen ausgeht und aus ihnen normative Prinzipien und Konzepte ableitet,
sondern von einer Situationsanalyse ausgeht, die ungeschminkt die
damalige Problemlage des Religionsunterrichts darstellt.[22] Von
daher ergibt sich, daß die traditionelle kirchliche Begründung dieses Schulfaches nicht länger als ausreichend gelten kann, sondern
daß es darauf ankommt, den Religionsunterricht inhaltlich und didaktisch als Fach am Ort der Schule ausweisen zu können. Der
Beschluß nimmt entsprechend eine Begründung vor, die einige
pädagogische Gesichtspunkte aufgreift (kulturgeschichtliche, anthropologische und gesellschaftskritische Funktion des Religionsunterrichts) und diese dann in ihrer »Konvergenz« mit zentralen
theologischen Gesichtspunkten aufzeigt (Tradition, identitätsstif-
tender Glaube und eschatologischer Vorbehalt). Auf dieser Basis
werden die Ziele und Aufgaben des Religionsunterrichts entwik-
kelt, die einerseits die – in sich nochmals vielgestaltige – Situation
der Schülerschaft ernst zu nehmen versuchen, andererseits um eine
Darlegung des christlichen Glaubens bemüht sind, die ihn in seinem Zuspruch und Anspruch angesichts der Fragen, Probleme und
Krisen, mit denen einzelne wie die Menschheit insgesamt heute
konfrontiert sind, erschließt. Darin konkretisiert sich das Prinzip
eines schülerorientierten Religionsunterrichts, das bis hin zur
Interpretation des Konfessionsprinzips dieses Schulfaches im Sinn
eines »dialogischen Bekenntnisses« (W. Langer) durchgehalten

---

21 In: L. Bertsch u. a. (Hg.), Gemeinsame Synode der Bistümer in der Bundesrepublik Deutschland. Bd. I, a. a. O., 123–152.
22 Vgl. als ausgezeichneten Kommentar W. *Langer*, Religionsunterricht in einer
»nachchristlichen« Gesellschaft, Hildesheim 1985, 21–58.

wird. Für die schulische Praxis zeitigte dieser Beschluß bedeutsame Auswirkungen bis in didaktische und methodische Konzeptionen hinein, insofern er dazu anhielt, immer neu beides zu berücksichtigen und aufeinander zu beziehen, die Situation der Schülerschaft auf der einen und die Glaubensüberlieferung auf der anderen Seite. Vor allem in der Korrelations- und der Symboldidaktik fand das seinen konzeptionellen Niederschlag: Ansätze, die im folgenden Kapitel noch ausführlicher darzustellen und zu würdigen sein werden.

Für eine beachtlich lange Zeit erwies sich der Synodenbeschluß als eine tragfähige Basis für Theorie und Praxis des Religionsunterrichts. Angesichts wachsender restaurativer Tendenzen in Teilen der katholischen Kirche, die auch im katechetischen Bereich zu Versuchen einer massiven Einflußnahme im Sinn einer »materialkerygmatischen Wende« führten und in der Veröffentlichung des »Katechismus der katholischen Kirche« sowie in der Überarbeitung des Allgemeinen katechetischen Direktoriums seitens der Kleruskongregation ihren manifesten Niederschlag finden, richtet sich die Sorge vieler Religionspädagogen darauf, wenigstens nicht hinter den im Synodendokument erreichten und inzwischen vielfach bewährten Stand zurückzufallen.[23]

Eine solche innerkirchliche Diskussion mutet allerdings angesichts der Entwicklung, die den Religionsunterricht erneut in eine Krise gebracht und im Zusammenhang damit eine völlig anders gelagerte neue Debatte über Begründung und Konzeption dieses Schulfaches ausgelöst hat, höchst merkwürdig und eigenartig verspätet an.[24] Hintergrund der neuen Krise ist der beschleunigte Moderni-

---

23 Vgl. zu dieser Diskussion die Beiträge in ThQu 164 (1984) Heft 4: Neue Inhalte der Glaubensvermittlung?, sowie zahlreiche Artikel in den einschlägigen religionspädagogischen Zeitschriften (KatBl, rhs etc.).

24 Vgl. zum folgenden vor allem *V. Drehsen*, Das Bildungsdilemma der Volkskirche – Das kirchliche Dilemma des Religionsunterrichts, in: Religionsunterricht im Spannungsfeld von Kirche und Gesellschaft (Arbeitshilfe für den evangelischen Religionsunterricht an Gymnasien. Themenfolge 88), München 1989, 4–45; *K. Goßmann u. a.* (Bearb.), Religionsunterricht in der Diskussion – Zur Situation in den jungen und alten Bundesländern, Münster 1993; *G. Hilger/G. Reilly* (Hg.), Religionsunterricht im Abseits?, München 1993; *J. Lott* (Hg.), Religion – warum und wozu in der Schule?, Weinheim 1992; *K. E. Nipkow*, Bildung als Lebensbegleitung und Erneuerung, a. a. O., 432–495; *N. Scholl*, RU 2000. Welche Zukunft

sierungsschub mitsamt dem mit ihm einhergehenden Prozeß der Enttraditionalisierung, der inzwischen seine Auswirkungen bis in den schulischen Alltag hinein zeitigt.[25] Davon ist gerade auch der Religionsunterricht tangiert: Überwiegend hat er es nunmehr mit Schülern zu tun, die in religiöser Hinsicht völlige Analphabeten sind. Bei ihnen allererst so etwas wie religiöses Interesse zu wekken, ist sein Hauptproblem. Von daher erweisen sich viele der noch im Synodenbeschluß aufgestellten Ziele und Aufgaben dieses Schulfaches als in seiner Praxis so nicht mehr einlösbar. Angesichts solcher Herausforderungen, die die grundsätzliche Frage nach der Vermittelbarkeit von Religion im Kontext der heutigen Schule aufwerfen lassen, ist für viele betroffene Lehrer und Schüler insbesondere der Sinn einer konfessionellen Aufteilung dieses Faches nicht mehr einsichtig. Als Anlaß für die neue Debatte kam hinzu, daß nach 1989 die Situation in den neuen Bundesländern dazu nötigte, über Sinn und Zweck eines schulischen Religionsunterrichts nachzudenken angesichts der Tatsache einer weitgehenden Entkirchlichung der dortigen Gesellschaft und Schulen sowie unter Würdigung der Erfahrungen, die die dortigen Kirchen mit einem Religionsunterricht in eigener Verantwortung gemacht hatten.[26] Diese Herausforderungen haben zu Neuakzentuierungen in der aktuellen Diskussion um den Religionsunterricht geführt, die

hat der Religionsunterricht?, Zürich 1993. In folgenden Zeitschriften sind Schwerpunkthefte zu dieser aktuellen Diskussion erschienen: EE 45 (1993) Heft 1: Religionsunterricht und Konfessionalität; ebd. Heft 2: Religionsunterricht – wie weiter?; KatBl 118 (1993): Konfessioneller Religionsunterricht – wohin?; GuL 8 (1993) Heft 2: Pluralismus – Konfession – Identität; KatBl 119 (1994) Heft 6: Ökumenische Zusammenarbeit (in den KatBl erscheinen fortlaufend Beiträge zur Diskussion); Österreichisches Religionspädagogisches Forum 3 (1993): Religionsunterricht angefragt?!; rhs 35 (1992) Heft 3: Religionsunterricht in der Diasporasituation; ru 23 (1993) Heft 3: Streit um Konfessionalität.

25 Vgl. *A. Feige*, Gesellschaftliche Bedingungen religiöser Curricula, in: GVEE Informationen 94/1, 5–27; *N. Mette*, Religionsunterricht in nachchristlicher Gesellschaft, in: J. Lott (Hg.), Religion – warum und wozu in der Schule, a.a.O., 269–283.

26 Vgl. EE 43 (1991) Heft 1: Religionsunterricht in den neuen Bundesländern?; *D. Reiher* (Hg.), Kirchlicher Unterricht in der DDR 1949–1990, Göttingen 1992; *F. G. Friemel*, Kinder- und Jugendseelsorge in der DDR, in: M. Wedell/ders. (Hg.), Schwarz – Rot – Gott? Kirchliche Jugendarbeit vor und nach der deutschen Vereinigung, Leipzig 1993, 19–42; *M. Blasberg-Kuhnke*, Zwischen Christenlehre und Religionsunterricht, in: KatBl 117 (1992) 322–337.

einige zukunftsträchtige Konturen des Schulfaches anzeigen[27], über die allerdings noch keineswegs ein Konsens besteht; sie seien im folgenden aufgelistet und jeweils kurz kommentiert:

– »Nur wenn Religionsunterricht sich vom Bildungsauftrag der Schulen her versteht, ist er in Zukunft zu rechtfertigen.« Dieser Feststellung im Plädoyer des Deutschen Katecheten-Vereins zum »Religionsunterricht in der Schule« ist voll und ganz zuzustimmen.[28] Das heißt allerdings nicht, daß auf einen vorliegenden Bildungsplan zurückzugreifen wäre, innerhalb dessen der Religionsunterricht sich zu verorten hätte. Sondern wenn Religion etwas mit der Konstitution von Individuum und Gesellschaft zu tun hat, muß sie sich aktiv in die allgemeine Bildungsdiskussion einschalten, weil hier grundlegend über die Konstruktion von Wirklichkeit vor allem mit Blick auf die Zukunft gestritten und entschieden wird, die den konkreten Bildungsplänen und -konzepten zugrunde gelegt wird.[29] Das heißt dann aber auch, daß eine Einbeziehung der religiösen Dimension in die (schulische) Bildung nicht nur Aufgabe des Religionsunterrichts, sondern auch anderer Fächer ist. Entsprechend hätte der Religionsunterricht um einen Dialog mit anderen Fächern bemüht zu sein.[30]

– Zu Recht ist in der neueren religionspädagogischen und -didaktischen Diskussion die diakonische Ausrichtung des schulischen Religionsunterrichts hervorgehoben worden. Was damit gemeint ist, hat G. Bitter wie folgt umrissen: »nicht der kirchliche Verkündigungsauftrag, nicht die eigentliche Glaubensunterweisung – im Sinne der bisherigen katechetischen, kerygmatischen Konzeptionen –, nicht eine christlich-gemeindliche Sozialisation und ausdrückliche religiöse Formung der Schüler, sondern das Bekanntmachen mit den Lebensmöglichkeiten aus dem Sinn von Religion i. a. und christlich Glauben i. bes. und endlich das Befähigen zu verantwortetem Entscheidenkönnen in Sachen Religion / christlich

---

27 Vgl. auch *H. Halbfas*, Nach vorne gedacht. Wie soll der Religionsunterricht in einer nachchristlichen Gesellschaft aussehen?, in: rhs 35 (1992) 372–377; *W. Gräb*, Der eigene Zugang zum Christentum. Überlegungen zur Begründung und Gestaltung des Religionsunterrichts, in: ThPr 28 (1993) 204–221.

28 Veröffentlicht u. a. in: KatBl 117 (1992) 611–627, hier: 611.

29 Siehe hierzu ausführlicher Abschn. 3.1.3 und 3.3.2.

30 Vgl. *W. Dietz*, Dialogischer Religionsunterricht, in: KatBl 119 (1994) 415–421.

Glauben stehen als Zielvorstellungen dieses Religionsunterrichts-Konzeptes obenan.«[31] Zentrale Aufgabe des Religionsunterrichts ist es demnach, einen Beitrag zur Identitätsfindung der Kinder und Jugendlichen zu leisten, indem er ihnen dazu verhilft, bewußter auf ihren eigenen Lebensweg und ihre eigene Lebenswelt hin zu reflektieren und die bewußten oder unbewußten Anteile von Religion darin zu entdecken und zu »kultivieren«.

– In diesem Zusammenhang muß die Aufgabe des Religionsunterrichts allerdings nicht nur als eine individuell-diakonische, sondern auch als eine gesellschafts-diakonische gesehen und konzipiert werden. Damit soll zum einen gesagt werden, daß der Religionsunterricht an der Schule mit dazu beitragen soll und kann, daß die Aufmerksamkeit und Sensibilität für die religiöse Dimension (zwischen-)menschlichen Verstehens und Handelns nicht verloren geht, sondern wach gehalten und gefördert wird. Zum anderen hat der Religionsunterricht aber auch zur kritischen Unterscheidung auf religiösem Gebiet anzuhalten und damit sich einem Umgang mit Religion zu widersetzen, der sie entweder für bestimmte gesellschaftliche Interessen funktionalisiert oder gar für irrationale oder destruktive Zwecke mißbraucht.

– Es ist nicht länger einzusehen, warum ein so konzipierter Religionsunterricht nicht von den Kirchen gemeinsam verantwortet werden kann.[32] Mit der Infragestellung des herkömmlichen Konfessionalitätsprinzips soll die Unabdingbarkeit seines konfessorischen Charakters nicht geleugnet werden; wird der Religionsunterricht doch nur so der Eigenart religiöser Mitteilung und Ver-

---

31 G. *Bitter*, Religionsunterricht zugunsten der Schüler. Umrisse eines diakonischen Religionsunterrichts, in: Pädagogische Rundschau 43 (1989) 639–658, hier: 642. Vgl. auch O. *Fuchs*, Der Religionsunterricht als Diakonie der Kirche?, in: KatBl 114 (1989) 848–855, sowie die Beiträge von *J. Werbick* (Heutige Herausforderungen an ein Konzept des Religionsunterrichts) und M. *Blasberg-Kuhnke* (Lebensweltliche Kommunikation aus Glauben – Zur koinonischen Struktur des Religionsunterrichts der Zukunft), in: Religionsunterricht 20 Jahre nach dem Synodenbeschluß (Arbeitshilfen 111) , Bonn o. J. (1993).
32 Vgl. hierzu auch N. *Mette*, Begegnung mit dem Fremden. Herausforderung für den Religionsunterricht, a. a. O. – Zum Diskussionsstand vgl. zusammenfassend K. *Goßmann*, Religionsunterricht in ökumenischer Offenheit. Die Positionen der Kirchen zur Konfessionalität des RU, in: MD 45 (1994) 46–52; vgl. auch R. *Sauer* / R. *Mokrosch* (Hg.), Ökumene im Religionsunterricht, Gütersloh 1994.

ständigung gerecht.[33] Ob sich mit Rücksichtnahme darauf ein gemeinsamer Religionsunterricht für alle, wie er sich im Zuge der Ausbildung einer multikulturellen Gesellschaft und damit auch einer multikulturellen Schule nahelegt, muß offen bleiben, wenn auch alle theologischen, religionswissenschaftlichen und (religions-) pädagogisch-didaktischen Anstrengungen in diese Richtung unternommen und entsprechende Experimente unterstützt werden sollten.[34] Aber hierzu bedarf es einer Verständigung der betroffenen Religionsgemeinschaften untereinander. Möglicherweise entspricht es der radikal-pluralistischen Situation unserer Gesellschaft viel eher, wenn nicht erneut wieder uniformistische Modelle angestrebt werden, sondern plurale Möglichkeiten der Auseinandersetzung mit den Fragen, die über die Alltäglichkeiten hinausreichen und tiefere Dimensionen des individuellen und sozialen Lebens betreffen, eingeräumt werden – etwa durch Einrichtung eines Lernbereichs »Ethik – Philosophie – Religion«, der sich in entsprechende Wahlpflichtfächer ausdifferenziert und zugleich integrative Phasen einer fächerübergreifenden Zusammenarbeit (z. B. zu bestimmten Projekten) vorsieht.[35]

Um zwei Bemerkungen seien diese Konturen eines zukunftsträchtigen Religionsunterrichts abschließend ergänzt, ohne sie eigens kommentieren zu können:

1. Es besteht ein not-wendiger Zusammenhang zwischen einer Reform des Religionsunterrichts und einer Reform der Schule überhaupt. Nur wo die Schule zu einem gedeihlichen Lebensraum für alle Beteiligten wird und nicht ausschließlich sich dem ihr von bestimmten Interessen angesonnenen Leistungsdiktat beugt, hat der Religionsunterricht seinen Ort; umgekehrt können vom Religions-

---

33 Vgl. *R. Schlüter*, Ökumenische Perspektiven eines bekenntnisgebundenen RU, in: KatBl 118 (1993) 810–814.

34 Vgl. *J. Lähnemann* (Hg.), Das Wiedererwachen der Religionen als pädagogische Herausforderung, Hamburg 1992; *K. E. Nipkow*, Ökumenisches Lernen – Interreligiöses Lernen – Glaubensdialog zwischen den Weltreligionen. Zum Wandel von Herausforderungen und Voraussetzungen, in: G. Orth (Hg.), Dem bewohnten Erdkreis Schalom, Münster o. J. (1991), 301–320; *J.A. van der Ven/H.-G. Ziebertz* (Hg.), Religiöser Pluralismus und interreligiöses Lernen, a. a. O.

35 Anregend: *F. Doedens*, Religionsunterricht als Ort interreligiösen Lernens, in: KatBl 119 (1994) 272–277.

unterricht wichtige Impulse für eine Humanisierung der Schule und für eine entsprechende Ausgestaltung der Schulkultur ausgehen.[36] Die Kirchen, die ja Schulen in eigener Trägerschaft unterhalten, müssen sich fragen lassen, ob sie auf diesem Gebiet nicht stärker modellartig initiativ werden sollten, als es bislang der Fall ist; immerhin kann auf einige bemerkenswerte Beispiele verwiesen werden.[37]

2. Der Religionsunterricht ist nicht die einzige Möglichkeit einer Begegnung von Kirche und Schule. Formen einer differenzierten schulbezogenen Arbeit der Kirchen (Schulpastoral) dürften auf Zukunft hin an Bedeutung gewinnen.[38]

5.4   Kirchliche Jugendarbeit

Nach eigenem Bekunden ist es für viele heute noch kirchlich gebundene und engagierte Erwachsene ihre Mitarbeit in einem kirchlichen Jugendverband, die ihre weitere Glaubensbiographie entscheidend geprägt hat. Hatten sie hier doch ein Feld erfahren, in dem ihnen der Glaube nicht, wie in anderen Bereichen, etwa im Religionsunterricht, »indoktriniert« wurde, sondern praktisch – gemeinschafts- und erlebnisbezogen – begegnete und sie ihn überzeugend mit ihrem sonstigen Leben in Verbindung gebracht sahen. Dies war ein Fundament, das mit seiner Konzentration auf das Wesentliche immer wieder sich einstellende Spannungen mit der »offiziellen« Kirche überdauern lassen konnte.

Eine solche Erinnerung wird deswegen diesem Abschnitt vorangestellt, weil sie mitten in die aktuellen innerkirchlichen Konflikte um die kirchliche Jugendarbeit hineinführt, wie sie fast schon zur Tagesordnung im genannten Handlungsfeld geworden sind. Viele,

---

36 Vgl. *K. Wegenast*, RU und Schulreform, in: ders., RU wohin?, Gütersloh 1971, 253–271; vgl. auch *H. von Hentig*, Die Schule neu denken, München-Wien 1993; KatBl 119 (1994) Heft 4: Schule für morgen.

37 Vgl. u. a. *N. Mette*, Das Kind in der Mitte (Mk 9,36). Eine Herausforderung für die katholische Schule, in: RPB 25/1990, 126–144; *K. E. Nipkow*, Bildung als Lebensbegleitung und Erneuerung, a. a. O., 496–554.

38 Vgl. *J. H. Schneider*, Schulseelsorge, in: G. Bitter/G. Miller (Hg.), Handbuch religionspädagogischer Grundbegriffe. Bd. I, a. a. O., 214–217.

besonders unter den kirchlich Verantwortlichen, lassen sich weiterhin von ihren eigenen Erfahrungen in ihrer Jugendarbeit leiten und übertragen diese als normative Vorstellung auf die heutige Praxis von Jugendarbeit. Demgegenüber weisen in der Jugendarbeitspraxis Engagierte darauf hin, daß solche von früher geprägten Vorstellungen angesichts der veränderten Realität nicht mehr zu greifen vermögen und darum ein anderer Zugang zu Jugendlichen gesucht werden muß.

Es kann hier nicht darum gehen, diesen Konflikt detailliert zu analysieren. Deutlich wird schon bei oberflächlicher Wahrnehmung, daß sich dahinter höchst unterschiedlich ausfallende Situationseinschätzungen verbergen sowie verschiedene Auffassungen über die Sendung der Kirche. Daß dieser Konflikt bisweilen sehr heftig ausfällt, hängt damit zusammen, daß gerade der Bereich der Jugendarbeit im Schnittpunkt von zwei epochalen Wandlungsprozessen liegt, die bereits im 1. Kapitel zur Sprache gekommen sind: auf der einen Seite der Auflösung des kirchlichen Milieus, auf der anderen Seite der tiefgreifenden Verschiebung des »Sinns« des Jugendalters.[39] Daraus resultiert, daß für die Kirche gerade das Handlungsfeld der Jugendarbeit zu einem besonderen Testfall geworden ist, wie ihr unter den veränderten Bedingungen eine Begegnung mit Heranwachsenden und jungen Erwachsenen gelingen kann, die beiden Seiten förderlich ist. Vergegenwärtigt man sich hier die zahlenmäßige Entwicklung, ist zu alles anderem als Optimismus Anlaß. Und selbst von denen, die sich viele Jahre aktiv in der kirchlichen Jugendarbeit eingesetzt haben, lösen sich nicht wenige mit ihrem »Abschied« von der Jugendarbeit bald auch gänzlich von der Kirche.[40]

Es würde zu weit führen, hier eine Aufarbeitung der höchst vielschichtigen Debatte um eine angemessene Konzeption der kirchlichen Jugendarbeit oder einer Jugendpastoral insgesamt vorneh-

39 Vgl. *K. Gabriel*, Das Unbehagen an der Wirklichkeit. Jugend als Zeichen der Zeit, a. a. O.; *H.-G. Ziebertz*, Kirche und Moderne. Ursachen für Konflikte um die kirchliche Jugendarbeit, in: KatBl 115 (1990) 592–605.
40 Vgl. Gruppe »Tauwetter«, Verein zur Förderung eines Kirchenfrühlings (Hg.), Eines Tages kam mir die Kirche abhanden, Zürich 1989.

men zu wollen.[41] Im Interesse der folgenden Überlegungen steht die Frage, ob und inwiefern die kirchliche Jugendarbeit auch heute noch als »Lernort des Glaubens« begriffen und konzipiert werden kann und was das umgekehrt möglicherweise für das Verständnis von »Lernort des Glaubens« zur Folge hat.

Allein schon ihr Mitgliederschwund, aber auch teilweise unreflektiert vorgenommene konzeptionelle Veränderungen in den eigenen Reihen bedingen, daß die kirchlichen Jugendverbände ihre pädagogische Praxis neu überdenken müssen. Insbesondere die bisher vorherrschende Form der Gruppenarbeit ist in eine Krise geraten; der Individualisierungsschub, dem Jugendliche besonders stark ausgesetzt sind, bringt es mit sich, daß sie sich schwertun, sich verbindlich und längerfristig auf die Mitarbeit in einer festen Gruppe einzulassen; sie suchen offene Angebote. Das bringt allerdings die Gefahr mit sich, daß die Jugendverbände sich unkritisch auf diese Entwicklung einlassen und »ähnlich den kommerziellen Freizeiteinrichtungen der vorhandenen Konsumhaltung durch kurzfristige Angebote«[42] entgegenkommen. Ein unterscheidbares Profil behalten bzw. gewinnen sie darum nur, wenn sie im Gegenzug zum Trend nach eher unverbindlichen Kontakten Jugendlichen Möglichkeiten einräumen, Formen eines verbindlicheren Umgangs miteinander zu erproben – durch Kennen- und sich gegenseitig in seinen jeweiligen Eigenarten Anerkennen- und Verstehen-Lernen, durch die Verpflichtung, die Mitarbeit an gemeinsam geplanten und begonnenen Projekten nicht einfach abzubrechen, durch die Bereitschaft, Verantwortung zu übernehmen etc. Dies kann sowohl in lockereren als auch in festeren Bezie-

---

41 Vgl. zusammenfassend *M. Lechner*, Pastoraltheologie der Jugend. Geschichtliche, theologische und kairologische Bestimmung der Jugendpastoral einer evangelisierenden Kirche, München 1992; vgl. auch Diakonia 23 (1992) Heft 6: Zwischen 15 und 30; Lebendige Seelsorge 42 (1991) Heft 3/4: Jugendseelsorge, Praktische Theologie 29 (1994) Heft 2: Jugend – Kirche – Religion, und TThZ 99 (1990) Heft 4 mit Beiträgen zum Thema Kirche und Jugend; regelmäßig erscheinen auch Diskussionsbeiträge zum Thema in den Katechetischen Blättern und in Stimmen der Zeit. – Zur besonderen Entwicklung und Situation im östlichen Teil Deutschlands vgl. *M. Wedell / F. G. Friemel* (Hg.), Schwarz – Rot – Gott?, a. a. O.

42 *B. Grawe*, Was schafft neue Verbindlichkeiten? Einige Aspekte kirchlicher Jugendverbandsarbeit, in: Diakonia 23 (1993) 394–398, hier: 397.

hungsformen geschehen. Ihre Glaubwürdigkeit erlangen solche Begegnungen der Kirche mit den Jugendlichen, wie sie zwecklos, ohne Rekrutierungsabsichten erfolgen – im Sinn jener »Option für die Jugendlichen«, zu der sich die lateinamerikanische Kirche beispielhaft bekannt hat.[43]

Eine entscheidende Bedeutung gewinnt in diesem Zusammenhang das sogenannte »personale Angebot«, das bereits im Synodenbeschluß »Ziele und Aufgaben kirchlicher Jugendarbeit« als das kennzeichnende Merkmal von kirchlicher Jugendarbeit herausgestellt worden ist.[44] Damit wird zum Ausdruck gebracht, daß es nicht darum geht, Jugendliche lediglich mit mehr oder weniger attraktiven »Sachangeboten« abzuspeisen, sondern daß vielmehr ihnen Gelegenheit gegeben werden soll, über persönliche Beziehungen und in dem Treffen auf Lebens- und Glaubensentwürfe anderer eigene lebensbestimmende Orientierungen gewinnen zu können. Es kommt, so heißt es in dem Beschluß wörtlich, »entscheidend darauf an, daß die Botschaft Jesu den Jugendlichen in glaubwürdigen Menschen begegnet – in Gleichaltrigen ebenso wie in Erwachsenen, Priestern und hauptamtlichen Mitarbeitern, die den in kritischer Distanz stehenden, fragenden und suchenden Jugendlichen den Zugang zu Glauben und Kirche möglich machen«[45]. Das, worin das »personale Angebot« besteht, wird dann mit einer Reihe von Kompetenzen näherhin umschrieben, über die Mitarbeiter in der kirchlichen Jugendarbeit verfügen und auf die hin sie darum qualifiziert werden sollten – Kompetenzen, die über den Bereich der Jugendarbeit hinaus für die religionspädagogische Praxis insgesamt Beachtung verdienen:

»– Fähigkeit, Fragen zu hören und auszuhalten,

---

43 Vgl. dazu N. Mette, »Vorrangige Option für die Jugendlichen«. Ekklesiologische und pastorale Konkretion einer Kirche der Jugend – eine lateinamerikanische Herausforderung, in: R. Hanusch/G. Lämmermann (Hg.), Jugend in der Kirche zur Sprache bringen, München 1987, 228–235. Vgl. hierzu auch (neben den im Folgenden aufgeführten Beiträgen von H. Steinkamp) O. Fuchs, Die prophetische Kraft der Jugend?, Freiburg 1986.

44 Vgl. Synodenbeschluß »Ziele und Aufgaben kirchlicher Jugendarbeit«, in: L. Bertsch u. a. (Hg.), Gemeinsame Synode der Bistümer in der Bundesrepublik Deutschland. Bd. I, a. a. O., 288–311, bes. 298 ff.

45 Ebd., 299.

– Fähigkeiten, Fragen und Artikulationen Jugendlicher, insbesondere aus sozialen Randgruppen, auf ihre Hintergründe (tieferliegende Bedürfnisse, Sinnfragen) zu untersuchen,
– Fähigkeit und Bereitschaft, mit jungen Menschen originäre Erfahrungen zu machen und zu reflektieren,
– Bereitschaft, im eigenen Glauben zu wachsen und mit anderen hauptamtlichen Mitarbeitern gemeinsame Formen der Glaubensvertiefung zu suchen,
– Grundhaltung der Lernbereitschaft, die auch überkommenes Normenverständnis und überkommene Verhaltensmuster in Frage zu stellen bereit ist,
– Kreativität im Entdecken und Erproben neuer Formen des Miteinanderlebens,
– Bereitschaft, mit Werten der Tradition zu konfrontieren; in alldem die Bereitschaft und Fähigkeit, am eigenen Glauben teilnehmen zu lassen.«[46]

Der Begriff »personales Angebot« wäre mißverstanden, würde er im Sinn eines »Gegenüber« von Kirche und Jugend interpretiert.[47] Genau dieses traditionelle Subjekt-Objekt-Schema soll durchbrochen werden. Es geht vielmehr um ein Konzept, das von Anfang an Jugendliche als Subjekte und Beteiligte von gemeinsamen Lernprozessen ernst nimmt, Lernprozesse also, durch die auch die Erwachsenen herausgefordert werden und in denen sie manch liebgewonnene Position kritisch hinterfragen lassen müssen.[48] So wichtig und fruchtbar diese Interaktion zwischen den Generationen auch ist, so weist der Synodenbeschluß mit seinem Konzept der »reflektierten Gruppe« darauf hin, daß die Gruppe der Gleichaltrigen selbst bereits eine grundlegende Form des »personalen Angebots« ist: »Denn die soziale, psychische, geistige und religiöse Entwicklung des Menschen vollzieht sich jeweils in gegenseitiger Abhän-

46 Ebd.
47 Vgl. hierzu klärend H. Heidenreich, Mitarbeiter und »Personales Angebot«, in: M. Affolderbach/H. Steinkamp (Hg.), Kirchliche Jugendarbeit in Grundbegriffen, Düsseldorf-München 1985, 293–316; ders., »Personales Angebot« – Ausverkauf?, in: K. Wuchterl (Hg.), Der Vergangenheit eine Zukunft. 75 Jahre Jugendhaus Düsseldorf, Düsseldorf 1984, 68–75.
48 Vgl. weiterführend H. Steinkamp, Sozialpastoral, a. a. O., 104–115, bes. 109 ff.

gigkeit und Beeinflussung, in jenen Gruppen, mit denen er sich weithin identifiziert. Durch solche Gruppen kann wirksame Hilfe gegeben werden, daß sich der einzelne ändert, daß sich das Miteinander aller bessert, daß Kontakt und Zusammenarbeit sich vertiefen, daß man einander besser gerecht wird, daß der einzelne sich selbst und seine schöpferischen Fähigkeiten gestalten kann. Wahrhaftigkeit, Eigenständigkeit, Partnerschaft, Liebe und Solidarität werden so zur Grundlage und hohen Werten einer solchen Gruppe... Darüber hinaus strebt sie Haltungen und Fähigkeiten an, die im politischen Leben nötig sind: die Fähigkeit und Bereitschaft, Konflikte anzunehmen und mit ihnen zu leben, legitime eigene Interessen wahrzunehmen und die Möglichkeiten ihrer Durchsetzung abzuschätzen, sich mit anderen zusammenzutun und auch gerechte Kompromisse einzugehen, der Macht kritisch gegenüberzustehen wie auch sie verantwortlich zu gebrauchen.«[49] Kennzeichen der »reflektierten Gruppe« ist somit die enge Verbindung und gegenseitige Durchdringung von Aktion und Kontemplation.[50]

Nüchtern muß davon ausgegangen werden, daß nicht alle Interessenten kirchlicher Jugendarbeit sich auf eine Mitarbeit in solcher Verbindlichkeit einlassen wollen und können. Gleichwohl ist es für das Gesamtklima entscheidend, daß die Jugendarbeit aus einer solchen Verbindlichkeit heraus gestaltet wird und daß sich das auch auf die Formen eines offenen Miteinander auswirkt. Dabei bringt gerade die Begegnung mit den »anderen« Jugendlichen, die dem in den Kirchengemeinden vorherrschenden Typ des familienzentrierten Jugendlichen[51] nicht entsprechen, die Chance mit sich, das Evangelium Jesu Christi neu zu entdecken; galt doch die Vorliebe Jesu gerade den Randständigen und Ausgestoßenen in seiner Zeit.[52]

---

49 Beschluß »Ziele und Aufgaben kirchlicher Jugendarbeit«, a.a.O., 300f. Vgl. zur weiterführenden Interpretation die Textsammlung »Reflektierte Gruppe«. Arbeitsmaterialien für die Fortbildung, Altenberg 1990.
50 Vgl. dazu auch den Beschluß »Jugendarbeit« der Diözesansynode Rottenburg-Stuttgart, in: Beschlüsse der Diözesansynode Rottenburg-Stuttgart 1985/86. Weitergabe des Glaubens an die kommende Generation, Rottenburg 1986, 89–113, bes. 93ff.
51 Vgl. J. *Zinnecker*, Jugend, Religion und Kirche, a.a.O., 128–135.
52 Vgl. dazu die eindrücklichen Erfahrungsberichte in: Cl. *Kovollik u. a.* (Hg.), Ju-

5.5 Gemeindekatechese

Im Zuge der katechetischen Neubesinnung im Anschluß an das 2. Vatikanische Konzil ist die Gemeinde als der zentrale Ort der Katechese wiederentdeckt worden.[53] Erwartungen und Hoffnungen richteten sich auf die neu zu konzipierende »Gemeindekatechese«, wie sie programmatisch in dem Arbeitspapier der Gemeinsamen Synode der Bistümer in der Bundesrepublik Deutschland entfaltet worden ist.[54] In der Diskussion darüber lassen sich allerdings unterschiedliche Akzentuierungen in der Bestimmung des Verhältnisses von Gemeinde und Katechese ausmachen:[55]

– Vielfach steht lediglich der Aspekt der Ortsverlagerung im Vordergrund; d. h., daß die katechetische Unterweisung von der Schule in die Gemeinde verlagert wird, wie es insbesondere bei der Hinführung der Kinder zu den Sakramenten (Beichte, Eucharistie, Firmung) üblich geworden ist. Diese Sakramentenkatechese erfolgt dann in eigens dafür gebildeten Katechesegruppen, die von in der Regel ehrenamtlichen Mitarbeitern (Mütter etc.) begleitet werden. Der schulische Religionsunterricht bleibt jedoch weitgehend Vorbild: Der Aspekt der Wissensvermittlung steht im Vordergrund, ergänzt um eine praxisbezogene Integration in die Lebensvollzüge der Gemeinde. Diesen Ansatz kann man als »Katechese *in der* Gemeinde« charakterisieren.

– Bei dem Konzept, das als »Katechese *für* die Gemeinde« umschrieben werden kann, geraten verstärkt die Erwachsenen als Adressaten der Katechese in den Blick. Dahinter steht die Vorstellung: Soll Gemeinde Zukunft haben, muß gerade von den Erwachsenen der Glaube als für ihr Leben hilfreich und förderlich erfahren werden können. Die Ausbildung eines mündigen und entschie-

---

gend, Räume und ein Haus. Eindrücke, Erfahrungen und Motive aus der Jugendhausarbeit, Münster o. J. (1991); Thema: Offene Türen, in: im pastoralen dienst (Beilage zum kirchlichen Amtsblatt des Erzbistums Paderborn) 1/94.

53 Grundlegend dazu A. *Exeler*, Wesen und Aufgabe der Katechese, Freiburg 1966.

54 A.a.O.

55 Vgl. zum folgenden W. *Bartholomäus*, Einführung in die Religionspädagogik, a. a. O., 121–132; N. *Mette*, De la catéchèse dans la communauté à la catéchèse de la communauté, in: Lumen Vitae 43 (1988) 387–396.

denen Glaubens ist zu keiner Phase des Lebens abgeschlossen und macht darum eine lebenslange Begleitung erforderlich. Eine solche Katechese für die Erwachsenen soll die Kinder- und Jugendkatechese nicht ersetzen; wohl aber erhält diese einen anderen Stellenwert.

– Einen grundlegenden Perspektivenwechsel bringt die Problematisierung der für die beiden genannten Konzepte charakteristischen Unterscheidung zwischen den Adressaten und Trägern der Katechese mit sich. Dann nämlich wird bewußt: Wie die Katechese sich an alle Mitglieder der Gemeinde wendet, so ist die Gemeinde als ganze Subjekt der Katechese. Gemeindekatechese – so verstanden – ist »Katechese *der* Gemeinde«, und zwar in einem zweifachen Sinn: Zum einen ist jedem Christen der Auftrag zur Katechese gegeben und auch die Fähigkeit, seine Erfahrungen des Christseins anderen mitzuteilen und sie daran partizipieren zu lassen. Zum anderen ist das Leben der Gemeinde selbst als die eigentliche »Schule« des Christseins zu verstehen und entsprechend zu gestalten. Katechese der Gemeinde setzt somit stärker als die beiden anderen Konzeptionen, die eher auf die Sozialisation und Integration in die bestehende Gemeinde bedacht sind, die Bereitschaft zur Verwandlung der Gemeinde voraus; sie will Gemeinde aufbauen und verlebendigen – eine unabdingbare Voraussetzung für eine motivkräftige Weitergabe des Glaubens heute. Katechese der Gemeinde findet ihre Verwirklichung, wo es gelingt, »von der versorgten zur engagierten Gemeinde zu führen, von der monologisierenden Hierarchie zum dialogfähigen Volk Gottes, von der Fremdsprache aus Katechismussätzen zur Selbstsprache erfahrenen und erlittenen Glaubens«[56]. So führt die Katechese zur lebendigen Gemeinde, ja wird Gemeinde zur gelebten Katechese. Diese Konzeption liegt dem genannten Arbeitspapier »Das katechetische Wirken der Kirche« zugrunde.[57]

Wo dieses Konzept von Gemeindekatechese ernst genommen wor-

56 *W. Bartholomäus*, Gemeindekatechese, in: ThQu 162 (1982) 254–259, hier: 257.
57 Vgl. zu dieser Konzeption auch ausführlicher *D. Emeis/ K. H. Schmitt*, Handbuch der Gemeindekatechese, a. a. O.

den ist, ist in der Tat Beachtliches in Bewegung geraten.[58] Allerdings ist nüchtern festzustellen, daß an die Stelle der katechetischen Aufbruchstimmung vor zwanzig bis dreißig Jahren vielfach Enttäuschung, wenn nicht Resignation getreten ist. Die Erwartungen, die in die Gemeindekatechese gesetzt worden sind, haben sich – so lautet eine weit verbreitete Einschätzung – bestenfalls rudimentär erfüllt. Insbesondere ist es nicht gelungen, Erwachsene zur Katechese zu motivieren; häufig erstreckt sich die Gemeindekatechese auf die Sakramentenkatechese für Kinder und Jugendliche.

»Wir sind an eine Grenze gestoßen«, heißt es darum in einer Stellungnahme des Vorstands des Deutschen Katecheten-Vereins zur Situation der Gemeindekatechese aus dem Jahr 1992.[59] Als Hindernisse für die nur unzureichend umgesetzte Intensivierung der Katechese werden vor allem zwei Faktoren aufgeführt: das in der Gesellschaft vorherrschende Lebensgefühl, das sehr stark vom Versorgungsdenken geprägt ist, sowie die mangelnde Attraktivität vieler Kirchengemeinden. Es gelte darum, so heißt es in dem DKV-Papier weiter, sich auf das zentrale Anliegen katechetischer Bemühungen zurückzubesinnen und zu konzentrieren, das darin bestehe, Gottes unbedingtes Interesse am Menschen und seiner Lebenswelt erfahrbar werden zu lassen. Dieses könne und müsse in vielfältigen Formen geschehen und habe auch mit unterschiedlichen Abstufungen von kirchlicher Bindung, mit »unterschiedlichen Lebens- und Glaubensetappen« zu rechnen. Eine solche Offenheit allen Menschen gegenüber, »die jeden einzelnen Menschen als von Gott gewolltes und berufenes ›Original‹ ernst nimmt, wie nahe oder fern er uns auch stehen mag«, sei jedoch nur möglich, wenn sich zugleich Menschen, vorab Erwachsene finden, die »eine

---

58 Vgl. z. B. *B. Honsel*, Der rote Punkt. Eine Gemeinde unterwegs, Düsseldorf 1983, bes. 92–131; *H.-M. Schulz*, Gemeinde Jesu – und eine gelebte Katechese, in: KatBl 105 (1980) 276–281.

59 Vgl. Vorstand des Deutschen Katecheten-Vereins, Gemeindekatechese an ihren Grenzen?, in: KatBl 117 (1992) 368–374; zu zahlreichen weiteren Beiträgen über aktuelle Entwicklungen im Bereich der Gemeindekatechese sei auf die letzten Jahrgänge der KatBl verwiesen; eine übersichtliche Zusammenfassung und Weiterführung bietet *G. Bitter*, Katechese, in: Pastoraltheologie 78 (1989) 495–518.

verbindliche Glaubensgemeinschaft bilden, damit Lebensräume des Glaubens entstehen und erlebt werden können«[60].

Ein Stück weit entspricht dies den Erfahrungen, wie sie in der Kirche im östlichen Teil Deutschlands zur Zeit der DDR gemacht worden sind; waren hier doch die Gemeinden im gesamten religionspädagogischen und katechetischen Bereich wie auch in den übrigen Feldern auf sich selbst zurückgeworfen – ohne jedwede sonstige gesellschaftliche Stütze. Von den dabei gemachten Erfahrungen zu lernen und etwa von dem Konzept der »Christenlehre« sich inspirieren zu lassen, ist eine große Chance für die Kirchen und Gemeinden auch im übrigen deutschsprachigen Raum, zukunftsträchtige Wege einer in der Verantwortung der Gemeinden liegenden religionspädagogischen und katechetischen Praxis zu erkunden.[61]

5.6 Kirchliche Erwachsenenbildung

Insofern sich die Gemeindekatechese auch an Erwachsene richtet, gibt es Überschneidungen zwischen ihr und der kirchlichen Erwachsenenbildung. Die kirchliche Erwachsenenbildung ihrerseits erstreckt sich allerdings nicht bloß auf katechetische Prozesse. Denn zunächst einmal besagt das »kirchlich« lediglich, daß es sich um eine Erwachsenenbildung handelt, die in kirchlicher Trägerschaft liegt. Inhaltlich kann sie das gesamte Spektrum von Erwachsenenbildung umfassen, worunter dann auch religiöse oder theologische Erwachsenenbildung fallen können. Daß gerade die Kirchen oder kirchliche Gruppierungen seit einiger Zeit im Bereich der Erwachsenenbildung in einem beachtlichen Maß präsent sind, hängt damit zusammen, daß der Staat auch in diesem Bereich nach dem Subsidiaritätsprinzip vorgeht und freie Träger finanziell unterstützt. Die Kirchen nehmen ihrerseits dieses »Angebot« nicht zuletzt deswegen wahr, weil sie damit eine gute Möglichkeit haben, ihre Wertorientierungen in den Bildungsdiskurs einer weltanschaulich pluralen Gesellschaft einzubringen.

60 Zitate: a. a. O., 372f.
61 Vgl. dazu die in Anm. 25 aufgeführte Literatur.

Dabei ist allerdings keineswegs von vornherein klar, was denn diese spezifischen Wertorientierungen seitens der Kirchen sind; jedenfalls gab das immer wieder Anlaß zu kontroversen Diskussionen über die konzeptionelle Ausrichtung kirchlicher Erwachsenenbildung. Von ihrer jüngeren Geschichte her, die mit Ende des vergangenen Jahrhunderts ansetzt und in der die Erwachsenenbildung noch nicht so »institutionalisiert« war wie heute[62], gibt es zwei Traditionsstränge, an denen angeknüpft werden könnte: Den einen könnte man als »apologetisch« apostrophieren, weil hier das Hauptbestreben darauf liegt, die eigenen Konfessionsangehörigen zu befähigen, für die Sache der Kirche in einer unkirchlich geprägten Umgebung einzutreten. Zwar nicht ganz von diesem Ansinnen frei, dennoch zugleich anders akzentuiert ist jener Traditionsstrang, der sich etwa innerhalb der konfessionell orientierten Arbeiterbewegung[63] oder der kirchlichen Frauenarbeit[64] verfolgen läßt: Hier kommt für die Betroffenen eine starke »emanzipatorische« Komponente hinzu.

Zumindest unterschwellig wirken beide Stränge in der neueren Diskussion über Ort und Auftrag kirchlicher Erwachsenenbildung weiter. Sie kann an dieser Stelle nicht im Detail nachgezeichnet werden.[65] Im Rahmen des hier grundgelegten religionspädagogischen Ansatzes läßt viel für eine Konzeption kirchlicher Erwachsenenbildung sprechen, die sich den aktuellen Herausforderungen, mit denen es die Erwachsenen heute zu tun haben, insgesamt stellt und sowohl auf gesellschaftlicher wie auch auf religiöser als auch auf individueller Ebene zu kompetenter und profilierter Meinung und Praxis verhilft.[66]

62 Die Epoche bis zum 2. Weltkrieg ist nur vereinzelt aufgearbeitet; vgl. ab dann *M. Fell*, Mündig durch Bildung. Zur Geschichte katholischer Erwachsenenbildung in der Bundesrepublik Deutschland zwischen 1945 und 1975, München 1983.
63 Zur Lit. siehe Kap. 1, Anm. 68.
64 Zur Lit. siehe Kap. 2, Anm. 84.
65 Vgl. zusammenfassend *M. Blasberg-Kuhnke*, Erwachsenenbildung, in: W. Simon/H.-G. Ziebertz (Hg.), Bilanz der Religionspädagogik, Düsseldorf 1995.
66 An neueren Veröffentlichungen sei zur Vertiefung des Folgenden insbesondere hingewiesen auf: *M. Blasberg-Kuhnke*, Erwachsene glauben, a.a.O.; *R. Englert*, Religiöse Erwachsenenbildung, a.a.O.; *G. Orth*, Erwachsenenbildung zwischen Parteilichkeit und Verständigung, Göttingen 1990; *St. Vesper*, Herausforderungen und Chancen katholisch-sozialer Erwachsenenbildung, St. Ottilien 1993; vgl.

Eine solche kirchliche Erwachsenenbildung ist »diakonisch-solidarisch«, »ökumenisch-konziliar« und »lebensbegleitend-transformatorisch« ausgerichtet. Das sei im folgenden in einigen Grundzügen näherhin erläutert.

– Mit den Stichworten »diakonisch-solidarisch« soll vor allem der Beitrag kirchlicher Erwachsenenbildung auf gesellschaftlicher Ebene markiert werden. Dabei meint Diakonie das Kennzeichen und die Aufgabe der Kirche, nicht für sich, sondern für die anderen da zu sein – entsprechend dem radikalen Für-die-anderen-Dasein Jesu (D. Bonhoeffer). Die vorrangige Sorge hat in seiner Nachfolge den Benachteiligten und Opfern der sozio-ökonomischen Entwicklung zu gelten, denen, die auf die »Schattenseite der Geschichte« verbannt werden. Es geht darum, den Grundsatz einzulösen, daß alle berufen sind, Subjekte der Geschichte zu sein und zu werden. In diesem Sinn ist Bildungsarbeit solidarisch und parteilich; sie erfolgt nicht – bildungselitär – »von oben nach unten«, sondern von »unten nach oben«.[67]

Bildungsarbeit hat demnach überall dort vorrangig sich zu engagieren, wo Subjektwerdung gefährdet, behindert oder gar verhindert wird.[68] Insbesondere den Tendenzen zu einer Experten- und Massen(un)kultur – der Gefahr also, daß eine Expertokratie von partiell informierten Minderheiten gefördert, damit ein Unalphabetismus der Allgemeinheit bewußt in Kauf genommen wird und obendrein die Medien alle in einen Zustand »sanfter Verblödung« einlullen – ist nachhaltig zu begegnen. »Kulturelle Diakonie heißt hier, den Stummen und Sprachlosen gemäß den Verheißungen des Evangeliums und den Forderungen der aufgeklärten Vernunft die Kompetenz wieder zu erarbeiten, ›selbst zu denken, sich an die Stelle des anderen zu denken und mit sich selbst übereinstimmend zu denken‹ (Kant). Dabei käme es darauf an, den geschichtlich gewordenen Hiatus zwischen privater Bildungsprivilegierung und

  zum Ganzen auch *K. E. Nipkow*, Bildung als Lebensbegleitung und Erneuerung, a. a. O., 555–604; *ders.*, Evangelische Erwachsenenbildung, in: ThQu 174 (1994) 95–107.
67 Vgl. hierzu – von P. Freire inspiriert – immer noch grundlegend *E. Lange*, Sprachschule der Freiheit, München-Gelnhausen 1980; vgl. auch *G. Orth*, a. a. O.
68 Vgl. zum folgenden auch *G. Fuchs*, Kulturelle Diakonie, a. a. O.

gesamtgesellschaftlicher Ungebildetheit zu überwinden. Kirche muß mit den Mundtotgemachten, den Verstummten und Sprachlosen weiterhin in einen schöpferischen Alphabetisierungsprozeß eintreten, um mit ihnen und für sie die jeweils eigene Sprache und Identität zu finden. Zugleich kommt es darauf an, geistvolle Strategien gegen den außengelenkten Info-Konsumismus zu entwickeln. So hat sich Kirche als katholische und ökumenische zu erweisen: als Anwältin und Repräsentantin jener verlorenen, wiederzugewinnenden Ganzheit.«[69]

Bildungsarbeit hat sich demnach beispielsweise dafür einzusetzen,
– daß Bildungsbenachteiligungen aufgehoben werden können,
– daß Alphabetisierungsprozesse etwa im politischen und ökonomischen, aber auch im kulturell-ästhetischen Bereich durchgeführt werden,
– daß »Kulturen des Schweigens« (P. Freire) durchbrochen werden (z. B. durch Arbeitsloseninitiativen, Selbsthilfegruppen in den verschiedensten Bereichen),
– daß die verdrängten kreativen Kräfte und spielerischen Fähigkeiten von Erwachsenen wieder freigelegt und gefördert werden,
– daß politisch u. a. engagierten Gruppen Möglichkeiten zur Reflexion ihrer Arbeit zur Verfügung gestellt werden u. a. m.

Anzustreben ist, von einer angebotsorientierten zu einer von den Teilnehmern getragenen Bildungsarbeit zu gelangen (was »Angebote« nicht überflüssig macht). In didaktischer Hinsicht heißt das vor allem, die »generativen Themen« aufzuspüren, in die die Teilnehmer selbst »verwickelt« sind bzw. von denen sie »betroffen« sind, und so vom additiven Rezipieren zum integrativen Lernen zu gelangen. Jeder Ansatz zur Selbstorganisation ist zu fördern.[70]

Bildungsarbeit hat es mit »Konstruktion von sozialer Wirklichkeit« zu tun und gerät damit zwangsläufig in den Streit um die Wirklichkeit, der öffentlich thematisiert und ausgefochten werden muß. Dies gilt um so mehr, als Technologien grundlegende Eingriffe in die Lebensvoraussetzungen und somit elementare Veränderungen

69 Ebd., 326f.
70 Vgl. *H. Steinkamp*, Sozialpastoral, a. a. O., bes. 77–84.

ermöglichen. Es besteht eine hohe Dringlichkeit, kompetent beurteilen zu können, was von dem erlaubt sein soll, was die Menschen machen können. Foren für solche Kontroversen zu sein und damit zur öffentlichen Bewußtseinsbildung beizutragen, könnten und sollten sich Bildungseinrichtungen in kirchlicher Trägerschaft über ihre »Alltagsarbeit« hinaus angelegen sein lassen.

– Für die Ebene von Religion und Kirche soll die Grundoption als »ökumenisch-konziliar« bestimmt werden. Was das heißt, kann praktisch anhand des sogenannten »Konziliaren Prozesses für Gerechtigkeit, Frieden und Bewahrung der Schöpfung« aufgezeigt werden; handelt es sich dabei doch auch (implizit) in vorbildlicher Weise um einen verantwortungsbewußten und wegweisenden Beitrag der Kirchen zur in der Gegenwart aufgetragenen Bildung. Das gilt nicht nur angesichts der in diesem Prozeß im Vordergrund stehenden materialen Probleme (Gerechtigkeit, Frieden und Bewahrung der Schöpfung), was, wie im 1. Kap. bereits umrissen[71], u. a. auch eine wichtige Erweiterung des Verständnisses von Ökumene (bewohnbare Erde) erbracht hat. Von Bedeutung sind ebenfalls die Kriterien, die den konziliaren Prozeß kennzeichnen[72]: Wahrheitsbezug und Verbindlichkeit, Dialog und Partizipation aller sowie die besondere Option für die, die am meisten unter den bestehenden Verhältnissen der Ungerechtigkeit, der Gewalt und der Naturausbeutung zu leiden haben. Ihre Konkretion findet diese konziliare Ökumene in Partnerschaften über Grenzen hinweg und in dem darin erfolgenden Lernen von und mit den anderen.

Ökumenisches Lernen im angedeuteten Sinn ist alles andere als ein konfliktreiches Lernen. Das ergibt sich schon allein aufgrund der bestehenden Ungleichzeitigkeit in christentumsgeschichtlicher Hinsicht. Darauf ist Rücksicht zu nehmen. Die Erwachsenenbildung steht damit vor der schwierigen Aufgabe, zur Verständigung in den eigenen Reihen beizutragen und doch sich in besonderer Weise der Auferbauung einer zukunftsfähigen Kirche verpflichtet zu wissen und diese in der Weise, wie sie selbst Kirche lebt und

---

71 Siehe Abschn. 1.5.2.
72 Vgl. *P. Cornehl*, Was ist ein konziliarer Prozeß?, in: Pastoraltheologie 75 (1986) 575–596.

repräsentiert, zu antizipieren: einladend und offen, dialogisch und ökumenisch. Eine solche Suchbewegung ist darauf angewiesen, daß sie immer wieder an die eigenen Quellen zurückgeht und aus ihnen schöpft.

Darüber hinaus hat sich gerade eine Erwachsenenbildung in kirchlicher Trägerschaft in den (neuen) Streit um das Religiöse in der Gesellschaft einzumischen. Sie muß dabei einerseits über die Interessen, die mit den verschiedenen Inanspruchnahmen von Religion(en) verbunden sind, kritisch aufklären. Andererseits hat sie zum interreligiösen Dialog beizutragen, z. B. indem sie zu entsprechenden Begegnungen auf den verschiedenen gesellschaftlichen Ebenen anregt.

Es dürfte deutlich geworden sein, daß in eine solche Bildungsarbeit, wie sie hier konzipiert ist, die Kirchen selbst in höchstem Maß involviert sind. Ist doch für sie unweigerlich als Konsequenz damit verbunden, nicht länger als Lehrmeisterin aufzutreten, sondern eine Lerngemeinschaft zu werden – in Richtung von reifen und mündigen Christengemeinden.

Die Kirche muß begreifen, wie sehr sie selbst – um ihrer eigenen Glaubwürdigkeit in der heutigen Zeit willen – elementar auf Bildung angewiesen ist: »Kirche ist angewiesen auf die Kritikfähigkeit, die von einem säkularen Anpassungszwang befreit, und sie ist angewiesen auf eine reflektierte Naivität, die im Durchgang durch die Traditionskritik, nicht in deren Umgehung, zu gewinnen ist.«[73]

– Auf die Einzelpersonen – in ihren Beziehungen – hin hat die Erwachsenenbildung »lebensbegleitend-transformatorisch« zu erfolgen. Sie muß sich dabei grundlegend leiten lassen von dem unbedingten Respekt vor der Freiheit des erwachsenen Menschen. Er ist es, der entscheidet, wann und inwieweit er auf eine »Begleitung« zurückgreifen möchte; dem korrespondierend muß diese in besonderer Weise um ein Eingehen auf die jeweilige individuelle Lebens- und Glaubensgeschichte bemüht sein. »Die überindividu-

---

73 *F. Schweitzer*, Die Verantwortung der Kirche für das öffentliche Bildungswesen, in: ThPr 27 (1992) 41–53, hier: 50.

ellen Aufgaben sind auf die individuelle Lebenslinie zu beziehen«[74] und nicht am einzelnen Menschen vorbei durchzusetzen. Dies ist als Kriterium auch für die bisher aufgeführten Bildungsaufgaben und -felder in Anschlag zu bringen. Wo es gelingt, so die subjektive und die objektive Seite im Bildungsprozeß aufeinander zu beziehen, kann er für den einzelnen zur Ermutigung werden, den fälligen Fort-Schritt in der eigenen Entwicklung (Transformation) zu wagen.

Eine vorrangige Aufgabe besteht darin, die Menschen dazu zu befähigen, mit der gesellschaftlich verordneten Individualisierung umgehen zu können, und zwar so, daß sie ihr Leben wirklich autonom (d. h. nicht autark, sondern beziehungsfähig) gestalten lernen und sich nicht zu einer Regression in neue Formen der Abhängigkeit und Unmündigkeit verleiten lassen. Es gibt keine Alternative zum Erwachsen-werden, auch wenn das schwierig ist. Sich gemeinsam mit anderen auf den Weg machen zu können, dazu kann die Bildungsarbeit – begleitend – beitragen.

Ein wichtiges Anliegen dabei sollte sein, Menschen aus womöglicher Beziehungslosigkeit zu befreien und in ihrer Beziehungsfähigkeit zu stärken dadurch, daß Begegnungen vielfältiger Art ermöglicht werden und so der eigene Denk- und Handlungshorizont erweitert wird: zwischen jung und alt, zwischen Frau und Mann, zwischen Einheimischen und Fremden etc. Auf diese Weise könnte einer mit der Individualisierung einhergehenden verhängnisvollen Desolidarisierung entgegengewirkt werden.

Daß es keine Alternative zum Erwachsen-werden gibt, gilt auch und gerade für die mit seinem Leben vielfältig verwobene Glaubensgeschichte des einzelnen. Was das angesichts der epochalen gesellschafts- und bewußtseinsgeschichtlichen Veränderungen heißt, hat R. Englert zutreffend wie folgt umrissen: »Wenn die Religionspädagogik Menschen in ihrer religiösen Entwicklung so begleiten will, daß deutlich wird: Wachstum im Glauben und personale Bildung sind nicht zwei sich gegenseitig einschränkende, sondern sich wechselseitig fördernde Aspirationen, dann kann ihr dies unter den gewandelten Voraussetzungen nur gelingen, wenn

74 *K. E. Nipkow*, Bildung als Lebensbegleitung und Erneuerung, a. a. O., 21 f.

sie den zeitgenössischen Formen des Ringens um Subjektwerdung auch im glaubensgeschichtlichen Entwicklungsprozeß Raum gibt. Das heißt zum Beispiel, Glaubensaneignung nicht als Übernahme eines fix und fertig vorgegebenen Depositum fidei zu verstehen, sondern als Aufnahme eines durch hilfreiche Überlieferungen vorgespurten, letztlich aber eigenen Glaubensweges.«[75] Religiöse Erwachsenenbildung macht sich so zum Anwalt einer vielstimmigen »Theologie des Volkes«.

Der Kirchen- bzw. Gemeindebezug als konstitutiv für den christlichen Glauben wird damit nicht ausgeblendet. Allerdings wird seine Einlösung für den einzelnen erschwert, wenn die Ausbildung eines mündigen und reflektierten Glaubens nicht unter den Bedingungen einer Kirche als reifer und mündiger Christengemeinde erfolgen kann.

5.7 Ausblick: Glauben-lernen und Gemeinde-werden

Es kann und soll hier nicht der Anspruch erhoben werden, alle möglichen »Lernorte des Glaubens« erfaßt zu haben. Im Grunde genommen kann die gesamte kirchliche Praxis auch unter dem Aspekt der ihr innewohnenden (religions-)pädagogischen und katechetischen Dimension in den Blick genommen werden.[76]
Darauf sei hier verzichtet, und statt dessen sei zusammenfassend und ausblickend ein Aspekt nochmals hervorgehoben, der sich als durchgängige Dimension für alle Lernorte ergeben hat: Glauben-Lernen ist darauf angewiesen, daß in menschlichen Beziehungen, also von Mensch zu Mensch, spürbar und erlebbar Jesu Botschaft weitergegeben wird; Glauben-Lernen erwächst somit wesentlich aus Begegnungen mit Personen, die für sich und gemeinsam mit anderen als Christen zu leben versuchen.

---

75 *R. Englert*, Religionspädagogik im christentumsgeschichtlichen Wandel, a.a.O., 757.
76 Dies wird im evangelischen Raum unter dem Stichwort »Gemeindepädagogik« diskutiert; vgl. Zusammenhang von Leben, Glauben und Lernen. Empfehlungen zur Gemeindepädagogik, vorgelegt von der Kammer der Evangelischen Kirche in Deutschland für Bildung und Erziehung, Gütersloh 1982; *Chr. Grethlein*, Gemeindepädagogik, Berlin 1994 (Lit.).

Damit gerät die interaktive bzw. soziale Dimension der Glaubensweitergabe verstärkt in den Blick. Gemeinde – im weiten Sinn verstanden als jedwede Form erlebbarer Gemeinschaft von Christen – ist für das Glauben-Lernen konstitutiv; und im Prozeß des Glauben-Lernens geschieht, so gesehen, zugleich Gemeindewerdung.

Daß Gemeinde nicht zuletzt aufgrund des gesellschaftlichen Wandels eine epochale Bedeutung im Zusammenhang der Tradierungsbemühungen des Christentums gewinnt, ist zudem soziologisch plausibel; das sei hier nicht näher ausgeführt.[77] Um jedoch der Gemeinde, um die es geht, noch einige deutlichere Konturen zu geben, seien im folgenden – ausgehend von konkreten Schwierigkeiten – einige wesentliche Aspekte eines solchen Lernens und Werdens von Gemeinde umrissen:

Der Verweis auf Gemeinden als Lernorte des Glaubens und Christseins ist riskant. Denn daß Christen zusammenkommen, ist keine Gewähr dafür, daß ein Miteinander im Sinn des Evangeliums praktiziert wird; auch hier können sich Sach- und Rollenzwänge in verschiedener Hinsicht ausbreiten. Wenn etwa J. B. Metz mahnt, in den kirchlichen Gemeinden hierzulande herrschten vielfach Anonymität, Beziehungslosigkeit, Kälte und Entfremdung vor, bringt er ein Gefühl vor allem junger Menschen zum Ausdruck, die sich immer weniger in der Lage sehen, sich von Gemeinden anziehen zu lassen und sich in ihnen zu engagieren.[78] Nicht gänzlich zu Unrecht ist angesichts des Zustands in vielen Kirchengemeinden die provokative Feststellung getroffen worden, sie seien eher »Verlernorte des Glaubens«.[79]

Gemeinden müssen daher immer neu darum ringen (bzw. sie konstituieren sich als solche allererst daraus), Lebenszusammenhänge zu werden, in denen Menschen gemeinsam ihre Berufung zum Christsein lernen und leben können. Zentrales Merkmal von Ge-

---

77 Vgl. dazu ausführlich *N. Mette / H. Steinkamp*, Sozialwissenschaften und Praktische Theologie, Düsseldorf 1983, 69–90.

78 Vgl. *J. B. Metz*, Produktive Ungleichzeitigkeit, in: J. Habermas (Hg.), Stichworte zur ›geistigen Situation der Zeit‹. Bd. 2, Frankfurt/M. 1979, 529–538, hier: 536.

79 Vgl. *R. Zerfaß / K. Roos*, Gemeinde, in: G. Bitter / G. Miller (Hg.), Handbuch religionspädagogischer Grundbegriffe. Bd. 1, München 1986, 132–142.

meinden ist somit, daß sie sich als einen ständig für den Geist Gottes offenen Lernprozeß gestalten. Die im Glauben angebotene und ermöglichte Neuorientierung des Lebens, wie sie in den Stichworten »Umkehr« und »Nachfolge« angezeigt wird, muß in der Gemeinde den Ort ihrer sozialen Verbindlichkeit finden.

Dabei darf dieses Lernen in der Gemeinde und als Gemeinde nicht als ein Geschehen begriffen werden, das sich nur in einer künstlich geschaffenen Sonderwelt abspielen kann. Es hat vielmehr seinen Platz inmitten der gesellschaftlichen Wirklichkeit mitsamt ihren Widersprüchen. Damit findet sich die Gemeinde unweigerlich inmitten des Streits darüber vor, welche Lernerfordernisse angesichts der anstehenden und zu erwartenden individuellen und sozialen Gestaltungsaufgaben heute an die Menschen zu richten sind, und sie muß sich fragen, welchen Beitrag sie dazu leisten kann. Das ist nicht möglich, solange sich die Gemeinden dem Ideal einer vermeintlich »rein religiösen Gemeinde« verschreiben und allen gesellschaftlich relevanten Konflikten aus dem Wege zu gehen bestrebt sind. Die Gemeinden können sich, nehmen sie ihren Glauben ernst, von einer Teilnahme auch an der anstehenden kulturell-politischen Lernaufgabe nicht dispensieren. Sie können sich nicht darauf beschränken, in irgendwelchen gesellschaftlichen Nischen die Erfahrungen eines identitätsstiftenden Sinns, der sonst nirgendwo mehr begegnet, zu machen und dies miteinander zu zelebrieren. Vielmehr liegt ihre besondere Chance und Verantwortung darin, daß die in ihren eigenen Reihen praktizierte Veränderung des Bewußtseins, die sich u.a. in einem neuen Stil des Miteinander-Umgehens niederschlägt, nicht folgenlos bleibt, gerade weil Gemeinden exemplarisch ein gesellschaftlicher Ort sein können, »an dem das politische Leben in seinen neuen moralischen Ansprüchen persönlich wird und in dem das persönliche Leben in seinen radikalen Betroffenheiten ans politische Leben heranreicht«[80].

Verheißungsvolle Ansätze dazu finden sich in den kirchlichen Basisgruppen und -gemeinden. Vieles spricht dafür, daß sie für die künftige Weitergabe des Glaubens unersetzlich werden. Denn in

---

80 *J. B. Metz*, Unterbrechungen, Gütersloh 1981, 18.

ihnen realisiert sich, was W. Bartholomäus wie folgt formuliert hat: »Die Schlüsselstelle allen religionspädagogischen Handelns der Zukunft ist die Überzeugungskraft der Gemeinde, die aus den bescheidenen Versuchen vieler hervorgeht, christlich durchformte Alltagspraxis, wie gebrochen und verzagt auch immer, zu realisieren. Dies stammt aus dem Willen, sich selbst und andere zu verändern. Auf diesem Erfahrungshintergrund hat Christsein eine Chance, ... neu anstößig zu werden.«[81]

Daraus ergibt sich, daß vor allem Planen und Entwerfen von didaktischen Konzeptionen und methodischen Einzelschritten es darauf ankommt, Gemeinden zu bilden, in denen gemeinsame Entwürfe einer den heutigen An- und Herausforderungen entsprechenden christlichen Lebenspraxis erlernt, erprobt und erlebt werden können. Die momentane Krise der Glaubensvermittlung hängt, wie mehrfach bereits angesprochen, zu einem guten Teil damit zusammen, daß zu wenig auf Gemeinden verwiesen werden kann, in denen anschaulich und erlebbar wird, was sich aus den praktischen Zumutungen der Umkehr und Nachfolge ergibt: jene vom Evangelium inspirierte »qualitative Veränderung der Wahrnehmung von Wirklichkeit und des gemeinsamen Umgangs mit ihr ebenso wie eine Verwandlung des Umgangs von Menschen miteinander«[82].

Solche grundlegenden Lernschritte in Gang zu bringen und damit zur Bearbeitung der drängenden gesellschaftlichen und individuellen Probleme beizutragen, darin kann eine epochale Herausforderung gesehen werden, der sich christliche Gemeinden zu stellen haben. Wo sie sich bilden und sich diesen Herausforderungen engagiert stellen, wo sie sich konsequent darauf einlassen, gemeinsam und in Solidarität mit anderen leben und glauben zu lernen, da dürfte sich das Problem einer motivkräftigen Tradierung des christlichen Glaubens an die kommenden Generationen gewissermaßen von selbst erledigen.

81 *W. Bartholomäus*, Das Lernen von Christsein, in: Diakonia 14 (1983) 25–33, hier: 33.
82 *H. Peukert*, Sprache und Freiheit, in: F. Kamphaus/R. Zerfaß (Hg.), Ethische Predigt und Alltagsverhalten, München-Mainz 1977, 44–75, hier: 45.

6 Vermittlungen

6.1 Elementare religionspädagogische Handlungen

Als Ertrag des handlungstheoretischen Ansatzes in der Religionspädagogik dürfte ersichtlich geworden sein, daß er dazu anhält, religionspädagogisches Handeln von vornherein in eine enge Beziehung zum allgemeinen pädagogischen Handeln zu setzen und damit »die bedrängenden Probleme menschlicher Praxis insgesamt« in den Blick zu nehmen, »also die Praxis, in der Menschen als einzelne oder gemeinsam versuchen, aus einer bedrängenden Not heraus ein humanes Überleben zu sichern und den Sinn ihrer Existenz zu bestimmen«[1]. Wenn zentrale Merkmale dieser Praxis die gegenseitige Anerkennung sowie gemeinsame Verständigung und Selbstbestimmung sind, haben dem nicht nur, wie in den letzten beiden Kapiteln ausgeführt, die Formen (religions-) pädagogischen Umgangs zu entsprechen, sondern auch die Vermittlungen. Jeglicher Ansatz von Indoktrination und Manipulation verbietet sich von selbst. Auch hier korrespondiert übrigens das pädagogische Postulat eines freiheitsgründenden und -stiftenden Handelns dem Axiom des christlichen Glaubens, daß der Inhalt und die Form seiner Mitteilung sich entsprechen und darin zum Ausdruck bringen müssen, daß sie sich an die Freiheit der Menschen richten. Das wird – so wird als These dem Folgenden vorangestellt – am ehesten durch zwei elementare Weisen religionspädagogischen Handelns gewährleistet, die ihrerseits eng miteinander zusammenhängen: bezeugen und teilen.

---

1 *H. Peukert*, Was ist eine praktische Wissenschaft?, a. a. O., 77.

6.1.1 Bezeugen und teilen

– »Bezeugen ist«, so leitet H. P. Siller seine Bestimmung solchen Tuns ein, wobei er auf Analysen von E. Arens zurückgreift, »ein Handeln zwischen zwei Subjekten. Also eine Verständigung und keine Einwirkung eines Subjekts auf ein Objekt. Deshalb ist es auch nicht instrumental herstellend, nicht direkt verändernd. Bezeugen anerkennt die Selbstbestimmung und Selbstverantwortung des anderen. Es setzt auf dessen Wahrheitsfähigkeit und Wahrheitswilligkeit. Bezeugen ist deshalb auch kein strategisches Handeln im Sinn einer Verwendung des anderen als Mittel für die von einer Seite beabsichtigten Zwecke.«[2] Ein Zeugnis zu geben setzt voraus, daß sich beide Partner – Zeuge und Adressat – auf eine gemeinsame Wirklichkeit beziehen. Nur haben sie ein ungleiches Verhältnis zu ihr, insofern nämlich dem Zeugen Aspekte bzw. Dimensionen dieser Wirklichkeit aufgegangen sind, die ihm bisher nicht gekannte, möglicherweise erhoffte Lebensmöglichkeiten erschlossen hat. Theologisch gesehen handelt es sich um das Offenbarwerden der eschatologischen Wirklichkeit, die nicht menschlich hergestellt werden kann, sondern für deren Tragfähigkeit Gott selbst sich verbürgt. Eine solche neue Erfahrung von Wirklichkeit, die die ganze Existenz bestimmt und verändert, kann nicht einem anderen distanziert »andemonstriert« werden; sie kann glaubwürdig nur mittels der eigenen Existenz gezeigt werden. Der Zeuge lädt ein, er fordert heraus, den gewohnten Alltag zu durchbrechen; aber er läßt den anderen in seiner Entscheidung, seiner Wahl grundsätzlich frei.[3]

Der von Clemens von Alexandrien überlieferte Ausspruch, wenn ihn jemand frage, was Christsein heiße, lade er ihn ein, ein Jahr zusammen mit ihm zu leben, stellt eine treffende Umsetzung dieses

---

2 *H. P. Siller*, Die Kompetenz des Bezeugens und was die Theologie dazu beiträgt, in: Diakonia 20 (1989) 226–236, hier: 226f. – Vgl. *E. Arens*, Elementare Handlungen des Glaubens, in: O. Fuchs (Hg.), Theologie und Handeln, a. a. O., 80–101; *ders.*, Bezeugen und Bekennen, Düsseldorf 1989.

3 Eine bemerkenswerte Entfaltung der fundamentalen Inhalte des christlichen Glaubens auf dieser Grundlage findet sich in: *H. P. Siller*, Handbuch der Religionsdidaktik, Freiburg/Br. 1991.

Handlungsprinzips des Bezeugens dar und verweist unmittelbar auch auf das andere, das Teilen.

– »Teilen« ist hier nicht im Sinn eines gelegentlichen Tuns gemeint, sondern als eine bestimmte Form des Miteinander-Lebens und -Umgehens insgesamt. Es ist Ausdruck eines tiefreichenden Bewußtseins von Solidarität. Von anderen (Vor-)Formen solidarischen Handelns, wie etwa dem »Helfen«, unterscheidet es sich dadurch, daß »Helfen« voraussetzt, daß der eine über etwas verfügt, was dem anderen fehlt und mit dem er ihm darum etwas zugute kommen lassen kann, während »Teilen« heißt, in der Begegnung mit dem bedürftigen anderen auch eigene Bedürftigkeiten und die Verstricktheit in das Schicksal des anderen zu erkennen und so sich allererst als in einem reziproken Verhältnis zueinander stehend zu erfahren, was dann in einem jeweiligen Anteilgeben an dem eigenen (nicht nur materiellen) Vermögen zu einer wirklichen gemeinsamen Gestaltung der Lebenspraxis befähigt. Teilen ist – so verstanden – die wohl radikalste Form kommunikativer Praxis, insofern die Beteiligten aneinander Anteil nehmen und geben.[4]

Nach christlichem Glauben entspricht das genau der Weise, wie sich Gott den Menschen gegenüber verhält, indem er sich – und nicht bloß etwas von ihm – ihnen selbst mitteilt. Nur dieser Art von (Selbst-)Mitteilung kann darum die Vermittlung dieses Glaubens entsprechen. Heißt doch Glauben – einer treffenden Formel von G. Fuchs zufolge – »eine bestimmte – in Jesus Christus gründende – kommunikative Praxis, in der und durch die die gegenseitige Erfahrung unbedingten Erwünscht- und Anerkanntseins mitgeteilt und gemacht wird«.[5]

Eine bemerkenswerte religionspädagogische Umsetzung im Sinn eines »gemeinsamen Lebens- und Glaubens-Lernens« hat unter dem Leitmotto »Sharing Faith« (Glauben-Teilen) Th.H. Groome vorgelegt.[6] Mit dem Wort »teilen/geteilt« möchte er bewußt kenntlich machen, daß er im Gefolge der neueren handlungstheo-

---

4 Vgl. *H. Steinkamp*, Diakonie – Kennzeichen der Gemeinde, Freiburg/Br. 1985, 100.

5 *G. Fuchs*, Roter Faden Theologie – eine Skizze zur Orientierung, in: KatBl 107 (1982) 165–180, hier: 166.

6 Vgl. *Th.H. Groome*, Christian Religious Education. Sharing our Story and Vision,

retischen Reflexion (Peirce, Royce, Habermas) die traditionellen monologischen Zugänge im Verständnis von Praxis überwinden und sie grundlegend kommunikativ ansetzen möchte. Darüber hinaus möchte er Praxis in einem ganzheitlichen Sinn verstanden wissen und kritisiert eine einseitige Betonung des Kognitiven, das insbesondere in der Geschichte der religiösen Erziehung zu verhängnisvollen Verkürzungen geführt habe. »Christlich religiöse Erziehung« bestimmt Groome somit als Erziehung zur Praxis des christlichen Lebens; sie vollzieht sich als solche in einem gemeinsamen bzw. geteilten Kontext, in dem mit anderen Christen gelebt und reflektiert wird. Das Medium der religiösen Erziehung sind also wesentlich das gemeinsame Leben und darin gemachte Erfahrungen, die miteinander besprochen und im Licht des Glaubens (kritisch) reflektiert werden – mit Impulsen für eine möglicherweise zu verändernde Praxis. Diesen kritischen Reflexionsprozeß hat Groome in fünf Schritte oder Bewegungen unterteilt und für die Praxis der religiösen Erziehung operationalisiert. Sie knüpfen – so betont Groome – ausdrücklich an dem an, wie sich pädagogisches Handeln ohnehin vollzieht, auch wenn das in der Regel nicht bewußt ist, nämlich auszugehen von einem praktischen »(Problem-)Fall«, der zum Anlaß eines kritischen Nachdenkens darüber genommen wird, nach möglichen Lösungsalternativen suchen läßt, wobei sich das Heranziehen von ähnlichen »Fällen« aus der Tradition als hilfreich erweist, um von daher zu möglichen alternativen Umgangsweisen mit dem »Fall« zu gelangen.[7]

6.1.2 Vorrang der »Mathetik« vor der »Didaktik«

Ein Charakteristikum des hier skizzierten handlungstheoretischen Ansatzes in der Religionspädagogik ist, daß er religiöse Erziehung bzw. Bildung als gemeinsames Lernen aller Beteiligten begreift

---

San Francisco 1980; *ders.*, Sharing Faith. A Comprehensive Approach to Religious Education and Pastoral Ministry, San Francisco 1991.
7 Zu diesen fünf Schritten vgl. auch *Th. Groome*, Inkulturation als Aufgabe der Pastoral, in: Concilium 30 (1994) 82–92, hier: 90f.

und entsprechend sein Augenmerk stark auf die Voraussetzungen und Prozesse eines solchen Lernens richtet. Das hat zur Konsequenz, daß neben der klassischen didaktischen Fragestellung – also der Frage danach, wie wirksames Lehren möglich ist – wenigstens gleich bedeutsam die Frage wird, wie wirksames Lernen ermöglicht werden kann. G. D. J. Dingemans hat die damit sich verändernde Fragerichtung wie folgt umschrieben: »Die traditionellen Katechetiken nahmen meistens ihren Ausgangspunkt bei der Glaubenslehre der Kirche. Es wurde festgestellt, worum es beim Glauben geht, und dann wurde die Didaktik (oder der gesunde Menschenverstand!) zur Hilfe gerufen, um den so umrissenen Glauben auf die (jungen) Schüler zu ›übertragen‹. In diesem Buch nehmen wir unseren Ausgangspunkt nicht bei diesem Glauben, der übertragen werden muß, sondern bei der Glaubens-Gemeinschaft derer, die zusammen Schüler des Herrn sein wollen. Uns interessiert in erster Linie nicht die Frage: was müssen Menschen glauben?, sondern: wie kommen Menschen zum Glauben? Was spielt sich in Menschen ab, die mit den Geschichten der Bibel konfrontiert und die in eine Glaubensgemeinschaft aufgenommen werden? Das gleicht einer ›Katechetik auf dem Kopf‹! Wir sprechen darum lieber nicht von einer Katechetik im Sinne von Glaubenslehre, sondern von *Mathetik*. Das Wort ›Mathetik‹ ist abgeleitet vom griechischen Wort: *manthanein*, das ›lernen‹ bedeutet, so wie Schüler es tun, und von dem neutestamentlichen Wort *mathetes*, das Jünger oder Schüler bedeutet. Unsere Ausgangsfrage .. ist somit: wie werden Menschen Schüler bzw. Jünger Jesu? Wie lernen sie zu glauben?«[8]

Für die Ausarbeitung einer solchen Mathetik ist sowohl auf anthropologische Einsichten (z. B. Entwicklungs- und Lernpsychologie) als auch auf theologische Reflexionen zurückzugreifen.[9] In dem Maße, wie sie dabei die Bedingungen und Prozesse eines gemeinsamen Lernens im Sinn einer Transformation sowohl individuellen

8 *G. D. J. Dingemans*, In der leerschool van het geloof. Mathetiek en vakdidactiek voor catechese en kerkelijk vormingswerk, Kampen [2]1991, 14f.
9 Vgl. ebd., 79–156; zu einer »Mathetik des christlichen Glaubens« vgl. auch *H. von Hentig*, Glaube. Fluchten aus der Aufklärung, Düsseldorf 1992, bes. 66–122.

Bewußtseins und Verhaltens als auch kollektiver Strukturen erkundet, ist sie über die Religionspädagogik hinaus von aktuellem Interesse.

6.2 Ansätze religionspädagogischer Erschließung religiöser bzw. christlicher Grundvollzüge

»Information oder Verkündigung«, »Emanzipation versus Tradition«, »Erfahrung statt Dogma«, »Identität und Sinn«, »Diakonie statt Katechese« – die Liste von (teilweise schlagwortartig gebrauchten) Begriffen und Themen, um die die religionspädagogische bzw. genauer die religionsdidaktische Diskussion in den letzten drei Jahrzehnten kreiste, ließe sich leicht verlängern.[10] Teilweise wechselten die Themen und Konzepte dermaßen rasch aufeinander, daß N. Schiffers einmal in polemischer Zuspitzung von einem »Karussell der Theorien« gesprochen hat.[11] Besonders stark davon betroffen war vor allem in den sechziger und siebziger Jahren der Religionsunterricht, für den, wie bereits ausgeführt, in rascher Abfolge teilweise sich widersprechende Konzeptionen postuliert und entwickelt wurden: vom hermeneutischen über den problemorientierten, den ideologiekritisch-emanzipatorischen,

10 Statt auf eine Fülle von Einzeltiteln sei hier auf Rezensionsartikel verwiesen, die einen (kritisch kommentierten) Überblick über die religionspädagogische Debatte der letzten Jahrzehnte geben: *P. C. Bloth*, Kommt die ›pädagogische Gemeinde‹?, in: ThR 54 (1989) 69–108; *H. Pissarek-Hudelist*, Katechetik/Religionspädagogik – Zeit der Bilanz?, in: ZKTh 106 (1984) 123–166; *G. R. Schmidt*, In der Zerreißprobe der Alternativen: Pluralität – Konfessionalität, Religion – Christentum, Gesellschaft – Kirche... Religionspädagogik um die Mitte der siebziger Jahre, in: ThR 43 (1978) 52–89; *ders.*, Bleibende Spannungen: Religionspädagogik in den 80er Jahren, in: ThR 55 (1990) 424–472; *K. Wegenast*, Religionspädagogik zwischen 1970 und 1980, in: ThLZ 106 (1981) 147–164; *ders.*, Evangelische und katholische Religionspädagogik seit 1965, in: Materialdienst des Konfessionskundlichen Instituts 36 (1985) 93–99; *M. Weinrich*, Abschied von programmatischen Entwürfen?, in: VuF 28 (1983), Heft 2, 25–62; *ders.*, Religionspädagogik in der Bewährung. Konsolidierungen, Innovationen und Verlegenheiten, in: VuF 37 (1992), Heft 1, 17–48. Seit Bd. 8 (1991) erscheinen im JRP jährliche Literaturberichte zur Religionspädagogik.

11 Vgl. *N. Schiffers*, Auf dem Karussell der Theorien. Religionsunterricht in der Schule – Curriculum ohne Basis?, in: Publik-Forum 3 (1974) Heft 3 (11. Januar 1974), 12 ff.

den religionskundlichen bis hin zum therapeutischen Ansatz.[12] Der Eindruck mancher außenstehender Beobachter, die Religionspädagogik ließe sich allzu sehr von modischen Trends leiten, ist nicht gänzlich unberechtigt; denn in der Tat ist rückschauend festzustellen, daß offensichtlich aus dem Diktat des Neuen heraus immer wieder Diskussionsstränge in der religionspädagogischen Debatte einfach abgebrochen und auf diese Weise wichtige Problemüberhänge bis heute unerledigt liegengeblieben sind. Umgekehrt wäre es jedoch zu einfach, dies etwa auf eine mangelhafte theoretische Konsolidiertheit des Faches zurückführen zu wollen. Daß die Konzeptionsdebatte dermaßen bewegt und zum Teil höchst kontrovers, zum Teil aber auch unübersichtlich verlief, ist vielmehr ein Reflex auf die sich damals abzeichnenden epochalen Veränderungen in der religionspädagogischen Landschaft, die die traditionelle Weise der Glaubensvermittlung etwa in Form der kerygmatischen Unterweisung scheitern ließen und es darum notwendig machten, nach auf die veränderte Situation Rücksicht nehmenden didaktischen und methodischen Erschließungsformen Ausschau zu halten. So wie über Generationen hinweg Katechismus und ergänzend die Bibel die selbstverständlich eingesetzten und teilweise durchaus bewährten Hauptinstrumente der Glaubensunterweisung waren, ging es schlicht und einfach nicht mehr. Auch der neue »Katechismus der Katholischen Kirche«, der ja nicht zuletzt bewußt als kirchenoffizielle Reaktion auf die vermeintlichen methodischen Verwirrungen und Verirrungen in der neueren Katechese konzipiert worden ist, wird trotz der erstaunlichen Resonanz, die er weltweit augenblicklich findet, langfristig und auf Breite gesehen an dieser Lage nichts zu ändern vermögen.[13] Insofern bleibt auch weiterhin die theologisch-hermeneutische und religionsdidaktische bzw. -mathetische Aufgabe gestellt, über angemessene Wege, Menschen von heute Zugänge zur religiösen Dimension ih-

12 Vgl. dazu die einschlägigen Literaturhinweise in Abschn. 5.3.
13 Zur Diskussion über den sog. »Weltkatechismus« vgl. u. a. *W. Langer*, Lehrbuch des Glaubens?, in: KatBl 119 (1994) 14–20; *H. Fox/W. Pauly*, Glauben lernen heute, München 1994; *U. Ruh*, Der Weltkatechismus, Freiburg 1993; *E. Schulz* (Hg.), Ein Katechismus für die Welt, Düsseldorf 1994; *H. Verweyen*, Der Weltkatechismus, a. a. O.

rer Wirklichkeit bzw. zu einem Leben aus dem christlichen Glauben heraus zu erschließen, nachzudenken und im praktischen Vollzug zu erkunden.

Im folgenden seien exemplarisch einige im Rahmen des hier vorgelegten Theorieentwurfs besonders relevant erscheinende Ansätze dazu aus der neueren religionspädagogischen Diskussion herausgegriffen; auch wenn es unmöglich ist, die dazu jeweils geführte Debatte im einzelnen nachzuzeichnen, sollen sie in ihrem Anliegen wenigstens kurz vorgestellt und kommentiert werden.

6.2.1 Korrelation von Glaube und Leben

»Die Korrelationsdidaktik am Ausgang ihrer Epoche. Plädoyer für einen ehrenhaften Abgang« ist ein neuerer Beitrag von R. Englert überschrieben.[14] Andere Autoren in dem gleichen Sammelband pflichten diesem Plädoyer bei, bis hin zu der Kritik, letztlich sei unter dem Vorzeichen dieser Didaktik die »offenbarungstheologische Deduktion« weiterbetrieben worden; deren Scheitern in der Praxis angesichts der heutigen Situation der Schülerschaft sei darum nicht verwunderlich.[15]

Ohne Zweifel ist es angebracht, nachdem über fast 20 Jahre hinweg fast ein einmütiges Einverständnis darüber bestanden hat, daß die Korrelationsdidaktik das für den heutigen Religionsunterricht taugliche Konzept schlechthin darstelle, eine Bilanzierung der damit gemachten Erfahrungen und gegebenenfalls eine Revision vorzunehmen. Und wenn in diesem Zusammenhang vermehrt aus den Reihen der Religionslehrerschaft die Klage zu hören ist, sie kämen mit der Korrelationsdidaktik nicht mehr weiter, so ist das ernst zu nehmen. Gleichwohl bleibt zurückzufragen, worin diese Schwierigkeiten begründet liegen, ob sie also etwa mit dem Ansatz der Korrelationsdidaktik selbst zu tun haben oder mit ihrer nicht hinreichend geübten Anwendung oder mit den (schul-)institutionel-

---

14 In: *G. Hilger/G. Reilly* (Hg.), Religionsunterricht im Abseits?, a. a. O., 97–110.
15 Vgl. *G. Reilly*, Süß, aber bitter. Ist die Korrelationsdidaktik noch praxisfähig?, in: ebd., 16–27; vgl. auch *F. W. Niehl*, Das offene Land vermessen. Über die innere Form des Religionsunterrichts, in: ebd., 87–96.

len Bedingungen oder damit, daß der Ansatz der Korrelationsdidaktik etwa aufgrund kirchenamtlicher Vorgaben für Lehrpläne und Schulbücher nicht im Grunde doch bis zur Unkenntlichkeit verwässert worden ist und in der Tat eine »offenbarungstheologische Deduktion« wiederum die Oberhand gewonnen hat.[16] Es spricht einiges dafür, daß alle diese Faktoren eine Rolle spielen.[17] Dazu kommt natürlich die Tatsache, daß der Religionsunterricht das Ausmaß der Entkirchlichung unter den heute Heranwachsenden besonders massiv zu spüren bekommt, was konkret bedeutet, daß die für den christlichen Glauben zentralen Inhalte und Praktiken mehrheitlich nicht einmal mehr bekannt sind, geschweige denn wenigstens ansatzweise in ihrer Bedeutung gewußt werden, und daß darüber hinaus viele Jugendliche nur schwer – gerade im Kontext Schule – für existentielle und religiöse Fragen überhaupt ansprechbar erscheinen. Aber gerade diese Situation kann nicht heißen, den Korrelationsansatz dem Abschied zu geben; sondern sie stellt eine Herausforderung dar, in der er erst recht seine Stärken zu erweisen hat und erweisen kann. Denn zu dem mit diesem gemeinten Ansatz verbundenen Anliegen und zu dem daraus resultierenden Vorgehen gibt es, so wird hier behauptet, keine Alternative, es sei denn, man würde den Rückzug auf die traditionelle Materialkerygmatik oder gar eine fundamentalistische Immunisierung allen heute sich stellenden Herausforderungen gegenüber für eine solche halten.

Korrelative Glaubensauslegung will – einer prägnanten Umschreibung von F. W. Niehl folgend – »Erfahrungen identifizieren und anreichern von Glaubensaussagen her, und zugleich will sie Glaubensaussagen inhaltlich bestimmen durch heutige Erfahrungen«[18]. Es geht also um eine Wechselbeziehung (Korrelation) von Glau-

16 Vgl. dazu den kritisch-konstruktiven Kommentar von *J. Werbick*, Zurück zu den Inhalten? Die Forderung nach einer »materialkerygmatischen Wende« in der Religionspädagogik – ihre Berechtigung und ihre Zwiespältigkeit, in: RPB 25 (1990) 43–67.
17 So werden sie auch auf instruktive Weise in dem Beitrag von R. Englert aufgeführt und kommentiert.
18 *F. W. Niehl*, Korrelation, in: G. Bitter/G. Miller (Hg.), Handbuch religionspädagogischer Grundbegriffe. Bd. 2, a. a. O., 750–754, hier: 752.

bensüberlieferung und Erfahrungen, wie sie Menschen heute machen, um ein In-Beziehung-Setzen von Glauben und Leben oder, um es prozeßhafter auszudrücken, um eine wechselseitige Verschränkung von Glauben-Lernen und Leben-Lernen.[19]

Zum Verständnis des genuinen Anliegen dieses Ansatzes ist es hilfreich, sich die doppelte Aporie zu vergegenwärtigen, in die das neuscholastisch geprägte Modell der Glaubensweitergabe geraten war: Es reduzierte infolge des extrinsezistischen Offenbarungsverständnisses den Glauben auf ein Wissen, das zwar wahr zu sein beanspruchte, dessen Relevanz für ihr eigenes Leben und die gegenwärtige Gesellschaft aber immer weniger Zeitgenossen einleuchtete. Die Abstraktheit und Lebensfremdheit des so vermittelten Glaubens wurde zusätzlich dadurch verstärkt, daß zur Wahrung seiner Objektivität eine vorgegebene Autorität als zuständig galt, der um des eigenen Heiles willen unbedingter Gehorsam geschuldet wurde; eine persönliche Aneignung des Glaubens war leicht dem Verdacht des Subjektivismus ausgesetzt.

Mit der Korrelationsdidaktik, so wird man sagen dürfen, kam und kommt schließlich auch innerhalb der Religionspädagogik und -didaktik eine der entscheidenden paradigmatischen Wenden innerhalb der Theologiegeschichte des gegenwärtigen Jahrhunderts zum Durchbruch, die Einsicht nämlich, daß göttliche Offenbarung und menschliche Erfahrung nicht so abstrakt einander gegenübergestellt werden dürfen, wie es das neuscholatische Theologiekonzept in seinem Bemühen, jeglichen »modernistischen« Einfluß in der Kirche zu unterbinden, getan hatte. Glaube, der beansprucht, Heil für die Menschen zu bringen, so wurde als Leitmaxime der bereits erwähnten »anthropologischen Wende« innerhalb der Theologie betont, muß es zutiefst genau mit diesen Menschen auch zu tun haben. Worum es im Glauben geht, muß also für die Menschen zumindest plausibel vermittelt werden und nachvollziehbar sein können – auch wenn sie das in freier Entscheidung ablehnen

---

19 Vgl. neben den genannten Beiträgen KatBl 105 (1980) Heft 2: Christwerden zwischen überliefertem Glauben und heutiger Erfahrung; *G. Bitter*, Was ist Korrelation?, in: KatBl 106 (1981) 343–345; *ders.*, Glauben-Lernen als Leben-Lernen, in: KatBl 112 (1987) 917–930; *J. Werbick*, Glaubenlernen aus Erfahrung, a. a. O.

können. Glaube ist so gesehen nicht länger ein apartes Wissen über Geheimnisse, die Gott in seiner Offenbarung mitgeteilt hat, sondern ein das ganze Leben umgreifendes heilendes und befreiendes Widerfahrnis, über das der Mensch nicht verfügen kann, sondern das ihm als Geschenk zuteil wird. Religiöse Erziehung und Bildung stehen somit in einem konstitutiven Zusammenhang zur Subjektwerdung und zur menschlichen Gesamtpraxis, so wie es auch im grundlegenden Teil des vorliegenden Buches darzulegen versucht worden ist.[20]

Von diesem – sowohl anthropologisch als auch biblisch fundierten – Glaubensverständnis her erweist sich Korrelation als eine Sache und ein Verfahren, die alles andere als neu sind, sondern »die existieren, solange es jüdisch-christlichen Glauben gibt. Ob man an die alttestamentlichen Propheten und Weisheitslehrer denkt, an Jesu Gleichnisse und Pauli Missionspredigt, an die Arbeit frühkirchlicher Apologeten und Katecheten – Übersetzung tat und tut not, um das Unwahrscheinliche des Glaubens zu vermitteln, und dies intellektuell und emotional, lebenspraktisch und gesellschaftsbezogen«.[21] Nach G. Fuchs lassen sich dabei vier Dimensionen des Korrelierens unterscheiden, die allerdings eng miteinander verflochten sind:[22]

– die gelebte Korrelation im Glaubensvollzug selbst,
– die theologische Korrelation in der Glaubensreflexion,
– die hermeneutische Korrelation im Glaubensverständnis und
– die didaktische Korrelation in der Glaubensvermittlung.

Grundlegend ist bei all dem die erstgenannte Korrelation von Glauben und Leben, von der die übrigen Dimensionen ihren Ausgang nehmen und in die sie schließlich wieder einmünden.

Von einem solchen umfassenden Verständnis von Korrelation her ist es einsichtig, daß es sich um einen – grundsätzlich kommunika-

---

20 Siehe Kap. 3; vgl. auch *G. Biemer/D. Benner*, Elemente zu einer curricularen Strategie für den Religionsunterricht in der Sekundarstufe II, in: PädR 27 (1973) 798–822, bes. 800–810.
21 *G. Fuchs*, Einweisung ins Unglaubliche und Selbstverständliche – zur theologischen Kunst des Korrelierens, in: rhs 28 (1985) 84–90, hier: 86.
22 Vgl. ebd., 87ff; vgl. auch *K. Hemmerle*, Der Religionsunterricht als Vermittlungsgeschehen, in: KatBl 119 (1994) 304–311.

tiv angelegten – Verstehensprozeß handelt, der, wo Korrelation etwa auf eine didaktische Technik zu reduzieren versucht wird, bereits im Keim zerstört wird. Es ist ein grobes Mißverständnis, wenn menschliche Erfahrungen nunmehr dazu herhalten müssen, beispielhaft die vermeintliche Fragwürdigkeit des menschlichen Daseins zum Ausdruck zu bringen, auf die dann christliche Glaubensaussagen als die allein zutreffende Antwort angeführt werden. R. Englert hat recht, wenn er darauf hinweist, daß bei einem solchen Vorgehen sowohl die Dignität des christlichen Glaubens verletzt als auch der eigenständige Orientierungswert menschlicher Erfahrungen verkannt werde.[23] Recht hat er überdies darin, wenn er feststellt, daß die Korrelationsdidaktik nicht als eine bloß kognitiv-intellektuell vollzogene Angelegenheit begriffen werden dürfe, sondern daß sie einen Bezug zur Praxis gelebten Glaubens voraussetze und daß dieses Manko, also das Fehlen von authentisch gelebten und nach außen hin ausstrahlend und anziehend wirkenden Orten des Glaubens, auf die der Religionsunterricht verweisen könne, derzeit das größte Handikap für dieses Schulfach sei.[24] Doch selbst wenn der Religionsunterricht definitiv darauf verzichtet, den Schülern den christlichen Glauben vermitteln zu wollen, sondern – wie an anderer Stelle bereits klar befürwortet worden ist – sein Ziel darin erblickt, zum Verstehen von Religion bzw. Glauben zu verhelfen, kommt er um eine Korrelation von Tradiertem mit Gegenwärtigem und umgekehrt nicht herum. Im übrigen hat M. Blasberg-Kuhnke darauf aufmerksam gemacht, daß, so berechtigt die Forderung nach einer diakonischen, d. h. konsequent schülerorientierten Ausrichtung des Religionsunterrichts auch sei, dies nicht heißen müsse und dürfe, die Möglichkeit von originären Koinonia-Erfahrungen in diesem Fach – und nicht zuletzt ausgehend von ihm in der Schule überhaupt – gänzlich fallen zu lassen.[25] Weiterhin dürfte deutlich geworden sein, daß Korrelation nicht nur eine Frage der schulischen Religionsdidaktik ist, sondern eine

23 Vgl. *R. Englert*, Die Korrelationsdidaktik am Ausgang ihrer Epoche, a. a. O., 99.
24 Vgl. ebd., 102 f. 106.
25 Vgl. *M. Blasberg-Kuhnke*, Lebensweltliche Kommunikation aus Glauben – zur koinonischen Struktur des Religionsunterrichts der Zukunft, a. a. O.

Grunddimension von religiöser Erziehung und Bildung insgesamt ausmacht. Es wäre darum nicht zutreffend, zu meinen, man könne etwa in der Gemeindekatechese in gehabter Weise indoktrinieren, während man in Religionsunterricht und Erwachsenenbildung zurückhaltender bleiben müsse und darum dort nur »korrelieren« könne. Dahinter steckt allzu offensichtlich die Absicht, wenigstens dort, wo es noch möglich erscheint, die Glaubensinhalte normativ abzusichern. Abgesehen davon, daß den Betroffenen damit ein unerträgliches Maß an kognitiver Dissonanz zugemutet wird, wird so auch der Paradoxalität des Glaubens selbst, die sich nicht in feste Denkgebäude oder weltanschauliche Vorstellungssysteme fassen läßt, nicht Rechnung getragen. Korrelation ist dem eher angemessen, insofern sie sich als ständiges Frage-Antwort- und Antwort-Frage-Geschehen zwischen damals und heute vollzieht und dabei Hoch-Zeiten erfüllten Sinns und gefundener Orientierung ebenso durchläuft wie abgrundtiefe Phasen des Scheiterns und der Verzweiflung.[26]

Der naheliegende Einwand, damit werde einem totalen Relativismus Vorschub geleistet, muß allerdings ernst genommen werden. Es bedarf darum über das Gesagte hinaus in einigen zentralen Punkten einer klareren theologischen Konturgebung.[27] Dies gilt vor allem für den Gebrauch des Erfahrungsbegriffs, der in der neueren religionspädagogischen Debatte beinahe inflationäre Ausmaße erreicht hat – bis dahin, daß Erfahrung bisweilen jenen normativen Stellenwert einnimmt, den früher das Dogma innegehabt hat: Nur was mit der eigenen Erfahrung in Einklang zu bringen ist und diese möglicherweise noch in Richtung »Selbsterfahrung« intensiviert, wird als Erweis der Authentizität des Glaubens genommen. Daß dieser sich auch und immer wie-

---

26 Zur systematisch-theologischen Grundlegung und Ausarbeitung des Korrelationsprinzips vgl. weiterführend vor allem *D. Tracy*, The Analogical Imagination. Christian Theology and the Culture of Pluralism, New York 1987; *ders.*, Theologie als Gespräch, Mainz 1993.

27 Vgl. auch – knapp – *M. Raske*, Glaubenserfahrung – Gesellschaftskritik – Schöpferische Aneignung. Drei Fragen zur Didaktik der Korrelation, in: KatBl 106 (1981) 346–350, oder – ausführlich: *J. Werbick*, Glaubenlernen aus Erfahrung, a. a. O.

der gegen solche Erfahrung richten kann, wird nicht gelten gelassen.[28]

Ein wesentliches Kennzeichen von Religion – jedenfalls in der jüdisch-christlichen Tradition – ist, daß sie die geläufigen Erfahrungen in ihrer Umgebung nicht einfach affirmiert und zusätzlich sakralisiert, sondern daß sie gerade das vorherrschende Erleben und Denken in Frage stellt, mit »Kontrasterfahrungen« (E. Schillebeeckx) konfrontiert, um mittels solcher »Unterbrechungen« der gegebenen Zwänge überhaupt erst neue, alternative, befreiende Erfahrungs- und Lebensmöglichkeiten zu erschließen und zugänglich werden zu lassen.[29] Nicht die Bestätigung des immer schon Gehabten, sondern die Herausforderung durch das andere und die anderen ist es, was Religion zumutet – mit dem Versprechen, daß gerade diese Begegnung mit dem Fremden es ist, die wahre Ichwerdung ermöglicht. Eine Korrelation, die den Glauben nur nach Maßgabe der herrschenden Selbstverständlichkeiten ins Spiel bringt, greift darum zu kurz. Daß Glaube Umkehr zumutet und zu ihr einlädt, darf nicht verschwiegen werden – wobei diese Botschaft allerdings in dem Maße an Glaubwürdigkeit gewinnt, wie an der vorfindlichen Praxis dieses Glaubens abgelesen werden kann, daß er »Leben in Fülle« (Joh 10,10) mit sich bringt.

Ein weiterer Aspekt sei noch angeführt: Sich in der religiösen Erziehung und Bildung auf Korrelation einzulassen, heißt, auf Selbstbestimmung auch im Glauben aus zu sein. Es geht nicht an, lebensweltliche Erfahrungen und Fragestellungen der Lernenden in den Lernprozeß einzubeziehen und sie letztendlich doch auf die Übernahme der vorgegebenen Glaubensinhalte und -praktiken ver-

---

28 Vgl. dazu *F. Steffensky*, Sie erkannten ihn am Brotbrechen. Zwischen Festungsglauben und Erfahrungsgier, in: Wort und Antwort 34 (1993) 99–104. – Zur religionspädagogischen Grundlegung des Erfahrungsbegriffs vgl. insbesondere *P. Biehl*, Erfahrung, Glaube und Bildung. Studien zu einer erfahrungsbezogenen Religionspädagogik, Gütersloh 1991, sowie *W. H. Ritter*, Glaube und Erfahrung im religionspädagogischen Kontext, Göttingen 1989. Vgl. auch *ders.*, Auf dem Weg zu einer neuzeitlichen Religionspädagogik, in: ThLZ 13 (1988) 785–800; *K. Wegenast*, Glauben erfahren. Die Erfahrungsdimension in der Religionspädagogik, in: Studienhefte 20 des Pädagogischen Instituts Villigst, o. J. (1987) 9–25.

29 Vgl. weiterführend *E. Schillebeeckx*, Menschen. Die Geschichte von Gott, Freiburg 1990, 21–71. – Als ein überzeugendes Beispiel eines solchen Korrelierens sei der Synodenbeschluß »Unsere Hoffnung« (a.a.O.) angeführt.

pflichten zu wollen. Korrelation ist vielmehr auf die Befähigung bedacht, selbst korrelieren zu lernen,»Korrelationskompetenz‹ zu vermitteln, d. h. das Interesse zu wecken und die Fähigkeit zu fördern, selber Lebenserfahrungen, Erfahrungen des Gelingens und der Krise, in Beziehung zu setzen zum Weg der Geschichte Gottes, zum Weg Jesu Christi und in seinem Licht bisherige Erfahrung neu sehen zu lernen«[30] oder auch sich zugunsten einer anderen Wahl entschieden davon abzusetzen. M. Raske schreibt dazu: »Das hier intendierte lebenslange Lernen kann nur erlernt werden, wenn die persönliche, eigenständige Aneignung der Glaubensperspektive und Kommunikation mit der Glaubensgemeinschaft ermöglicht und gefördert werden. Das schließt ein, daß andere Akzente in der Auswahl aus der Glaubensüberlieferung, vom bislang vertrauten abweichende sprachliche Formulierungen, neue Ausdrucks- und Gestaltungsformen des Glaubens zugelassen, ernst genommen und ermutigt werden. Das verlangt vom Lehrer z. B., daß er bereit ist, Verlustängste zu ertragen, die verständliche und berechtigte Sorge um nach seiner Erfahrung bewährte Überlieferungen zu relativieren – mit dem Interesse an der persönlichen Freiheit des Schülers im Vertrauen auf die schöpferische Kraft des Glaubens.«[31]

Damit ist impliziert, daß den Gegenpol zu den heutigen (Kontrast)-Erfahrungen nicht eine in sich feststehend ausformulierte Lehre bilden kann, sondern die »(immer schon durch vielfältige Korrelationsprozesse hindurchgegangene und vielstimmig bezeugte) Geschichte Gottes mit den Menschen«[32]. Plakativ formuliert heißt das, daß nicht so sehr der Katechismus, sondern vielmehr die Bibel gerade wegen der in ihr enthaltenen Vielstimmigkeit von Glaubenszeugnissen als das geeignete Lernbuch des Glaubens heranzuziehen ist. Nur gilt es dabei, die Bibel nicht bloß als historisches Dokument zu lesen, sondern als Zeugnis von Erfahrungen, die

30 *M. Raske*, Glaubenserfahrung – Gesellschaftskritik – Schöpferische Aneignung, a. a. O., 349.
31 Ebd.; vgl. auch *O. Fuchs*, Persönlicher Glaube und der Glaube der Kirche in der Glaubensvermittlung, in: KatBl 110 (1985) 90–102.
32 *M. Raske*, Glaubenserfahrung – Gesellschaftskritik – Schöpferische Aneignung, a. a. O., 346.

Menschen als für sie heilsam und befreiend von Gott her gemacht und gedeutet haben und die auch heute noch Hoffnung zu stiften und Mut zu solidarischer Praxis zu geben vermögen.[33] Wo die Geschichten von damals in Geschichten von heute und morgen ihre Fortsetzung finden, da handelt es sich um gelungene Korrelation.

6.2.2 Symbole, Rituale, Sprache, Diskurs

Neben »Erfahrung« und »Korrelation« ist es der Symbolbegriff, der seit einiger Zeit die religionspädagogische und -didaktische Diskussion bestimmt; dabei bestehen enge Zusammenhänge sowohl zwischen diesen Begriffen als auch den mit ihnen verbundenen Konzepten.[34] Daß die Symboldidaktik einen so zentralen Stellenwert gewonnen hat, hängt damit zusammen, daß sie weiterführende Lösungen an die Hand zu geben verspricht gerade in Anbetracht einer Reihe von Aporien, in die die Glaubensunterweisung unter den Bedingungen einer nachchristlichen Gesellschaft geraten war; genannt seien etwa:

33 Vgl. dazu insbesondere den bibeldidaktischen Ansatz von *I. Baldermann*, wie er ihn in seinen Büchern (Der Gott des Friedens und die Götter der Macht. Biblische Alternativen, Neukirchen-Vluyn 1983; Wer hört mein Weinen? Kinder entdecken sich selbst in Psalmen, Neukirchen-Vluyn 1986; Ich werde nicht sterben, sondern leben. Psalmen als Gebrauchstexte, Neukirchen-Vluyn 1990; Gottes Reich – Hoffnung für Kinder. Entdeckungen mit Kindern in den Evangelien, Neukirchen-Vluyn 1991) entfaltet hat; vgl. auch die Beiträge zum Thema »Die Bibel in religiösen Lernprozessen«, in: JRP 8 (1991) Neukirchen-Vluyn 1992, 87–176, sowie die jeweils einmal jährlich einem biblischen Schwerpunktthema gewidmeten Hefte der KatBl. Eine gediegene theologische und didaktische Grundlegung findet sich bei *R. Ott*, Dialogische Bibeldidaktik, Frankfurt/M. 1990. – Für die hiesige Bibelarbeit sehr wichtig sind Anregungen aus der Bibelpastoral und -katechese, wie sie in vielen Teilen der Kirchen in der sogenannten »Dritten Welt« praktiziert wird und für die dortigen Basisgemeinden gewissermaßen zum Identitätsmerkmal geworden ist, wie z. B. der bibeltheologische und -praktische Ansatz des Centro de Estudos Bíblicos (CEBI) in Brasilien (*C. Mesters* u. a.) oder die am Lumko Missiological Institute in Südafrika entwickelte Methode des »Bibel-Teilens«.

34 Als allgemeine Überblicksartikel vgl. u. a. *W. Albrecht*, Neuere Erträge der Symboldidaktik, in: ThdG 30 (1987) 181–191; *A. Binz*, Symbolik, Symbolische Wirksamkeit und deren religionspädagogische Konsequenzen, in: LitJb 35 (1985) 219–236; *G. Bitter*, Glaube und Symbol, in: KatBl 109 (1984) 7–19; WdK 65 (1987) 182–203 (mit Beiträgen von *D. Funke*, *H. Dormeyer* und *L. Krappmann*).

– das immer stärker als unvereinbarer Gegensatz empfundene Verhältnis von Glauben und Wissen, verschärft noch durch die immer weitere Bereiche der Wirklichkeit erfassende Dominanz eines zweckrational-instrumentellen Denkens,

– das Unverständnis vieler Zeitgenossen den geschichtlich überlieferten Glaubenszeugnissen und vor allem dogmatisch festgeschriebenen Glaubensformeln gegenüber,

– die faktische Relativierung des Absolutheitsanspruchs des Christentums durch die Begegnung mit anderen Religionen und Weltanschauungen, und nicht zuletzt

– schlicht und einfach die Erfahrung einer immer größer werdenden Anzahl von Zeitgenossen, daß sich ohne Kirche auch ganz gut leben läßt, wenn nicht sogar besser, da unbelastet der von ihr verursachten psychischen Zwänge und Deformationen.

Durch den Rekurs auf den Symbolbegriff und die mit ihm gemeinten Erfahrungen läßt sich demgegenüber deutlich machen,

– daß zu einem unverkürzten Menschsein auch die »andere Seite« der Vernunft gehört, daß es also Erfahrungsbereiche gibt, die (zweck-)rational nicht zugänglich sind, sondern in Bildern und Symbolen den ihnen angemessenen Ausdruck finden, und daß darum der Prozeß der Symbolbildung für die Menschwerdung konstitutiv ist,

– daß es eine verhängnisvolle Verobjektivierung bzw. Verdinglichung der Glaubensinhalte bedeutet, wenn die Religion intellektualistisch (miß-)verstanden wird, sondern daß sie adäquat nur als symbolische Ausdrucksweisen in der Tiefe der menschlichen Existenz verankerter Grunderfahrungen und Sinndeutungen interpretiert und vermittelt werden können,

– daß damit zu Recht auch mehr auf das, was Religionen gemeinsam ist, statt auf das, was sie trennt, abgehoben wird, und

– daß die Vermittlung von Religion grundlegend auf die Möglichkeit symbolischer Kommunikation auf interpersonaler und gemeinschaftlicher Ebene angewiesen ist und daß es darum eine massive Anfrage an die Kirchen und Gemeinden bedeutet, wenn sie zu wenig als solche Orte erfahren werden können.

In der neueren Theologie haben solche anthropologischen und religionswissenschaftlichen Einsichten breite Aufnahme gefunden.

Glaube, so wird betont, ist zureichend nur als symbolisch vermitteltes Kommunikationsgeschehen zwischen Gott und Mensch zu verstehen. Seinen Höhepunkt hat dieses christlichem Glaube zufolge in Jesus von Nazaret gefunden, der das Symbol der Liebe Gottes zu den Menschen und seiner Schöpfung schlechthin ist und darum der Christus. Jesu Verkündigung dieser Liebe erfolgte ihrerseits wesentlich in symbolischen Handlungen und Reden, wie es in der Ansage des alles verändernden Anbruchs des »Reiches Gottes« in Wundern und Gleichnissen am sinnfälligsten zum Ausdruck kommt. Für das Verständnis von Kirche bedeutet das, daß sie berufen und gesandt ist, »die Fortsetzung des in Jesus Christus sichtbar, hörbar, greifbar wirksam gewordenen Gutseins Gottes für die Menschen zu sein«[35] und dies symbolisch – genuin theologisch ausgedrückt: sakramental – in der Welt zu vergegenwärtigen.

Läßt sich bezüglich des bisher zur begrifflichen Bedeutung und didaktischen Relevanz des Symbols Gesagten noch ein weitgehender Konsens innerhalb der gegenwärtigen religionspädagogischen Landschaft feststellen, so kommt es in der weiteren Ausarbeitung sowohl hinsichtlich der Grundlagenfragen als auch mit Blick auf die didaktische Konkretisierung zu erheblichen Divergenzen[36] – bis dahin, daß verschiedene Ansätze in eine kaum versöhnbare Fehde untereinander geraten sind.[37] Die damit sich leicht einstellende Unübersichtlichkeit innerhalb der konzeptionellen Debatte wird klarer, wenn man sich die jeweiligen humanwissenschaftlichen Ansätze und auch die verschiedenen theologischen Traditionen vergegenwärtigt, auf die die einzelnen Vertreter der Symboldidaktik jeweils rekurrieren.[38] Das im einzelnen aufzuzei-

35 *G. Bitter*, Glaube und Symbol, a. a. O., 14.
36 Zu verweisen ist insbesondere auf die Ansätze von *P. Biehl*, Symbol und Metapher, in: JRP 1 (1984) Neukirchen-Vluyn 1985, 29–64; Symbole – ihre Bedeutung für menschliche Bildung, in: ZfPäd 38 (1992) 193–214; unter Mitarbeit mit anderen: Symbole geben zu lernen. 2 Bde., Neukirchen-Vluyn 1989 und 1993; *A. Bucher*, Symbol – Symbolbildung – Symbolerziehung, St. Ottilien 1990, und *H. Halbfas*, Was heißt »Symboldidaktik«, in: JRP 1 (1984), a. a. O., 86–94; Das dritte Auge, Düsseldorf 1982, sowie seine Religionsbücher incl. Lehrerkommentare; vgl. auch *N. Weidinger*, Elemente einer Symboldidaktik. 2 Bde., St. Ottilien 1990/91.
37 Vgl. z. B. *A. Bucher*, Symboldidaktik, in: KatBl 113 (1988) 23–27.
38 Vgl. dazu *G. Büttner*, Zwischen Halbfas und Biehl. Diskussionsbeiträge zur Sym-

gen, detailliert miteinander zu vergleichen und kritisch zu bilanzieren, läßt sich in dem hier zur Verfügung stehenden Rahmen nicht leisten und dürfte darüber hinaus wegen der bleibenden Vieldeutigkeit schon allein des Symbolbegriffs[39] sowieso ein aussichtsloses Unterfangen sein. Statt dessen seien summarisch, ausgehend von bedenklich erscheinenden Punkten in der einen oder anderen der verschiedenen symboldidaktischen Konzeptionen, einige weiterführende Hinweise im Sinn von Korrekturen und Präzisierungen zu geben und zur Diskussion zu stellen versucht, wobei grundsätzlich gerade von der vorgenommenen handlungstheoretischen Grundlegung der Religionspädagogik her die Unerläßlichkeit symbolisch vermittelter Praxis für eine Erschließung der religiösen Dimension der Wirklichkeit nur bekräftigt werden kann.

1. Ontogenetisch gesehen resultieren Symbole aus der Verarbeitung von elementaren Erfahrungen und Konflikten in der frühesten Kindheit.[40] Die Symbolbildung liegt der Sprachentwicklung voraus. Anders als die Sprache, die Ausdruck eines rationalen Zugangs zur Wirklichkeit und Umgangs mit ihr ist, sind Symbole bleibender Ausdruck des Unbewußten und darum rational nie gänzlich einholbar. Ihnen wohnt eine eigentümliche Ambivalenz inne. Je nach dem, wie früheste Konflikte symbolisch verarbeitet werden konnten, können die erworbenen Symbole die weitere Entwicklung fördern oder behindern. Dabei vollzieht sich »normale« Entwicklung nicht einlinear, sondern als ein Wechselspiel von progressiven und regressiven Momenten. Wo letztere überwiegen, kann es notwendig werden, durch einen leidvollen Prozeß der Erinnerungs- und Trauerarbeit auf die Anfänge der Symbolbil-

boldidaktik, in: EE 46 (1994) 56–65; *R. Sistermann*, Zum Problem einer symboldidaktischen Glaubenslehre für Jugendliche. Eine kritische Sichtung neuerer Beiträge, in: ebd., 65–78.

39 Vgl. dazu sehr instruktiv die verschiedenen Beiträge in: *J. Oelkers / K. Wegenast* (Hg.), Das Symbol – Brücke des Verstehens, Stuttgart 1991; vgl. auch RPB 23/ 1989: Symbol.

40 Vgl. zum folgenden die die entsprechenden Forschungsbefunde zusammenfassenden und religionspädagogisch auswertenden Beiträge von *D. Funke*, Glauben lernen zwischen Symbiose und Individuation. Zur psychischen Wirklichkeit religiöser Symbolbildung, in: KatBl 109 (1984) 506–513; *H.-G. Heimbrock*, Symbolisches Verstehen bei Kindern und seine Entwicklung, in: Die Christenlehre 40 (1987) 167–174. Siehe auch oben, Abschn. 4.1.2.

dung zurückzugelangen und die ihnen zugrunde liegenden Konflikte durchzuarbeiten, um so neue, heilvolle Lebensmöglichkeiten zu gewinnen.

Nicht zufällig finden sich in Bildern und Mythen der Religionen solche Symbolisierungen ursprünglicher Erfahrungen wieder; sind sie doch in der Tat – psychogenetisch gesehen – genuiner Ausdruck psychischer Strebungen des Menschen insbesondere in den Anfängen seiner Entwicklung. Auch die symbolischen und inhaltlichen Ausprägungen des christlichen Glaubens stehen in engstem Zusammenhang mit der psychischen Urmatrix des Lebens. Sie sind damit – wie alle Symbole – ambivalent, können pathologisch deformieren oder der Individuation des Menschen dienen.[41]

Solche notwendigen Unterscheidungen vornehmen zu können ist für verantwortliches religionspädagogisches Handeln unverzichtbar; dazu gehört im übrigen auch, ein Gespür auszubilden für die unbedingt zu beachtende Grenze zwischen pädagogischem und therapeutischem Handeln.

2. Vorab den im Bereich von religiöser Erziehung und Bildung Tätigen kann und sollte »die Einsicht in die psychischen Wurzeln von Religion und in die Doppelfunktion ihrer Symbolik helfen, die eigene Glaubensgeschichte besser zu verstehen und vernachlässigte oder unterdrückte Grundwünsche wahrzunehmen und zu gestalten«[42]. Was das konkret heißen kann, erläutert D. Funke anhand von knapp angedeuteten Fallbeispielen wie folgt: »Wer etwa nur die Exodus-Motive in seinem Glaubensleben betont, könnte sich fragen, wie und wo er seinen Wünschen nach Geborgenheit und Verbundenheit Ausdruck gibt und sie lebt. Möglicherweise entdeckt er eine tiefsitzende Angst, diese Wünsche zuzulassen, weil er fürchtet, von der ›Mutter Kirche‹ in symbiotischer Weise verschlungen zu werden und dabei seine eigene Identität zu verlieren. Umgekehrt könnte eine überzogene Vorliebe für Liturgie und Ritual ein Hinweis dafür sein, daß jemand ›seinen‹ Glauben unbewußt dazu benutzt, um die Ungesichertheit seiner Existenz nicht

41 Vgl. dazu besonders *J. Scharfenberg/H. Kämpfer*, Mit Symbolen leben. Soziologische, psychologische und religiöse Konfliktbearbeitung, Olten 1980.
42 *D. Funke*, Glauben lernen zwischen Symbiose und Individuation, a.a.o., 511.

ertragen zu müssen und in regressiver Weise die Herausforderung seines Lebens und die Aufgabe der eigenen Individuation vermeiden zu können. Indem ein Mensch verstehen lernt, welche Strebungen und Wünsche hinter der eigenen religiösen Praxis verborgen liegen, wird er den Glauben nicht zur Verdeckung menschlicher Defizite benutzen. Er wird dadurch wahrhaftiger und sein Glaube in einem persönlichen Sinn weniger ›ideologisch‹.«[43]

3. Wie im letzten Punkt angedeutet, hat jeder Mensch seine eigene und einmalige Geschichte der Symbolbildung und -entwicklung. Die vornehmliche (religions-)pädagogische Aufgabe besteht darin, die Heranwachsenden und auch Erwachsene anzuregen und zu fördern, die symbolisch verschlüsselte Seite ihrer Lebens- und Glaubensgeschichte nicht brach liegen zu lassen oder gar zu verdrängen, sondern als Teil ihres Ichs ernst- und anzunehmen und kreativ weiterzubilden. Entscheidend ist dafür insbesondere die Möglichkeit der Begegnung mit lebendigen Symbolen (vertrauensvollen »Bezugs«personen und überschaubaren Gemeinschaften), aber auch die Möglichkeit, sich von ihnen lösen zu können und unabhängig mit Hilfe von symbolischen »Gegenständen« (Geschichten, Spiele, Lieder, Rituale u. a.) dem (Lebens-)Glauben auf die Spur zu kommen und ihm eigene Ausdrucksformen zu geben. Auf solche Weise kann das Arsenal der lebensgeschichtlich erworbenen Symbole bereichert und können gegebenenfalls Hilfen gegeben werden, Fehlentwicklungen zu korrigieren. Dabei ist es allerdings unerläßlich, die entwicklungsgemäß spezifischen Verstehensbedingungen insbesondere bei Kindern und Jugendlichen zu berücksichtigen.[44]

4. Symbole sind nicht nur individuelle, sondern auch kollektive Ausdrucksformen[45] und insofern »Brücken des Verstehens« auch

---

43 Ebd.
44 Vgl. dazu *F. Schweitzer*, Symbole im Kindes- und Jugendalter. Mehr Fragen als Antworten, in: EE 46 (1994) 16–23.
45 Durch das Bemühen, die Dialektik von individueller und gesellschaftlicher Dimension der Symbolbildung aufzuzeigen, ist insbesondere der psychoanalytische Ansatz A. Lorenzers gekennzeichnet. Vgl. dazu u. a. *A. Lorenzer*, Der Symbolbegriff und seine Problematik in der Psychoanalyse, in: J. Oelkers/K. Wegenast (Hg.), Das Symbol – Brücke des Verstehens, a. a. O., 2–30; vgl. auch *G. Wil-*

untereinander. Sie haben nicht nur eine individuelle, sondern auch eine kollektive Geschichte. Damit sind sie Wandlungen unterworfen. Gerade um den Glauben in die jeweilige Zeit hinein auslegen und vermitteln zu können, ist es wichtig, ein Gespür für die »Schlüsselsymbole« einer Epoche zu entwickeln, Schlüsselsymbole, in denen Ängste und Sehnsüchte, die Menschen einer bestimmten Zeit miteinander verbinden, ihren Ausdruck finden. Gleichzeitig begünstigt die Geschichtlichkeit der Symbole, nicht dem Diktat der Aktualität zu erliegen, sondern eine »anamnetische Rationalität« (J. B. Metz) auszubilden, die überhaupt erst Kriterien an die Hand gibt, welchen (humanen) Ansprüchen solche »Schlüsselsymbole« genügen müssen. Umgekehrt gibt das die Möglichkeit und hält es dazu an, zu bloßen Zeichen gewordenen oder gar zu Klischees erstarrten Symbolen konsequent den Abschied zu geben.

5. Insofern gehört die Fähigkeit der kritischen Unterscheidung zum Umgang mit Symbolen dazu. Das ergibt sich sowohl aufgrund der innerpsychischen Ambivalenz der Symbole als auch aufgrund ihrer Mehrdeutigkeit, die sie im gesellschaftlichen Kontext unweigerlich gewinnen. Es gilt darum, nicht nur zum Wahrnehmen und Erleben von Symbolen hinzuführen, sondern auch zu ihrem (kritischen) Verstehen und Unterscheiden zu befähigen. Gerade weil der religiösen Erziehung und Bildung aus ihrer eigenen Vergangenheit die verführerische Möglichkeit nicht unbekannt ist, Menschen aufgrund ihrer symbolischen Ansprechbarkeit sublim zu manipulieren, müssen sie es sich in besonderer Weise angelegen sein lassen, angesichts der Überfülle von symbolischen Verheißungsträgern, die den Menschen in der heutigen Konsumwelt zu ihrem vermeintlichen Heil angeboten werden, kritische Aufklärungsarbeit zu leisten, aber auch sich dem pathologischen Mißbrauch von Symbolen in den eigenen Reihen zu widersetzen.

6. Aus all dem ergibt sich, daß eine Symboldidaktik als unzureichend bezeichnet werden muß, die meint, an die Stelle von Inhal-

helms, Sinnlichkeit und Rationalität. Der Beitrag A. Lorenzers zu einer Theorie religiöser Sozialisation, Stuttgart 1991.

ten nunmehr bloße Symbole im Unterricht behandeln zu können, um so affirmativ Erlebnisse vermeintlich tieferer Art anzuzetteln zu können. Man beläßt es dann bei kurzfristigen Inszenierungen, die sich zudem in esoterischen Räumen abspielen. So lassen sich Menschen zwar durchaus »auf den Geschmack bringen«, so daß sie erfahrungsgierig ständig nach »heilen Welten«-Räumen lechzen. Wahre Symbole jedoch leiten nicht zur Flucht aus der Wirklichkeit an, wohl aber zu ihrer Veränderung, wenn sie nicht in einer ihnen gemäßen Kultur lebendigen Ausdruck finden können. Symboldidaktik kann sich darum nicht von der Frage dispensieren, wie es mit der Kultur etwa in unseren Schulen, in unseren Kirchengemeinden, in unserer Gesellschaft insgesamt beschaffen ist. Sie hat es mit der Erhaltung bzw. Schaffung von Räumen der Mitmenschlichkeit zu tun, in der in der Art des symbolisch vermittelten Umgangs miteinander eine Ahnung davon entstehen kann, »daß Menschen sich einander zuwenden können, sich gegenseitig zu unterstützen in der Lage sind, daß sie sich verzeihen können und gemeinsam darauf vertrauen, daß alles gut enden wird«[46].

In gewisser Weise – so ist zusammenfassend festzustellen – lassen sich am Symbolbegriff brennpunktartig Ansatzpunkte, aber auch Schwierigkeiten und Grenzen heute angemessener religionspädagogischer Erschließungs- und Vermittlungswege aufzeigen. Zu meinen, in einem Ansatz den universalen Schlüssel für alles Mögliche gefunden zu haben, erweist sich als Irrtum. So gilt mit Blick auf den Umgang mit Symbolen, daß er in expressiver Hinsicht zu erweitern ist in Richtung auf eine ästhetische Bildung, die – wie es im Ritual der Fall ist – alle Sinneserfahrungen und die ganze Leiblichkeit als Ausdrucksformen des Religiösen einbezieht[47], und gleichzeitig Symbolkunde und Sprachlehre Hand in Hand gehen müssen, soll Religion weiterhin der diskursiven Ver-

---

46 *L. Krappmann*, »Als schiene wieder die sonne«. Erfahrungen im Alltag, die über sich hinausweisen, in: WdK 65 (1987) 198–203, hier: 203.
47 Vgl. *E. Feifel*, Was ist ästhetische Erfahrung? Prolegomena zu einer religionspädagogischen Ästhetik, in: RPB 30/1992, 3–18. Anders akzentuiert ist der Beitrag von *P. Biehl*, Religionspädagogik und Ästhetik, in: JRP 5 (1988) Neukirchen-Vluyn 1989, 3–44.

ständigung zugänglich bleiben und nicht einer völligen Irrationalität anheim fallen[48]. In diesem Sinn gilt:»Symbole geben zu lernen« (P. Biehl).

6.2.3 Aktion und Kontemplation

Daß religiöse Erziehung es mit der Einweisung und Einübung in bestimmte Praxisvollzüge zu tun hat, braucht nicht eigens begründet zu werden. Seit jeher zielt sie auf bestimmte Einstellungen und Verhaltensweisen insbesondere im spirituellen (incl. liturgischen) und im moralischen Bereich, Einstellungen und Verhaltensweisen, von denen man meint, daß sie sich aus dem Glauben heraus ergeben. Dabei findet die moralische Seite der religiösen Erziehung interessanterweise weit über den Kreis der religiös im engeren Sinn Überzeugten Zustimmung; denn ohne Religion, so eine auch heute noch weit verbreitete Meinung, ist die Vermittlung einer»moralischen Grundausstattung« sowohl für die einzelnen als auch für die Gesellschaft nur schwer zu bewerkstelligen. Mit ihrer eigenen Tendenz zur»Moralisierung« kam und kommt die im kirchlichen Kontext praktizierte religiöse Erziehung und Unterweisung diesem Ansinnen durchaus entgegen. Umgekehrt hat gerade deswegen, weil die selbst erfahrene religiöse Erziehung dermaßen moralisch aufgeladen war, sie für eine nicht unbeträchtliche Reihe von heute Erwachsenen dermaßen an Kredit verspielt, daß sie der kommenden Generation solche Zwänge nicht mehr zumuten möchten. Charakteristisch für die praktizierte Art der Moralerziehung war, daß sie vor allem auf die Individualmoral zielte und dabei weitgehend auf die vorgegebene, für sakrosankt gehaltene gesellschaftliche Ordnung verpflichtete. Daß Katechese und Religionsunter-

---

48 Zum Ansatz einer religionspädagogischen Sprachtheorie vgl. *F. Schweitzer*, Fortschritt, Kontinuität und Wandel – Komplementäre Ansätze zu einem religionspädagogischen Verständnis religiöser Sprache, in: EE 42 (1990) 277–292. Wenn auch unterschiedlich akzentuiert, stimmen P. Biehls und H. Halbfas' religionsdidaktische Ansätze in der Notwendigkeit der Ergänzung von Symbol- und Sprachlehre überein. – Vgl. zu einer Reihe der in diesem Abschnitt angesprochenen Punkte (Symbolbildung, Ritualisierung, Sprache, Vorbilder) auch *E. Feifel*, Tradierung und Vermittlung des Glaubens als katechetisches Problem, in: E. Feifel/W. Kasper (Hg.), Tradierungskrise des Glaubens, a. a. O., 53–100.

richt es auch und wesentlich vom christlichen Glauben her mit einer sozialen und politischen Dimension zu tun haben und möglicherweise sogar auf eine Kritik und Veränderung der herrschenden Verhältnisse abzielen, wie es bester prophetischer Tradition entspricht, galt als undenkbar. Sieht man einmal von Ansätzen in der Tradition der kirchlichen Arbeiterbildung ab, so ist festzustellen, daß die für den Sozialkatholizismus seit dem ausgehenden letzten Jahrhundert leitende Devise, daß der christliche Glaube sowohl auf eine Bekehrung der Herzen als auch auf eine Änderung der gesellschaftlichen Strukturen drängt – eine Devise, die von der neueren politischen Theologie und der Theologie der Befreiung in ihrem theologischen Recht unterstrichen und auf ihre praktischen Zusammenhänge hin weiter bedacht worden ist –, es schwer hatte, innerhalb der religionspädagogischen Theorie und Praxis die ihr gebührende Resonanz zu finden; die soziale Dimension der Glaubensvermittlung blieb unterbelichtet.[49] Möglicherweise liegt nicht zuletzt in diesem Desiderat ein Grund für die allenthalben beschworene »Tradierungskrise des Glaubens«.

Dieses Desiderat läßt sich allerdings nicht dadurch angehen und überwinden, daß die »klassischen« Inhalte der Glaubensunterweisung nunmehr verstärkt um sozialethische Aspekte ergänzt und aufgestockt werden. Vielmehr geht es darum, gerade innerhalb der Religionspädagogik von dem Mißverständnis wegzukommen, es gehe in der sogenannten »Sozialkatechese« nur um die gesellschaftsethischen Konsequenzen des Glaubens. Hat doch gerade die neuere politische Theologie deutlich gemacht, daß diese Dimension für den Glauben selbst konstitutiv ist: In dem Maße, wie schöpferisch und beharrlich um den Aufbau einer gerechten und menschlichen Welt gekämpft und dabei allen Mächten des Unrechts und der Unterdrückung entgegengetreten wird, wird erst »begreiflich«, was es heißt, an den biblischen Gott, der Frieden und Gerechtigkeit will, zu glauben. Und umgekehrt wird in dem Maße, wie man sich in das – in Jesus Christus unüberbietbar offen-

---

49 Wichtige Impulse (auf Betreiben von *A. Exeler*) setzte die religionspädagogische Jahrestagung des DKV 1980 zu dem Thema »Engagement aus der Mitte des Glaubens«; sie ist dokumentiert in KatBl 106 (1981) Heft 2.

bar gewordene – Geheimnis Gottes hineinversenkt, unmöglich, angesichts der vielen Gesichter von Leid und Elend in der Welt gleichgültig zu bleiben.

Eine solche gelebte Einheit von Mystik und Politik ist es, die dem Zeugnis vieler Christen und Gemeinden in der sogenannten »Dritten Welt« seine besondere Glaubwürdigkeit gibt – Christen und Gemeinden, die von sich sagen, daß ihnen erst in der Begegnung mit den Arm-Gemachten und Unterdrückten und im solidarischen Kampf mit ihnen um gerechtere Lebensbedingungen wirklich aufgegangen sei, inwiefern vom Evangelium eine frohmachende und befreiende Botschaft ausgehe. Sie haben gelernt, daß, wer für eine Begegnung mit dem Gott, der auf der Seite der Armen steht, offen werden möchte, nicht darum herumkommt, selbst in die »Schule der Armen« zu gehen.[50]

Von ähnlichen Erfahrungen, ihren Glauben auf für sie bis dahin unbekannte Weise kennengelernt und neu durchalphabetisiert zu haben, berichten in unserem Kontext jene Gruppen und Initiativen, die sich im Umkreis des konziliaren Prozesses für Gerechtigkeit, Frieden und Bewahrung der Schöpfung engagieren oder sonstwie in der Eine-Welt-Arbeit, Friedensarbeit oder im ökologischen Bereich tätig sind.[51] Erst allmählich sickert dies in das religionspädagogische Bewußtsein ein, verbunden mit mancherlei Widerständen, was allerdings nicht verwunderlich ist; zeigt sich doch, daß das tiefreichende Konsequenzen mit Blick auf eine Neuvermessung der religionspädagogischen Landschaft zeitigt. Dies sei im folgenden anhand der Gerechtigkeitsthematik exemplarisch aufzuzeigen versucht:[52]

(1) Glauben im christlichen Verständnis bedeutet Sich-Einmischen im Streit um die Wirklichkeit. Der Glaube erweist ja darin seine befreiende Kraft, daß er das Bestehende nicht als die endgültige

---

50 Vgl. dazu als eines der eindrücklichsten Zeugnisse *O. A. Romero*, Die politische Dimension des Glaubens, in: P. G. Schoenborn (Hg.), Basisgemeinden und Befreiung. Wuppertal 1989, 154–164.

51 Siehe auch oben, Abschn. 1.5.2 und 1.5.3.

52 Vgl. zum folgenden – insbesondere auch zur theologischen Begründung – ausführlicher *N. Mette*, Gerechtigkeit lernen – die religionspädagogische Aufgabe, in: RPB 27 (1991) 3–26.

Ordnung zu legitimieren braucht, sondern sie im Licht des Reiches Gottes in ihrer vorfindlichen Widersprüchlichkeit wahrzunehmen ermöglicht. So wie es inzwischen anerkannt ist, daß für die Bearbeitung innerpsychisch bedingter Glaubenswiderstände der Rückgriff auf psychologische Einsichten hilfreich ist, ist es nur folgerichtig, daß, um gegen die sozialstrukturell bedingten Glaubenswiderstände angehen zu können, auf den Erwerb entsprechender Kenntnisse nicht verzichtet werden kann – sieht man einmal davon ab, daß auch die Bibel sie voraussetzt. Insofern hat Ökonomie zu lernen durchaus etwas mit dem Glauben-Lernen im Sinn von Gerechtigkeit-Lernen zu tun, soll sich der Beitrag von Christinnen und Christen etwa zu den grundsätzlichen ökonomischen Fragen der Weltwirtschaftsordnung nicht auf nichtssagende und -bewirkende Leerformeln beschränken.[53]

(2) Allerdings ist gerade in diesem Bereich das, was als sachgerecht zu gelten hat, im höchsten Maße umstritten. Und es gibt auch keine eindeutige – sich womöglich noch als christlich etikettierende – Lösung vom Glauben her. In einer Hinsicht ist allerdings die Vorgabe des Evangeliums eindeutig: Nicht Erfolg, Gewinn o. ä. sind ausschlaggebend dafür, was gilt oder getan werden muß, sondern wie sich das, was getan wird, in der Perspektive der Opfer darstellt. Religiöse Erziehung und Bildung haben es also damit zu tun, die Welt aus der Perspektive der Opfer sehen zu lernen und dabei auch und gerade die in Erinnerung zu behalten, deren Namen als zu unbedeutend gelten, um in die Geschichtsbücher einzugehen. Dabei gilt, daß die Perspektive der Opfer zu lernen heißt, sie soweit möglich von und mit ihnen zu lernen.[54]

(3) Mit der Täter-Opfer-Unterscheidung wird allerdings Mißbrauch getrieben, wenn sie im Sinn einer Schwarz-Weiß-Karikatur verwendet wird. Sicher ist es notwendig, wenngleich schmerzlich, zu erkennen, daß man selbst unweigerlich an der Entstehung und

53 Vgl. dazu u. a. *H. Assmann/F. J. Hinkelammert*, Götze Markt, a. a. O.; *U. Duchrow*, Alternativen zur kapitalistischen Weltwirtschaft. Biblische Erinnerung und politische Ansätze zur Überwindung einer lebensbedrohenden Ökonomie, Gütersloh-Mainz 1994.
54 Vgl. *N. Mette*, Option für die Armen – Lernschritte zur Umkehr (Arbeiterfragen 2/93), Herzogenrath 1993.

Erhaltung gegebener Unrechtsstrukturen mitbeteiligt ist. Das gilt übrigens auch für die Armen, wie sie selbst eingestehen. Dennoch gibt es zugleich – in unterschiedlichen Ausprägungen – Verstrickungen in diese Strukturen, von denen man eher passiv betroffen ist. Notwendig sind darum Möglichkeiten, die eigene Betroffenheit[55] entdecken und artikulieren zu können. Zu lernen ist beispielhaft von Frauengruppen, in denen die Beteiligten sich gegenseitig helfen, in Auseinandersetzung mit erlittenem Unrecht in Kirche und Gesellschaft ganz neu der befreienden Kraft des christlichen Glaubens auf die Spur zu kommen und so sich selbst zu entdecken und die Kraft zu finden, für die eigenen Rechte einzutreten.

(4) Die eigene Betroffenheit eingestehen und sich mit den Opfern solidarisieren zu können, setzt – so zeigt gerade das zuletzt erwähnte Beispiel – voraus, auf etwas zurückgreifen zu können, das überhaupt erst dazu ermutigt und befähigt, das Gewohnte nicht als das Unabänderliche zu akzeptieren, sondern ihm um einer verheißenen besseren Praxis willen zu widersprechen. Hier ist die Religionspädagogik in spezifischer Weise gefordert. Sie hat theoretisch und praktisch Einspruch zu erheben gegen alle Versuche, durch die Erziehung die Betroffenen auf ein unkritisches Einverständnis mit dem Bestehenden zu verpflichten und sie mit billigen Glücksversprechungen zufriedenzustellen, so daß ihnen schließlich alle anderen und alles darüber Hinausgehende gleichgültig werden, wenn es ihnen nur gut geht. In der Tat liegt es ja, wie bereits dargelegt, in der Logik des vorherrschenden sozioökonomischen Systems, den eigenen Vorteil obenan zu stellen und Gerechtigkeitsvorstellungen und Solidaritätsempfindungen möglichst weitgehend auszumerzen. Angesichts dessen kann religiöses Lernen in Gefolge der jüdisch-christlichen Tradition nur Widerstand-Lernen, den – offenen oder geheimen – gesellschaftlichen Lehrplan bewußt unterlaufendes Lernen sein. Es handelt sich um alles andere als um einen Mißbrauch der Bibel, wenn dafür gerade auf sie zurückgegriffen wird. Hält sie doch Gegenworte und Gegenerzäh-

55 Zu der hier gemeinten Bedeutung von »Betroffenheit« als Auslöser für Lernprozesse und eine verändernde Praxis vgl. *O. Fuchs*, Dabeibleiben oder weggehen?, München 1989, 46 f, sowie *H. Steinkamp*, Sozialpastoral, a. a. O., 78 f.

lungen aufbewahrt, die Hoffnung stiften und Mut machen, initiativ zu werden und nicht einfach in resignativer Verzweiflung zu enden. Die biblischen Texte halten dazu an, die geläufig gewordenen Muster des Denkens und Handelns zu hinterfragen und zu überprüfen. Und in der Begegnung mit ihnen werden Phantasie und Kreativität geweckt, »Alternativen wahrzunehmen zu den herrschenden sogenannten Sachzwängen«[56]; sie lassen sensibel werden für die Bedrohungen des Lebens und widerstandsfähig zugleich, so daß die Betroffenen »sich selbst finden und gerade deshalb offene Augen bekommen für die Belange der anderen, für eine weltweite Gerechtigkeit«[57].

Wo die Religionspädagogik nicht mit aller Leidenschaft zu Bewußtsein zu bringen bemüht ist, daß sich die Erzählung vom wunderbaren Teilen mit ihrer Zusage, daß genug, ja mehr als genug für alle da ist (vgl. Mt 4, 13–21), nicht mit der Tatsache verträgt, daß stündlich derzeit 1500 Kinder an Hunger oder durch Hunger verursachte Krankheiten sterben – das sind täglich 40000 Kinder und jährlich über 13 Millionen –, verfälscht sie das Evangelium zu einer bloßen Religion des Überbaus.

Einer allzu einseitig auf das Säkularisierungsparadigma[58] fixierten Religionspädagogik ist in Erinnerung zu rufen, was der Synodenbeschluß »Unsere Hoffnung« wie folgt dazu bemerkt: »Eine kirchliche Gemeinschaft in der Nachfolge Jesu hat es hinzunehmen, wenn sie von den ›Klugen und Mächtigen‹ (1 Kor 1,19–31) verachtet wird. Aber sie kann es sich – um dieser Nachfolge willen – nicht leisten, von ›Armen und Kleinen‹ verachtet zu werden, von denen, die ›keinen Menschen haben‹ (vgl. Joh 5,7). Sie nämlich sind die Privilegierten bei Jesus, sie müssen auch die Privilegierten in seiner Kirche sein. Sie vor allem müssen sich von uns vertreten wissen. Deshalb sind in unserer Kirche gerade alle jene Initiativen zur Nachfolge von größter Bedeutung, die der Gefahr begegnen, daß wir in unserem sozialen Gefälle eine verbürgerlichte Religion wer-

---

56 *I. Baldermann*, Das Alphabet der Hoffnung buchstabieren, in: LM 29 (1990) 370–374, hier: 371.
57 Ebd.
58 Vgl. dazu *N. Mette*, Vom Säkularisierungs- zum Evangelisierungsparadigma, in: Diakonia 21 (1990) 420–429.

den, der das reale Leid der Armut und Not, des gesellschaftlichen Scheiterns und der sozialen Ächtung viel zu fremd geworden ist, ja, die diesem Leid selbst nur mit der Brille und den Maßstäben einer Wohlstandsgesellschaft begegnet. Wir werden schließlich unsere intellektuellen Bezweifler eher überstehen als die sprachlosen Zweifel der Armen und Kleinen und ihre Erinnerung an das Versagen der Kirche.«[59]

Natürlich müßte das hier programmatisch in Richtung einer Befreiungskatechese im hiesigen Kontext Ausgeführte noch auf die pädagogischen Bedingungen seiner praktischen Einlösung hin bedacht werden. So gälte es etwa, die Berührungspunkte zwischen biblischen Gerechtigkeitsvorstellungen und der Entwicklung der Gerechtigkeitsvorstellungen bei Kindern, Jugendlichen und Erwachsenen aufzuspüren, um die damit gegebenen Möglichkeiten, aber auch Grenzen von Gerechtigkeit-Lernen mit Blick auf die jeweiligen Entwicklungsstufen realistisch einschätzen zu können.[60] Oder es wäre zu überlegen, wie für ein solches Lernen begünstigende konkrete Erfahrungen vermittelt werden können – etwa durch Projektarbeit oder Eingehen von Partnerschaften mit Schulen, Gemeinden ö. ä. in anderen Teilen der Welt u. a. m. Das allerdings kann hier nicht ausgeführt werden. Es seien jedoch wenigstens kurze Hinweise gegeben auf einige Implikationen bzw. Konsequenzen, die ein solches religionspädagogisches Vorgehen für andere, jedoch mit ihm unmittelbar zusammenhängende Bereiche religiöser Erziehung und Bildung zeitigt:

– Immer wieder ist die Beobachtung zu machen – und das macht es auch verständlich, warum ein solcher religionspädagogischer Ansatz sich teilweise massiven Blockaden gegenübergestellt sieht –, daß die Konfrontation mit den Gegebenheiten der »sozialen

---

59 Synodenbeschluß »Unsere Hoffnung«, a. a. O., 105; vgl. auch *J. Niggemeier*, »Den Unmündigen hast du es geoffenbart« (Mt 11, 25), in: H. Frankemölle (Hg.), Die Bibel. Das bekannte Buch – das fremde Buch, Paderborn 1994, 217–231. – Zur religionspädagogischen Umsetzung vgl. auch *R. Bleistein*, Bildung – herausgefordert durch die neue soziale Armut, in: CPB 106 (1993) 6–9; *F. Hengsbach*, Wievielen Herren dienen wir? Religionsunterricht an berufsbildenden Schulen im Widerstreit kirchlicher und wirtschaftlicher Interessen, Hannover 1990.

60 Vgl. den zusammenfassenden Überblick bei *F. Schweitzer*, Lebensgeschichte und Religion, a. a. O., bes. 112 ff.

Sünde« große Schuldgefühle auslöst, die die Betroffenen unfähig werden läßt, initiativ zu werden, zumal das Gefühl hinzukommt, gegen das Ausmaß des Unheils sowieso nichts ausrichten zu können. Demgegenüber ist die Indikativ-Imperativ-Struktur des christlichen Glaubens in Anschlag zu bringen. Das gelingt praktisch in dem Maße, wie der Doppelstruktur des Glaubens, also neben der politischen auch der mystischen Dimension, die gebührende Achtung gewidmet wird.[61] Aktion und Kontemplation gehören zusammen. Bezogen auf die Gerechtigkeitsthematik heißt das: Wo der Einsatz für Gerechtigkeit nicht auf der grundlegenden Erfahrung aufruht, daß Gott uns »umsonst« hat gerecht werden lassen und daß es darum geht, dieses Geschenk anderen zuteil werden zu lassen, aber sich auch wiederum von ihnen beschenken zu lassen, wird er leicht zur Überforderung und kann ideologisch und inhuman werden.[62] Einübung in die Kontemplation, in die Spiritualität etc. machen darum – entgegen dem ihm nicht selten entgegengebrachten Verdacht des »Horizontalismus« – sehr wohl auch innerhalb dieses Ansatzes unverzichtbare Dimensionen von religiöser Erziehung und Bildung aus; nur handelt es sich dabei um eine Mystik, die die Augen vor der sozialen Realität nicht verschließen läßt, sondern den Hunger und Durst nach konkreter Befreiung intensiviert.[63]

– Von hier aus ergeben sich auch Möglichkeiten zu einer Grundlegung moralischer Erziehung, die nicht länger primär – wie es ihr belastendes Erbe bis heute ausmacht – schuld- und sündenorientiert, sondern leidensorientiert ist. J. B. Metz schreibt dazu: »Die in den biblischen Überlieferungen verwurzelte Moral ist ohne Zweifel eine universelle Moral, der biblische Monotheismus kennt eine alle Menschen angehende und verpflichtende Moral. Es ist indes, und dies wäre nun unbedingt zu beachten, nicht primär der Universalismus der Sünde, sondern der Universalismus des Leidens, der diesen Anspruch leitet. Jesu erster Blick galt nicht der

---

61 Vgl. dazu *E. Schillebeeckx*, Weil Politik nicht alles ist, Freiburg 1987.
62 Vgl. *G. Gutiérrez*, Theorie und Erfahrung im Konzept der Theologie der Befreiung, in: J. B. Metz/P. Rottländer (Hg.), Lateinamerika und Europa, München-Mainz 1988, 48–60, bes. 57 ff.
63 Weiterführend sei hier pauschal auf die Schriften von *D. Sölle* verwiesen.

Sünde der anderen, sondern dem Leid der anderen. Die Sünde war ihm Verweigerung der Teilnahme am Leid der anderen, war ihm Weigerung, über den Horizont der eigenen Leidensgeschichte hinauszudenken, war ihm, wie das Augustinus nennen wird, ›Selbstverkrümmung‹ des Herzens, war Auslieferung an den heimlichen Narzißmus der Herzen... So kommt es unbedingt darauf an, den Primat der Leidensmoral einzuklagen. Schließlich steht im Zentrum christlicher Verkündigung eine memoria passionis. Diese Leidenserinnerung wird dadurch zum produktiven Vorbild für eine universelle Moral, zur Inspiration für ein Menschheitsethos, daß sie auch die Leiden der anderen, die Leiden der Fremden und, unbedingt biblisch, sogar die Leiden der Feinde in Betracht zieht und nicht vergißt. Sie sichtet also ihre eigene Leidensgeschichte in der Perspektive der Leiden der anderen. Am Gelingen solcher Leidensmoral hängt es, ob unsere Welt eine blühende multikulturelle Landschaft sein wird, ob eine Friedenslandschaft oder eine Landschaft eskalierender Bürgerkriege...«[64]

6.2.4 Religionspädagogik als »Mystagogie« (K. Rahner)

Ein häufig zitiertes Diktum von K. Rahner lautet: »der Fromme von morgen wird ein ›Mystiker‹ sein, einer, der etwas ›erfahren‹ hat, oder er wird nicht mehr sein...«[65] »Mystik« hat bei K. Rahner nichts mit einer außergewöhnlichen ekstatischen Begabung und einer entsprechend abgehobenen Lebensweise zu tun, sondern mit dem Versuch, unter den normalen Bedingungen des Alltags mitsamt seinen Höhen und Tiefen als Christ zu leben zu versuchen – entschieden und doch im Wissen um die eigene Fragmentarität. Es geht also nicht um irgendein esoterisches Bewußtsein, sondern um jene – Gottes gnadenhafter Selbstmitteilung den Menschen gegenüber entspringende – »Erfahrung und Einstellung, derzufolge wir, sofern wir glauben, schrittweise mehr lernen,

---

64 *J. B. Metz*, Kirche in der Gotteskrise, in: FR vom 27.6.1994, 12.
65 *K. Rahner*, Frömmigkeit früher und heute, in: Schriften VII, Einsiedeln 1966, 11–31, hier: 22. Vgl. dazu (mit weiteren Verweisen) und zum folgenden auch *G. Fuchs*, Geheimnis des Glaubens – neues Bewußtsein, in: KatBl 112 (1987) 824–834.

der Wirklichkeit unseres endlichen Daseins, der Größe und Grenze unserer Freiheit und Liebe im Geist des Evangeliums standzuhalten und mitten im Material dieser unserer (individuellen und kollektiven) Geschichte, Glaube, Hoffnung und Liebe zu realisieren. Im Lichte dieser Glaubensperspektive gilt es, das eigene Leben und die realgeschichtlichen Verhältnisse zu gestalten und zu verwandeln.«[66] Solche Erfahrungen und Einstellungen sind im höchsten Maße existentiell und innerlich; sie sind aber nicht privatistisch, sondern zugleich sowohl sozial bzw. politisch als auch leiblich bzw. materiell. Sie haben nichts mit einer Flucht aus den Konflikten des Alltags und aus dem realen Leiden in der Welt zu tun, sondern halten gerade dazu an, dem nicht auszuweichen, weil hier die Orte sind, an denen sich der Gott Jesu Christi offenbart.

Ausgehend von solchen Überlegungen zu einer zukunftsfähigen Gestalt christlicher Glaubenspraxis hat K. Rahner wiederholt auf die »Notwendigkeit einer neuen Mystagogie« hingewiesen[67]; und er bemerkt erläuternd dazu: »Der Mensch von heute wird auch in der Dimension seiner theoretischen, satzhaften Überzeugungen nur dann ein Glaubender sein, wenn er eine wirklich echte, persönliche religiöse Erfahrung gemacht hat, immer neu macht und darin durch die Kirche eingeweiht wird. Eine bloße Vermittlung satzhafter, kategorialer Lehrsätze des christlichen Dogmas genügt nicht. Diese werden in einer weltlich und pluralistisch gewordenen Welt nicht mehr gestützt und als indiskutabel durchgesetzt durch die öffentliche Meinung und das gemeinsame Ethos der ganzen Gesellschaft. Wenn sie also nicht von einer persönlichen religiösen Erfahrung begleitet und getragen sind, wenn sie nicht in ihrer Gesamtheit erscheinen als die richtige Aussage und satzhafte Objektivierung dieser religiösen Erfahrung, dann können sie nicht anders wirken denn als blasse, unwirkliche Ideologie, die man auch aufgeben kann, ohne daß sich dadurch im konkreten Dasein etwas ändert.«[68]

---

66 Ebd., 825.
67 So ist ein Abschnitt in *K. Rahners* Beitrag »Imperative für den Selbstvollzug der Kirche« (in: HPTh II/1, 256–276, hier: 269 ff) überschrieben.
68 Ebd., 269 f.

Wenn in der neueren religionspädagogischen Diskussion Erfahrung und Symbol sowie anfangsweise auch Mystik und Politik einen so zentralen Stellenwert gewonnen haben, wie in den vorhergehenden Abschnitten ausgeführt, dann kann das auch als der Versuch der Einlösung von Rahners Programm der Mystagogie interpretiert werden. Darum braucht es hier nicht weiter erläutert zu werden. Es seien nur noch zwei für die Mystagogie charakteristische Momente herausgestellt:

1. Ausgangspunkte für die Mystagogie können alle möglichen Erfahrungen sein, sei es ein Aha-Erlebnis im Alltag, sei es eine meditative Versenkung, sei es die Begegnung mit einem anderen, sei es ein politisches Engagement, sei es die Konfrontation mit eigenem oder fremdem Leid etc. Entsprechend verschieden fallen die Akzentuierungen aus, durch die der Glaube für den einzelnen Bedeutung gewinnen kann. Welchen Weg solche Geschichten des Glaubens dann nehmen, ist letztlich Gott zu überlassen. Kirchwerdung erfolgt dort, wo sich die einzelnen so gewonnenen Glaubensstile nicht voneinander abgrenzen, sondern sich gegenseitig bereichern und gegebenenfalls auch in ihren Einseitigkeiten korrigieren und ergänzen.

2. Mystagogie kann nur bedingt lehrplanmäßig erfolgen; Zweckfreiheit und Absichtslosigkeit gehören zu ihren wesentlichen Merkmalen. Das bedeutet nicht, sich nicht um räumliche und zeitliche Voraussetzungen kümmern zu können, die für mögliche Erfahrungen, daß es mehr gibt, als es gibt, sensibel werden lassen können.[69] Und das bedeutet auch nicht, aus vermeintlichem Respekt vor den anderen oder eigener Scheu sich versagen zu müssen, mit dem Sprechen von Gott anzufangen.[70] Umgekehrt rechnet die Mystagogie damit, daß Gott auch dort bereits handelt und spricht, wo noch keine Missionare oder Katecheten hingelangt sind.[71]

---

69 Vgl. dazu *R. Englert*, Gott Raum schaffen. Umrisse einer absichtslosen Religionspädagogik, in: KatBl 119 (1994) 481–489.

70 Vgl. dazu den Essay von *F. Steffensky*, Keine Zeit, Gott zu verschweigen, in: ders., Wo der Glaube wohnen kann, Stuttgart 1989, 79–90.

71 Vgl. *L. Boff*, Gott kommt früher als der Missionar, Düsseldorf 1991.

Exkurs: Methoden der Religionspädagogik

Solange das Verständnis von Religionspädagogik – wie von Praktischer Theologie insgesamt – als »Anwendungslehre« vorherrschte, erübrigte sich eine Reflexion über eine eigenständige Forschungsmethodik dieser Disziplin(en). Denn als die den praktisch-theologischen Fächern zugeschriebene Aufgabe galt es, die in den übrigen theologischen Disziplinen erarbeitete »Theorie« für die »Praxis« umzusetzen. Als paradigmatisch für diese Auffassung ist im katholischen Raum das neuscholastische Theologiekonzept anzuführen: Die Dogmatik beanspruchte für sich, die »eigentliche« theologische Disziplin zu sein, insofern sie für die Explikation der kirchenamtlich normierten Glaubenslehre zuständig sei. Exegese und Kirchengeschichte konnten ihr wohl dazu »zuarbeiten«, aber dies lediglich nach Maßgabe der dogmatisch verbindlich gesetzten Vorgaben und nicht etwa im Sinn eines kritischen Korrektivs. Erst recht galt es als unvorstellbar, daß die praktisch-didaktische Vermittlungsfrage Rückwirkungen auf die dogmatisch ausgearbeitete Lehre nehmen könne; geriete der Glaube damit doch in Gefahr, beliebigen Modeströmungen unterworfen und in seiner Objektivität in Frage gestellt zu werden. Die praktisch-theologischen Fächer hatten darum nicht mehr darüber nachzudenken, *was* etwa in Predigt, Katechese etc. zu sagen sei, sondern lediglich zu klären und die sogenannten »Praktiker« anzuweisen, *wie* der dogmatisch ausgelegte Glaube zu sagen und zu vermitteln sei.

Auch wenn dieses normativ-deduktive Theologiemodell bis heute noch seine Verfechter findet[72], so ist es doch aufgrund der wissenschaftstheoretischen Neubesinnung und -verortung der Theologie in den letzten Jahrzehnten definitiv als überholt zu bezeichnen.[73]

---

72 Vgl. insbesondere *J. Kard. Ratzinger*, Die Krise der Katechese und ihre Überwindung, a. a. O., sowie – darauf bezugnehmend – *W. Kasper*, Der neue Katholische Erwachsenenkatechismus, in: KatBl 110 (1985) 363–370, bes. 369f. Zur systematisch-theologischen Auseinandersetzung mit dieser Position vgl. *J. Werbick*, Religionsdidaktik als »theologische Konkretionswissenschaft«, in: KatBl 113 (1988) 82–99.

73 Vgl. insbesondere für die Praktische Theologie zusammenfassend *N. Mette*, Theorie der Praxis, Düsseldorf 1978.

Unter anderem hat diese Debatte zur Einsicht der theologischen Dignität der »Praxis« geführt, insofern für den christlichen Glauben seine praktische Grundverfassung charakteristisch ist. Das bedeutet, daß die »Praxis« nicht länger als Anwendungsfall der »Theorie« angesehen werden darf, sondern als konstitutive Dimension des Theologietreibens selbst angesehen werden muß. Für die praktisch-theologischen Fächer, die es in besonderer Weise mit jeweils expliziten Formen und Feldern christlich-kirchlichen Handelns zu tun haben, ergibt sich somit die Aufgabe, nicht bloß methodische Anleitungen zur Gestaltung dieser Praxisbereiche an die Hand zu geben, sondern allererst die Bedingungen zu analysieren und zu reflektieren, unter denen die Wahrheit des Glaubens in der alltäglichen Lebenspraxis Wirklichkeit werden kann, um auf der Basis solcher Erkenntnisse qualifizierte Lernprozesse des Glaubens initiieren und begleiten zu können. Bezogen auf die Religionspädagogik heißt dies nach G. Bitter und R. Englert, daß es ihr darum gehen muß, das, was religiöse Bildung und Erziehung ausmachen, »1. von der ihr vorgegebenen Glaubensüberlieferung her theologisch genauer zu qualifizieren (wie soll christlich heute vom Heil der Menschen gesprochen werden?), es 2. in (religions-)pädagogische Kategorien zu konkretisieren (welche Zugänge und Wege zur Erschließung der zentralen Gehalte der christlichen Heilsbotschaft sind in Anbetracht der gegenwärtigen gesellschaftlichen Verhältnisse, verschiedener altersbedingter Aneignungs- und Denkformen, unterschiedlicher religiöser Sozialisationsgeschichten usw. möglich und empfehlenswert?), sowie es schließlich 3. in für die Orientierung konkreter religiöser Lern- und Bildungsprozesse brauchbare Handlungsregulative umzusetzen (wie könnte ein Konzept für die Firmkatechese mit 16- bis 18jährigen Jugendlichen aussehen, welche Modelle bibeldidaktischer Arbeit erscheinen für den schulischen Religionsunterricht der Grundschule besonders geeignet, welche Aufgaben hätte sich religiöse Erwachsenenbildung im Blick auf die Zielgruppe der sogenannten ›kirchlich Distanzierten‹ zu stellen? usw.). Die Grundstruktur wissenschaftlich-religionspädagogischen Arbeitens besteht mithin in dem Versuch, theologische Einsichten zur Hermeneutik des Glaubens mit Analysen zu den empirischen Voraussetzungen einer pädagogischen Erschließung dieses Glaubens so zu vermitteln, daß sich daraus Empfehlungen für die Praxis religiöser Erziehung und Bildung begründen lassen.«[74]

Wenn auch dieses methodische Konzept dahingehend korrigiert bzw. ergänzt werden muß, daß der hier als erster Schritt vorgenommenen hermeneutischen Reflexion (Kriteriologie) eine empirisch vorgenommene Situationsanalyse (Kairologie) vorausgeschickt werden muß, soll die Glaubensreflexion nicht kontextlos erfolgen[75], so ist daran festzuhalten, daß die Religionspädagogik zur sachgemäßen Bearbeitung ihrer Aufgabenstellung sowohl hermeneutische (incl. ideologiekritische) als auch empirische Methoden heranziehen muß. Sie im einzelnen darzulegen, ist im Rahmen dieses Buches unmöglich.[76] Soviel sei jedoch zu dem hier vorausgesetzten Verhältnis von Hermeneutik, Kritik und Empirie angemerkt: Wurden sie eine Zeit lang in der religionspädagogischen Diskussion gern konträr gegenübergestellt, so hat sich vor allem in der konkreten Forschungsarbeit herausgestellt, daß eine solche abstrakte programmatische Entgegensetzung nicht haltbar ist, sondern daß sich die verschiedenen Methoden gegenseitig ergänzen und daß es vor allem von dem jeweiligen Untersuchungsgegenstand abhängt, welche Methoden als angemessen anzuwenden sind.[77] Zu konstatieren ist allerdings, daß trotz der 1968 von K. Wegenast proklamierten »empirischen Wendung« in der Religionspädagogik[78] bislang eigenständige (d. h. nicht bloß von anderen Disziplinen rezipierte) empirische Studien innerhalb dieses Faches immer noch eher eine Ausnahme bilden.[79] Dieses Defizit er-

74 *G. Bitter / R. Englert*, Religionspädagogik, a. a. O., 360.
75 Vgl. dazu ausführlicher *N. Mette*, Kritischer Ansatz der Praktischen Theologie, in: J.A. van der Ven/H.-G. Ziebertz (Hg.), Paradigmenwechsel in der Praktischen Theologie, Kampen-Weinheim 1993, 201–224.
76 Vgl. dazu die Beiträge in ebd.; zu empirischen Forschungsmethoden vgl. *Chr. Bäumler u.a.*, Methoden der empirischen Sozialforschung in der Praktischen Theologie, München–Mainz 1976; *A. Bucher*, Einführung in die empirische Sozialwissenschaft, Stuttgart 1994.
77 Vgl. dazu ebenfalls die Beiträge in *J. A. van der Ven / H.-G. Ziebertz* (Hg.), Paradigmenwechsel in der Praktischen Theologie, a. a. O.
78 Vgl. *K. Wegenast*, Die empirische Wendung in der Religionspädagogik, in: EE 20 (1968) 1–25.
79 Vgl. dazu den Überblick von *D. Fischer / A. Schöll*, Wie hast du's mit der Reli-

weist sich auch in praktischer Hinsicht immer stärker als verhängnisvoll, insofern in der religionspädagogischen Praxis aufgrund der Auflösung kirchlich geprägter Milieus immer weniger auf ein im Grunde bereits vorhandenes Einverständnis gesetzt werden kann, sondern Verstehen und Verständigung in religiöser Hinsicht allererst gesucht und erschlossen werden müssen[80]; um so wichtiger ist es darum, das weitgehend noch unbekannte Terrain, wo und wie Religion heute vorkommt und gelebt wird – insbesondere außerhalb von den kirchlich vermittelten Zusammenhängen –, genauerhin zu erkunden.[81]

6.3 Ausblick: »Beten und Tun des Gerechten« (D. Bonhoeffer)

Auch wenn – oder vielleicht auch gerade weil – sie unter unmenschlichen Bedingungen in einen mit der heutigen Situation nicht vergleichbaren sozialen Kontext hinein verfaßt worden sind, können die folgenden Gedanken, die sich in einem Brief D. Bonhoeffers finden, den er im Mai 1944 an sein Patenkind D. W. R. Bethge anläßlich seiner Taufe geschrieben hat, als eine weithin heute noch gültige prophetische Mahnung an die Kirchen gelesen werden, sich auf die sich abzeichnende Situation des epochalen Übergangs einzulassen und dabei um der Konzentration auf das Wesentliche willen sich von allem überflüssigen Beiwerk zu befreien: »...auch wir selbst sind wieder ganz auf die Anfänge des Verstehens zurückgeworfen. Was Versöhnung und Erlösung, was Wiedergeburt und Heiliger Geist, was Feindesliebe, Kreuz und Auferstehung, was Leben in Christus und Nachfolge Christi heißt, das alles ist so schwer und so fern, daß wir es kaum mehr wagen, davon zu sprechen. In den überlieferten Worten und Handlungen ahnen wir etwas ganz Neues und Umwälzendes, ohne es noch fassen und aus-

gion?, in: Comenius-Institut (Hg.), Religion in der Lebensgeschichte, a. a. O., 9–19, hier: 11 f.

80 Zu dieser Unterscheidung vgl. *K. E. Nipkow*, Bildung als Lebensbegleitung und Erneuerung, a. a. O., bes. 383 ff.

81 Vgl. weiterführend *N. Mette*, Empirie, Theorie und Praxis, in: Comenius-Institut (Hg.), Religion in der Lebensgeschichte, a. a. O., 76–85.

sprechen zu können. Das ist unsere eigene Schuld. Unsere Kirche, die in diesen Jahren nur um ihre Selbsterhaltung gekämpft hat, als wäre sie ein Selbstzweck, ist unfähig, Träger des versöhnenden und erlösenden Wortes für die Menschen und für die Welt zu sein. Darum müssen die früheren Worte kraftlos werden und verstummen, und unser Christsein wird heute nur in zweierlei bestehen: im Beten und im Tun des Gerechten unter den Menschen. Alles Denken, Reden und Organisieren in den Dingen des Christentums muß neugeboren werden aus diesem Beten und aus diesem Tun. Bis Du groß bist, wird sich die Gestalt der Kirche sehr verändert haben. Die Umschmelzung ist noch nicht zu Ende, und jeder Versuch, ihr vorzeitig zu neuer organisatorischer Machtentfaltung zu verhelfen, wird nur eine Verzögerung ihrer Umkehr und Läuterung sein. Es ist nicht unsere Sache, den Tag vorauszusagen – aber der Tag wird kommen –, an dem wieder Menschen berufen werden, das Wort Gottes so auszusprechen, daß sich die Welt darunter verändert und erneuert. Es wird eine neue Sprache sein, vielleicht ganz unreligiös, aber befreiend und erlösend, wie die Sprache Jesu, ... die Sprache einer neuen Gerechtigkeit und Wahrheit, die Sprache, die den Frieden Gottes mit den Menschen und das Nahen seines Reiches verkündigt.«[82]

Beten und Tun des Gerechten – das macht in der Tat gewissermaßen die »eiserne Ration« christlicher Existenz aus. Sie zu vermitteln muß sich darum die Religionspädagogik angelegen sein lassen – und zwar gerade in einer Situation, in der auch sie auf manches Beiwerk, auf das sie früher zurückgreifen konnte, verzichten muß. Die im vorliegenden Buch aufgezeigten Aufgabenbestimmungen und Ansätze weisen möglicherweise wenigstens ein Stück weit in die einzuschlagende Richtung.

82 *D. Bonhoeffer*, Widerstand und Ergebung. Neuausgabe, München ²1977, 327 f.

Personenregister

275